Finanzbuchhaltung 2

Franz Carlen
Franz Gianini
Anton Riniker

Finanzbuchhaltung 2

Sonderfälle der Finanzbuchhaltung

VERLAG:SKV

Franz Carlen	– Lic. oec. dipl. Handelslehrer
	– Dozent in der Erwachsenenbildung mit Schwerpunkt finanzielles Rechnungswesen
	– Prüfungsexperte und Autor von Prüfungsaufgaben bei der Fachprüfung Fachausweis Finanz- und Rechnungswesen sowie der Treuhänder
Franz Gianini	– Lic. oec. und dipl. Handelslehrer
	– Professor an der Zürcher Hochschule für Angewandte Wissenschaften (ZHAW), School of Management and Law
	– Dozent und Referent in der Weiterbildung mit Schwerpunkt Finanz- und Rechnungswesen, Finanzmanagement und Rechnungslegung
	– Verfasser von verschiedenen Fachbüchern im Bereich Finanz- und Rechnungswesen
	– Prüfungsexperte und Autor von Prüfungsaufgaben im Fach Finanz- und Rechnungswesen bei verschiedenen eidgenössischen Fachprüfungen
Anton Riniker	– Lic. oec. und dipl. Handelslehrer
	– Dozent in der Erwachsenenbildung mit Schwerpunkt finanzielles Rechnungswesen
	– Prüfungsexperte und Autor von Prüfungsaufgaben bei der Fachprüfung Fachausweis Finanz- und Rechnungswesen

Die drei Autoren sind erfahrene Dozenten und Referenten in der Weiterbildung mit Schwerpunkt Finanz- und Rechnungswesen an der Zürcher Hochschule für Angewandte Wissenschaften (ZHAW), School of Management and Law, an der KV Zürich Business School und an weiteren Schulen.

9. Auflage 2015   ISBN 978-3-286-32179-3

© Verlag SKV AG, Zürich
www.verlagskv.ch

Alle Rechte vorbehalten.
Ohne Genehmigung des Verlages ist es nicht gestattet, das Buch oder Teile daraus in irgendeiner Form zu reproduzieren.

Umschlag: Brandl & Schärer AG

Vorwort

Dieses Lehrbuch ist Band 2 eines vierteiligen Werkes. Es behandelt Sonderfälle der Buchführung (Filialbuchhaltung, Kommissions-, Partizipations- und Konsortialgeschäfte, Factoring, Leasing, Derivative Finanzinstrumente und Vorsorgeeinrichtung). Ein besonderes Augenmerk wird auf die Aktualität und den Praxisbezug gerichtet. Das Lehrmittel setzt Kenntnisse der doppelten Buchhaltung voraus.

Das Buch eignet sich sowohl für den Einsatz im Unterricht wie für das Selbststudium. Das Obligationenrecht ist dabei ein unentbehrliches ergänzendes Hilfsmittel. Das Lehrbuch dient nicht nur Studierenden, sondern auch Praktikern, die das Rechnungswesen als notwendiges Instrument der Planung, der Kontrolle und der Führung sehen.

Band 1 behandelt die Buchführung während des Geschäftsjahres (Alltagsgeschäfte) und beim Abschluss.

Band 3 erörtert die buchhalterische Erfassung von Vorgängen, die langfristige Auswirkungen haben (Gründung, Umwandlung, Aussenfinanzierung, Fusion, Sanierung und Kapitalherabsetzung, Liquidation und Unternehmensteilung).

Band 4 beinhaltet ergänzende Bereiche des Rechnungswesens (Geldflussrechnung, Planungsrechnung, Konzernrechnung und die Analyse der Abschlussrechnungen).

Alle vier Bände bestehen aus einem Theorie- und einem Aufgabenteil.

- Der **1. Teil** enthält jeweils eine kurz gefasste, einfach und übersichtlich dargestellte Theorie mit leicht verständlichen Beispielen. Wo immer möglich, ergänzen Grafiken und Übersichten die Theorie.
- Der **2. Teil** enthält Aufgaben, die dazu dienen, den Stoff zu üben und zu vertiefen. Sie sollen erst gelöst werden, wenn das entsprechende Kapitel im Theorieteil durchgearbeitet worden ist. Ausführliche Lösungen mit dem genauen Lösungsweg erleichtern dabei die Kontrolle.

Dieses Buch bietet

- eine Vorbereitung im Fach Rechnungswesen auf
  - verschiedene höhere Fachprüfungen (Fachausweis Finanz- und Rechnungswesen, Finanzanalysten, Steuerexperten, Treuhänder, Wirtschaftsprüfer)
  - verschiedene Kaderausbildungslehrgänge (Höhere Fachschule Wirtschaft, Betriebsökonom, Wirtschaftsinformatiker)
  - die Modulprüfungen in Bachelor- und Masterstudiengängen in Wirtschaftswissenschaften an Fachhochschulen und Universitäten
  - das Handelslehrerdiplom.
- dem Praktiker die Möglichkeit, sich einen vertieften Überblick über die oben erwähnten Gebiete zu verschaffen.

Wir danken allen, die uns bei der Entwicklung dieses Lehrmittels unterstützt haben.

Wir hoffen, Sie bei der Arbeit und beim Erreichen Ihrer beruflichen Ziele mit unserem Lehrmittel unterstützen zu können. Gerne nehmen wir Ihre aufbauende Kritik entgegen.

Ihre Autoren   Franz Carlen, Franz Gianini, Anton Riniker

Zur 9. Auflage

Gegenüber der letzten Auflage wurden die Fremdwährungskurse in Theorie und Aufgaben teilweise aktualisiert. Zudem wurden überall die Richtlinien des neuen Schweizer Handbuch der Wirtschaftsprüfung (HWP) berücksichtigt.

In den folgenden Kapiteln hat es zudem weitere, wesentliche Änderungen:

Kapitel 4   Factoring
In der Theorie wurden die Erläuterungen zu den Konten beim Zedenten und zum Vorschuss überarbeitet und neu dargestellt.

Kapitel 5   Leasing
In der Theorie waren mehrere Präzisierungen notwendig. Insbesondere wurde die Rechnungslegung von Leasinggeschäften neu verfasst.

Kapitel 6   Derivative Finanzinstrumente
In der Theorie wurden diverse Ergänzungen vorgenommen. Insbesondere wurde die obligationenrechtliche Offenlegung im Anhang erweitert.

In der Theorie und den Aufgaben wurde beim Verkauf von Call- und Put-Optionen auf Aktien die Reihenfolge der Buchungsvarianten getauscht.

Kapitel 7   Vorsorgeeinrichtungen
Die Theorie und Aufgaben wurden aktualisiert wegen den Änderungen in der Berufsvorsorgeverordnung 2 (BVV 2) und der neuen Swiss GAAP FER 26 Rechnungslegung von Vorsorgeeinrichtungen.

Unter anderem wurde der bisherige Begriff Personalvorsorgeeinrichtungen durch den neuen Begriff Vorsorgeeinrichtungen ersetzt.

Die Beträge (z. B. koordinierter Lohn) wurden wegen der höheren einfachen maximalen AHV-Rente (gültig ab 1.1.2015) angepasst.

Unter **www.verlagskv.ch** finden Sie Hinweise auf allfällige gesetzliche Änderungen und Korrekturen.

Inhaltsverzeichnis

			Theorie	Aufgaben
1	**Filialbuchhaltung**		**11**	**147**
	11	Übersicht über die Buchführungsmethoden	11	
	12	Kontokorrentfilialbuchhaltung	12	
	13	Zentralisierte Filialbuchhaltung	16	
	14	Dezentralisierte Filialbuchhaltung	19	
	15	Regieaufwand bei zentralisierter und dezentralisierter Filialbuchhaltung	24	
	16	Konsolidierte und nicht konsolidierte Jahresrechnungen bei der dezentralisierten Filialbuchhaltung	25	
2	**Kommissionsgeschäft**		**27**	**161**
	21	Rechtliche und wirtschaftliche Aspekte	27	
	22	Verwandte Geschäfte	29	
	23	Konten	29	
	24	Einkaufskommission	30	
	25	Verkaufskommission	34	
3	**Partizipations- und Konsortialgeschäft**		**38**	**171**
	31	Rechtliche Aspekte	38	
	32	Begriffe	38	
	33	Buchungsarten und Konten	39	
	34	Partizipationsgeschäft	40	
	35	Konsortialgeschäft	42	
4	**Factoring**		**45**	**188**
	41	Begriff und Wesen	45	
	42	Factoringfunktionen	45	
	43	Factoringformen	46	
5	**Leasing**		**52**	**194**
	51	Begriff und Abgrenzung	52	
	52	Leasingarten	53	
	53	Operatives Leasing und Finanzierungs-Leasing	55	
	54	Rechnungslegung von Leasinggeschäften	56	

	Theorie	Aufgaben
6 Derivative Finanzinstrumente	**69**	**206**
61 Begriffe	69	
62 Wichtige derivative Finanzinstrumente	70	
63 Motive	71	
64 Buchführung und Rechnungslegung	72	
65 Aktueller Wert gemäss OR und Swiss GAAP FER	72	
66 Ersterfassung, Folgebewertung und Ausbuchung von Derivaten	73	
67 Offenlegung im Anhang	76	
68 Ausgewählte Fälle	80	
7 Vorsorgeeinrichtungen (VE)	**114**	**227**
71 Vorsorgekonzept und gesetzliche Grundlagen	114	
72 Arten von Vorsorgeeinrichtungen	115	
73 Das BVG im Überblick	119	
74 Freizügigkeit	123	
75 Wichtige Rechtsbeziehungen der Vorsorgeeinrichtungen	124	
76 Rechnungswesen und Rechnungslegung von Vorsorgeeinrichtungen	125	
77 Kaufmännische Buchhaltung	127	
78 Technische Buchhaltung	140	
Inhaltsverzeichnis Aufgaben		**144**
Kontenrahmen für VE gemäss Swiss GAAP FER 26	**247**	
Literatur	**251**	
Stichwortverzeichnis	**253**	

1 Filialbuchhaltung

11 Übersicht über die Buchführungsmethoden

Die folgende Darstellung zeigt die häufigsten Buchführungsmethoden für Unternehmen mit Filialen.

	Kontokorrent-Filialbuchhaltung	Zentralisierte Filialbuchhaltung	Dezentralisierte Filialbuchhaltung	
Buchführung	Für die Filiale wird keine eigene Buchhaltung geführt. Die Konten für die Filiale sind in der Buchhaltung des Hauptgeschäftes integriert.		Für die Filiale wird eine eigene Buchhaltung geführt.	

Ziel	– Kontrolle der Filialbestände:
	  – Kasse
	  – Warenbestand zu VP
	  – evtl. Kundenguthaben
	– Ermittlung des Filialverkaufsumsatzes
		– Erstellen einer Filialerfolgsrechnung	– Erstellen einer Filialerfolgsrechnung und Filialbilanz
			– Selbstständigkeit der Filiale	

Besondere Konten	– Kontokorrent Filiale
	– Warenlieferungen an Filiale (E)
		– Parallelkonten für Hauptgeschäft und Filiale, z. B.
		  – Wareneinkauf HG (A)
		  – Wareneinkauf Fil (A)
		  – Warenverkauf HG (E)
		  – Warenverkauf Fil (E)
		– Verrechneter Regieaufwand① (– A für HG)
		– Regieaufwand① (A für Fil)
			in der Fil
			– Verbindungskonto HG
			– Warenbezüge vom HG (A)
			– Regieaufwand (A)
				im HG
				– Verbindungskonto Fil
				– Warenlieferungen an Fil (– A)
				– Verrechneter Regieaufwand (– A)

Warenlieferungen zwischen Hauptgeschäft und Filiale	Zu Verkaufspreisen	Zu Einstandspreisen	Zu Einstandspreisen	
Eignung	Für mehrere unselbstständige Filialen, die reine Verkaufsstellen sind (z. B. Kioske)	Für eine bis wenige Filiale(n)	Für selbstständige und/oder ausländische Filialen	
	Es sind auch Kombinationen möglich.			

A	Aufwandkonto	E Ertragskonto	KK	Kontokorrent
– A	Aufwandminderung	EP Einstandspreis	S	Saldo
AB	Anfangsbestand	Fil Filiale	SB	Schlussbestand
		HG Hauptgeschäft	VP	Verkaufspreis

① Siehe Abschnitt 15.

12 Kontokorrentfilialbuchhaltung

Konten

	Kontokorrent Filiale	Warenlieferungen an Filiale
Andere Bezeichnung	keine	Warenausgang an Filiale Warenverkauf Filiale Warenertrag Filiale
Inhalt	Erfasst den Waren- und Geldverkehr zwischen dem Hauptgeschäft und der Filiale. Der laufende Saldo zeigt in einem Betrag den Sollbestand in der Filiale von – Waren zu VP – Bargeld – evtl. Kundenguthaben, falls diese von der Filiale verwaltet werden.	Erfasst die Warenlieferungen an die Filiale und Rücksendungen von der Filiale zu VP. Der laufende Saldo zeigt die an die Filiale gelieferte Ware zu VP. Die Lieferungen an die Filiale werden als Verkäufe verbucht. Deshalb lösen die Verkäufe der Filiale an Dritte keine Buchungen aus.
Kontoart	Aktivkonto	Ertragskonto
Zweck	Kontrolle des Filialbestandes. Kontrollinventare sind einfach und schnell durchführbar, weil die Ware zu VP erfasst und in der Filiale auch zu VP angeschrieben ist.	Erfassen des Filialumsatzes. Die Buchhaltungsarbeit wird rationalisiert, weil die Verkäufe der Filiale nicht verbucht werden müssen.
Abschluss	Das Kontokorrentkonto wird aufgelöst. Seine Bestandteile werden auf die Konten Warenlieferungen an Filiale, Kasse und evtl. Kundenguthaben übertragen.	Um den effektiven Verkaufserlös der Filiale zu ermitteln, muss das Konto Warenlieferungen an Filiale um die nicht verkaufte Ware, d. h. um den Filialwarenbestand zu VP, korrigiert werden. Der Saldo wird auf das Konto Warenverkauf übertragen.
Differenz Soll/Ist	Ergibt sich bei einem Kontrollinventar eine Differenz zum Saldo des Kontokorrentkontos, müssen der Filialsollbestand und der Filialverkaufsumsatz korrigiert werden. Buchung für Manko: Warenlieferungen an Filiale[1] / Kontokorrent Filiale Überschuss: Kontokorrent Filiale / Warenlieferungen an Filiale[1]	
Eröffnung	Rückbuchung der Filialbestände – Warenbestand zu VP – Kasse – evtl. Kundenguthaben	Rückbuchung des – Filialwarenbestandes zu VP

Für die Filiale werden keine weiteren Konten geführt. Deshalb kann direkt aus der Buchhaltung weder eine Erfolgsrechnung noch eine Bilanz für die Filiale erstellt werden.
Der Aufwand kann jedoch statistisch erfasst werden. Mit Hilfe der Bruttogewinnmarge kann der Bruttogewinn aus dem Verkaufserlös ermittelt werden.

[1] Die Differenz kann auch auf ein besonderes Ertrags- bzw. Ertragsminderungskonto gebucht werden.

Detaillierter Inhalt der Filialkonten

Kontokorrent Filiale

Anfangsbestände – Waren zu VP – Kasse – evtl. Filialkundenguthaben [1] **Laufender Geschäftsverkehr** – Abgabe von Bargeld an die Filiale – Warenlieferungen vom HG zu VP – Warenlieferungen von andern Filialen zu VP – Direktlieferungen von Lieferanten an die Filiale zu VP – Verkaufspreiserhöhungen auf Artikeln des Filialwarenlagers **Überschuss** (Positive Differenz Soll/Ist-Bestand)	**Laufender Geschäftsverkehr** – Ablieferung von Geld an das HG – Zahlungen von Aufwendungen durch die Filiale – Rücksendungen von Waren zu VP – Warenlieferungen an andere Filialen zu VP – Verkaufspreissenkungen auf Artikeln des Filialwarenlagers – Verkaufsrabatte – evtl. Verkäufe auf Kredit [2] **Schlussbestände** – Waren zu VP – Kasse – evtl. Filialkundenguthaben [1] **Manko** (Negative Differenz Soll/Ist-Bestand)

Warenlieferungen an Filiale

Laufender Geschäftsverkehr – Rücksendungen von Waren zu VP – Warenlieferungen an andere Filialen zu VP – Verkaufspreissenkungen auf Artikeln des Filialwarenlagers – Verkaufsrabatte **Schlussbestand an Waren zu VP** **Manko** (Ertragsminderung) **Saldo** = Nettoverkaufserlös der Filiale	**Anfangsbestand an Waren zu VP** **Laufender Geschäftsverkehr** – Warenlieferungen vom HG zu VP – Warenlieferungen von andern Filialen zu VP – Direktlieferungen von Lieferanten zu VP – Verkaufspreiserhöhungen auf Artikeln des Filialwarenlagers **Überschuss** (Mehrertrag)

[1] Wenn die Filialkundenguthaben in der Filiale verwaltet werden.
[2] Wenn die Filialkundenguthaben im Hauptgeschäft verwaltet werden.

Beispiel Neueröffnung einer Filiale und typische Geschäftsfälle

Ausgangslage

Die Regenschein GmbH, Handel mit Bastelartikeln, eröffnet eine Filiale in Sonnenheim. Sie wendet die Methode «Kontokorrentfilialbuchhaltung» an. Die Filialkundenguthaben werden von der Filiale verwaltet.

Kontenplan

Kasse, Bank, Forderungen aus L+L, Kontokorrent Filiale, Warenvorrat, Mobilien, Verbindlichkeiten aus L+L, Stammkapital, Gesetzliche Gewinnreserve, Gewinnvortrag
Wareneinkauf, Personalaufwand, Übriger Betriebsaufwand, Abschreibung, Warenverkauf, Warenlieferungen an Filiale

Buchungstatsachen im Monat März (Kurzzahlen)

1	Bargeldbezug vom Bankkonto für die Filialkasse	2
2	Warenlieferung vom Hauptgeschäft an die Filiale	EP 40 / VP 60
3	Rechnung für die Ladeneinrichtung der Filiale	70
4	Filialmiete für den Monat März durch die Bank bezahlt	3
5	Direktlieferung eines Lieferanten auf Kredit an die Filiale	EP 20 / VP 30
6	Lohn für das Filialpersonal durch die Bank bezahlt	7
7	Kassenabrechnung der Filialleiterin: Kassenbestand 1. März	2
a	Barverkäufe	44
		46
b	Barauslagen für Eröffnungsfeier	– 1
		45
c	Bareinzahlung auf Bankkonto	–42
	Kassenbestand 31. März	3
8	Filialverkäufe auf Kredit	4
9	Abschreibung der Filialladeneinrichtung	1

Abschluss 31. März (ausgewählte Konten)

10	Kassenbestand Filiale	3
11	Bestand an Kundenguthaben Filiale	4
12	Warenbestand Filiale	EP 26 / VP 39
13	Warenbestand Hauptgeschäft (Anfangsbestand 1. März: EP 270)	EP 230
14	Negative Differenz Soll/Ist-Bestand in der Filiale (Manko)	3
15	Übertrag des Saldos des Kontos Warenlieferungen an Filiale auf das Konto Warenverkauf	48 [1]

Eröffnung 1. April (ausgewählte Konten)

16	Kassenbestand Filiale
17	Bestand an Kundenguthaben Filiale
18	Warenbestand Filiale

[1] Verkaufserlös der Filiale (Barverkäufe 44 + Kreditverkäufe 4)

Buchungen

1	Kontokorrent Filiale	/ Bank		2
2	Kontokorrent Filiale	/ Warenlieferungen an Filiale		60
3	Mobilien	/ Verbindlichkeiten aus L+L		70
4	Übriger Betriebsaufwand	/ Bank		3
5	Wareneinkauf	/ Verbindlichkeiten aus L+L		20
	Kontokorrent Filiale	/ Warenlieferungen an Filiale		30
6	Personalaufwand	/ Bank		7
7 a	Keine Buchung			
b	Übriger Betriebsaufwand	/ Kontokorrent Filiale		1
c	Bank	/ Kontokorrent Filiale		42
8	Keine Buchung			
9	Abschreibung	/ Mobilien		1

Abschluss

10	Kasse	/ Kontokorrent Filiale		3
11	Forderungen aus L+L	/ Kontokorrent Filiale		4
12	Warenlieferungen an Filiale	/ Kontokorrent Filiale		39
12	Warenvorrat	/ Wareneinkauf	=14	26 [1]
13	Wareneinkauf	/ Warenvorrat		40 [1]
14	Warenlieferungen an Filiale	/ Kontokorrent Filiale		3
15	Warenlieferungen an Filiale	/ Warenverkauf		48

Eröffnung

16	Kontokorrent Filiale	/ Kasse	3
17	Kontokorrent Filiale	/ Forderungen aus L+L	4
18	Kontokorrent Filiale	/ Warenlieferungen an Filiale	39

Kontenführung (ausgewählte Konten)

Warenvorrat

AB	270	14	12/13 [1]
		256	SB
	270	270	

Kontokorrent Filiale

1	2	1	7b
2	60	42	7c
5	30	3	10
		4	11
		39	12
		3	14
	92	92	
16	3		
17	4		
18	39		

Warenlieferungen an Filiale

12	39	60	2
14	3	30	5
15	48		
	90	90	
		39	18

[1] Weil in der Buchhaltung der Warenvorrat zu EP der Filiale und des Hauptgeschäftes nicht getrennt sind, wird die Bestandesänderung in der Regel in einer Buchung erfasst, in diesem Beispiel: Wareneinkauf / Warenvorrat 14.

13 Zentralisierte Filialbuchhaltung

Konten

Das Hauptziel der zentralisierten Filialbuchhaltung ist die Erstellung von separaten Erfolgsrechnungen für das Hauptgeschäft und für die Filiale(n). Zu diesem Zweck werden die Erfolgsrechnungskonten und ausgewählte Bilanzkonten parallel geführt.
Warenlieferungen zwischen Hauptgeschäft und Filiale werden zu Einstandspreisen verbucht.

Beispiel **Neueröffnung einer Filiale und typische Geschäftsfälle**

Ausgangslage

Die Regenschein GmbH, Handel mit Bastelartikeln, eröffnet eine Filiale in Sonnenheim. Sie wendet die Methode «Zentralisierte Filialbuchhaltung» an. Die Filialkundenguthaben werden von der Filiale verwaltet.

Kontenplan

Kasse HG, Kasse Fil, Bank, Forderungen aus L+L HG, Forderungen aus L+L Fil, Warenvorrat HG, Warenvorrat Fil, Mobilien HG, Mobilien Fil, Verbindlichkeiten aus L+L, Stammkapital, Gesetzliche Gewinnreserve, Gewinnvortrag
Wareneinkauf HG, Wareneinkauf Fil, Personalaufwand HG, Personalaufwand Fil,
Abschreibung HG, Abschreibung Fil, Übriger Betriebsaufwand HG, Übriger Betriebsaufwand Fil, Warenverkauf HG, Warenverkauf Fil

Buchungstatsachen im Monat März (Kurzzahlen)

1	Bargeldbezug vom Bankkonto für die Filialkasse	2
2	Warenlieferung vom Hauptgeschäft an die Filiale	EP 40 / VP 60
3	Rechnung für die Ladeneinrichtung der Filiale	70
4	Filialmiete für den Monat März durch die Bank bezahlt	3
5	Direktlieferung eines Lieferanten auf Kredit an die Filiale	EP 20 / VP 30
6	Lohn für das Filialpersonal durch die Bank bezahlt	7
7	Kassenabrechnung der Filialleiterin:	
	Kassenbestand 1. März	2
a	Barverkäufe	44
		46
b	Barauslagen für Eröffnungsfeier	– 1
		45
c	Bareinzahlung auf Bankkonto	–42
	Kassenbestand 31. März	3
8	Filialverkäufe auf Kredit	4
9	Abschreibung der Filialladeneinrichtung	1

Abschluss 31. März (ausgewählte Konten)

10	Kassenbestand Filiale	3
11	Bestand an Kundenguthaben Filiale	4
12	Warenbestand Filiale	EP 26 / VP 39
13	Warenbestand Hauptgeschäft (Anfangsbestand 1. März: EP 270)	EP 230
14	Negative Differenz Soll/Ist-Bestand in der Filiale (Manko)	

Eröffnung 1. April (ausgewählte Konten)

15	Kassenbestand Filiale	
16	Bestand an Kundenguthaben Filiale	
17	Warenbestand Filiale	

Buchungen

1	Kasse Fil	/ Bank	2
2	Wareneinkauf Fil	/ Wareneinkauf HG	40
3	Mobilien Fil	/ Verbindlichkeiten aus L+L	70
4	Übriger Betriebsaufwand Fil	/ Bank	3
5	Wareneinkauf Fil	/ Verbindlichkeiten aus L+L	20
6	Personalaufwand Fil	/ Bank	7
7a	Kasse Fil	/ Warenverkauf Fil	44
b	Übriger Betriebsaufwand Fil	/ Kasse Fil	1
c	Bank	/ Kasse Fil	42
8	Forderungen aus L+L Fil	/ Warenverkauf Fil	4
9	Abschreibung Fil	/ Mobilien Fil	1

Abschluss

10	Kasse HG	/ Kasse Fil	3
11	Forderungen aus L+L HG	/ Forderungen aus L+L Fil	4
12	Warenvorrat Fil	/ Wareneinkauf Fil	26
	Warenvorrat HG	/ Warenvorrat Fil	26
13	Wareneinkauf HG	/ Warenvorrat HG	40
14	Keine Buchung[1]		

Eröffnung

15	Kasse Fil	/ Kasse HG	3
16	Forderungen aus L+L Fil	/ Forderungen aus L+L HG	4
17	Warenvorrat Fil	/ Warenvorrat HG	26

[1] Das Manko ist zu EP in der Bestandesveränderung von 26 enthalten.

Kontenführung (ausgewählte Konten)

Warenvorrat HG				Warenvorrat Fil			Wareneinkauf Fil				Warenverkauf Fil			
AB	270	40	13	12	26	26 12	2	40	26	12			44	7a
12	26	256	SB				5	20	34	S	S	48	4	8
	296	296			26	26		60	60			48	48	
AB	256	26	17	17	26									

Personalaufwand Fil				Abschreibungen Fil				Übriger Betriebsaufwand Fil			
6	7			9	1			4	3		
		7	S			1	S	7b	1	4	S
	7	7			1	1			4	4	

Filialerfolgsrechnung

Warenaufwand	34	Warenertrag		48
Personalaufwand	7			
Übriger Betriebsaufwand	4			
Abschreibung	1			
Gewinn	2			
	48			48

14 Dezentralisierte Filialbuchhaltung

Konten

Das Hauptziel der dezentralisierten Filialbuchhaltung ist die Erstellung einer Erfolgsrechnung und Bilanz für die Filiale. Deshalb wird für das Hauptgeschäft und die Filiale je eine eigene Buchhaltung geführt.

	Filiale: Verbindungskonto Hauptgeschäft	Hauptgeschäft: Verbindungskonto Filiale	Filiale: Warenbezüge vom Hauptgeschäft[1]	Hauptgeschäft: Warenlieferungen an Filiale
Inhalt	Sie erfassen den ganzen Verkehr zwischen Hauptgeschäft und Filiale (Waren zu EP, Geld, Dienstleistungen, Investitionen). Die Salden zeigen das vom Hauptgeschäft in die Filiale investierte Kapital (= «Eigenkapital» der Filiale).		Sie erfassen die Warenlieferungen vom Hauptgeschäft an die Filiale und Rücksendungen von der Filiale an das Hauptgeschäft zu EP. Die Salden zeigen die vom Hauptgeschäft an die Filiale gelieferte Ware zu EP.	
Kontenart	Passivkonto («Eigenkapital» der Filiale)	Aktivkonto (Reinvermögen der Filiale)	Aufwandkonto	Aufwandminderungskonto zum Konto Wareneinkauf
Abschluss	Der Filialerfolg wird in den Verbindungskonten erfasst.		Der Saldo wird auf das Konto Wareneinkauf der Filiale oder direkt in die Filialerfolgsrechnung übertragen.	Der Saldo wird auf das Konto Wareneinkauf übertragen.
	Der Schlussbestand wird in die Filialbilanz übertragen.	Der Schlussbestand wird in die nicht konsolidierte Bilanz[2] des Hauptgeschäftes übertragen.		

[1] Falls die Filiale auch direkt von Lieferanten einkauft, kann der Warenverkehr mit dem Hauptgeschäft auch im Konto Wareneinkauf erfasst werden.
[2] Siehe Abschnitt 16.

Beispiel Neueröffnung einer Filiale und typische Geschäftsfälle

Ausgangslage

Die Regenschein GmbH, Handel mit Bastelartikeln, eröffnet eine Filiale in Sonnenheim. Sie wendet die Methode «Dezentralisierte Filialbuchhaltung» an. Die Filialkundenguthaben werden von der Filiale verwaltet.

Buchungstatsachen im Monat März (Kurzzahlen)

1	Bargeldbezug vom Bankkonto für die Filialkasse	2
2	Warenlieferung vom Hauptgeschäft an die Filiale	EP 40 / VP 60
3	Rechnung ans Hauptgeschäft für die Ladeneinrichtung der Filiale	70
4	Filialmiete für den Monat März durch die Bank bezahlt	3
5	Direktlieferung eines Lieferanten auf Kredit an die Filiale	EP 20 / VP 30
6	Lohn für das Filialpersonal durch die Bank bezahlt	7
7	Kassenabrechnung der Filialleiterin:	
	Kassenbestand 1. März	2
a	Barverkäufe	44
		46
b	Barauslagen für Eröffnungsfeier	– 1
		45
c	Bareinzahlung auf Bankkonto	–42
	Kassenbestand 31. März	3
8	Filialverkäufe auf Kredit	4
9	Abschreibung der Filialladeneinrichtung	1

Abschluss 31. März (ausgewählte Konten)

10	Kassenbestand Filiale	3
11	Bestand an Kundenguthaben Filiale	4
12	Übertrag Konto Warenbezüge vom Hauptgeschäft (in der Filiale)	40
13	Warenbestand Filiale	EP 26 / VP 39
14	Übertrag Konto Warenlieferungen an Filiale (im Hauptgeschäft)	40
15	Warenbestand Hauptgeschäft (Anfangsbestand 1. März: EP 270)	EP 230
16	Negative Differenz Soll/Ist-Bestand in der Filiale (Manko)	
17	Filialerfolg	2
18	Abschluss Verbindungskonto	

Eröffnung 1. April (ausgewählte Konten)

19	Kassenbestand Filiale	
20	Bestand an Kundenguthaben Filiale	
21	Warenbestand	
22	Verbindungskonto	

Buchhaltung Filiale

Kontenplan

Kasse, Forderungen aus L+L, Warenvorrat, Mobilien, Verbindlichkeiten aus L+L, Verbindungskonto Hauptgeschäft
Wareneinkauf, Warenbezüge vom Hauptgeschäft, Personalaufwand, Übriger Betriebsaufwand, Abschreibungen, Warenverkauf

Buchungen

1	Kasse	/ Verbindungskonto Hauptgeschäft		2
2	Warenbezüge vom Hauptgeschäft	/ Verbindungskonto Hauptgeschäft		40
3	Mobilien	/ Verbindungskonto Hauptgeschäft		70
4	Übriger Betriebsaufwand	/ Verbindungskonto Hauptgeschäft		3
5	Wareneinkauf	/ Verbindlichkeiten aus L+L		20
6	Personalaufwand	/ Verbindungskonto Hauptgeschäft		7
7 a	Kasse	/ Warenverkauf		44
b	Übriger Betriebsaufwand	/ Kasse		1
c	Verbindungskonto Hauptgeschäft	/ Kasse		42
8	Forderungen aus L+L	/ Warenverkauf		4
9	Abschreibungen	/ Mobilien		1

Abschluss

10	Schlussbilanz	/ Kasse		3
11	Schlussbilanz	/ Forderungen aus L+L		4
12	Wareneinkauf	/ Warenbezüge vom Hauptgeschäft		40
13	Warenvorrat	/ Wareneinkauf		26
	Schlussbilanz	/ Warenvorrat		26
14	Keine Buchung			
15	Keine Buchung			
16	Keine Buchung [1]			
17	Gewinn	/ Verbindungskonto Hauptgeschäft		2
18	Verbindungskonto Hauptgeschäft	/ Schlussbilanz		82

Eröffnung

19	Kasse	/ Eröffnungsbilanz		3
20	Forderungen aus L+L	/ Eröffnungsbilanz		4
21	Warenvorrat	/ Eröffnungsbilanz		26
22	Eröffnungsbilanz	/ Verbindungskonto Hauptgeschäft		82

[1] Das Manko ist zu EP in der Bestandeszunahme von 26 enthalten.

Kontenführung (ausgewählte Konten)

Warenvorrat				Verbindungskonto Hauptgeschäft				Wareneinkauf				Warenverkauf			
13	26			7c	42	2	1	5	20	26	13			44	7a
		26	SB			40	2	12	40	34	S	S	48	4	8
	26	26				70	3		60	60			48	48	
AB	26					3	4								
						7	6								
				SB	82	2	17								
					124	124									
						82	AB								

Warenbezüge vom Hauptgeschäft			
2	40	40	12
	40	40	

Filialerfolgsrechnung

Warenaufwand	34	Warenertrag	48
Personalaufwand	7		
Übriger Betriebsaufwand	4		
Abschreibungen	1		
Gewinn	2		
	48		48

Filialschlussbilanz II

Kasse	3	Verbindlichkeiten aus L+L	20
Forderungen aus L+L	4	Verbindungskonto HG	82
Warenvorrat	26		
Mobilien	69		
	102		102

Buchhaltung Hauptgeschäft

Kontenplan

Kasse, Bank, Forderungen aus L+L, Verbindungskonto Filiale, Warenvorrat, Mobilien, Verbindlichkeiten aus L+L, Stammkapital, Gesetzliche Gewinnreserve, Gewinnvortrag Wareneinkauf, Warenlieferungen an Filiale, Personalaufwand, Übriger Betriebsaufwand, Abschreibungen, Warenverkauf, Filialerfolg

Buchungen

1	Verbindungskonto Filiale	/ Bank	2
2	Verbindungskonto Filiale	/ Warenlieferungen an Filiale	40
3	Verbindungskonto Filiale	/ Verbindlichkeiten aus L+L	70
4	Verbindungskonto Filiale	/ Bank	3
5	Keine Buchung		
6	Verbindungskonto Filiale	/ Bank	7
7 a	Keine Buchung		
b	Keine Buchung		
c	Bank	/ Verbindungskonto Filiale	42
8–13	Keine Buchung		
14	Warenlieferungen an Filiale	/ Wareneinkauf	40
15	Wareneinkauf	/ Warenvorrat	40
	Schlussbilanz	/ Warenvorrat	230
16	Keine Buchung		
17	Verbindungskonto Filiale	/ Filialerfolg ①	2
18	Schlussbilanz	/ Verbindungskonto Filiale	82
19	Keine Buchung		
20	Keine Buchung		
21	Warenvorrat	/ Eröffnungsbilanz	230
22	Verbindungskonto Filiale	/ Eröffnungsbilanz	82

Kontenführung (ausgewählte Konten)

```
       Warenvorrat              Verbindungskonto        Warenlieferungen
                                     Filiale               an Filiale              Filialerfolg

AB    270        40 15         1    2      42 7c      14   40      40 2      S    2        2 17
                230 SB         2   40                      40      40              2        2
      ———       ———            3   70                     ———    ———
      270       270            4    3
AB    230                      6    7
                              17    2      82 SB
                                  ———    ———
                                  124    124
                              AB   82
```

① Der Filialgewinn kann im Hauptgeschäft auch erfolgsunwirksam gebucht werden.
  Buchung: Verbindungskonto Filiale / Gewinnvortrag 2

15 Regieaufwand bei zentralisierter und dezentralisierter Filialbuchhaltung

Begriff

Gewisse Aufwendungen, welche das gesamte Unternehmen betreffen, werden nur im Hauptgeschäft erfasst: z. B. Aufwendungen für die Geschäftsleitung, das Rechnungswesen, die zentrale EDV-Anlage, Werbeaufwand, Kapitalzinsaufwand. Diese Aufwendungen werden unter dem Begriff Regieaufwand zusammengefasst.
Um die Erfolge der einzelnen Teilbetriebe genauer zu ermitteln, können die Filialanteile der Filiale belastet und dem Hauptgeschäft gutgeschrieben werden.

Beispiel Verrechnung von Regieaufwand

Ausgangslage

Der Filiale wird folgender Regieaufwand verrechnet (Kurzzahlen):

– Kapitalzinsen   30
– Werbeaufwand   20
– Personalaufwand   50

Buchungen bei zentralisierter Filialbuchhaltung [1]

Verrechnung in einem Betrag	Regieaufwand Fil	/ Verrechneter Regieaufwand HG	100
Verrechnung der einzelnen Aufwandarten	Zinsaufwand Fil Werbeaufwand Fil Personalaufwand Fil	/ Zinsaufwand HG / Werbeaufwand HG / Personalaufwand HG	30 20 50

Buchungen bei dezentralisierter Filialbuchhaltung [1]

	Buchhaltung Filiale			Buchhaltung Hauptgeschäft		
Verrechnung in einem Betrag	Regieaufwand	/ Verb. Kto. HG	100	Verb. Kto. Fil	/ Verrechn. Regieaufw.	100
Verrechnung der einzelnen Aufwandarten	Zinsaufwand Werbeaufwand Personalaufwand	/ Verb. Kto. HG / Verb. Kto. HG / Verb. Kto. HG	30 20 50	Verb. Kto. Fil Verb. Kto. Fil Verb. Kto. Fil	/ Zinsaufwand [2] / Werbeaufwand [2] / Personalaufwand [2]	30 20 50

[1] Bei der Kontokorrentfilialbuchhaltung ist die Verbuchung des zu verrechnenden Regieaufwandes nicht möglich, weil die Erfassung des Filialaufwandes nur statistisch erfolgt.

[2] oder Verrechneter Zinsaufwand
         Verrechneter Werbeaufwand
         Verrechneter Personalaufwand

16 Konsolidierte und nicht konsolidierte Jahresrechnungen bei der dezentralisierten Filialbuchhaltung

Begriffe

Bei der dezentralisierten Filialbuchhaltung werden für das Gesamtunternehmen (Hauptgeschäft und Filiale[n]) zwei Jahresrechnungen unterschieden.

	Konsolidierte Jahresrechnungen	Nicht konsolidierte Jahresrechnungen
Erfolgs-rechnung	In der konsolidierten Erfolgsrechnung werden die einzelnen Aufwand- und Ertragspositionen der Filiale(n) und des Hauptgeschäftes zusammengezählt. Allfällige verrechnete Regiekosten heben sich gegenseitig auf.	In der nicht konsolidierten Erfolgsrechnung werden nur die Aufwands- und Ertragspositionen des Hauptgeschäftes einzeln gezeigt. Zusätzlich wird der Filialerfolg als separater Posten aufgeführt.
Bilanz	In der konsolidierten Bilanz werden die einzelnen Aktiven und Passiven der Filiale(n) und des Hauptgeschäftes zusammengezählt. Die Verbindungskonten heben sich gegenseitig auf.	In der nicht konsolidierten Bilanz werden nur die Aktiven und die Passiven des Hauptgeschäftes einzeln gezeigt. Zusätzlich wird der (Buch-)Wert der Filiale (= Verbindungskonto Filiale) als separater Posten aufgeführt.

Beispiel **Abschluss eines Dienstleistungsunternehmens**

Ausgangslage

Die Viva AG, Versicherungsberatungen, besteht aus einem Hauptgeschäft in Schwyz und einer Filiale in Zug. Die Buchhaltung der Filiale wird nach der dezentralisierten Methode geführt.

Konsolidierte Jahresrechnungen und Einzelabschlüsse (vor Verbuchung des Filialerfolges)

Erfolgsrechnung							
Aufwand	Filiale	Haupt-geschäft ohne Filialerfolg	Konso-lidiert	Ertrag	Filiale	Haupt-geschäft ohne Filialerfolg	Konso-lidiert
Personalaufwand	348	520	868	Honorarertrag	144	247	391
Übr. Betriebsaufwand	54	62	116	Provisionsertrag	302	348	650
Abschreibung	16	22	38	Finanzertrag		18	18
Finanzaufwand	3	6	9	Verrechneter			
Regieaufwand	32		–	Regieaufwand		32	–
Jahresgewinn		35	28	Jahresverlust	7		
	453	645	1 059		453	645	1 059

Schlussbilanz I

Aktiven	Filiale	Hauptgeschäft ohne Filialerfolg	Konsolidiert	Passiven	Filiale	Hauptgeschäft ohne Filialerfolg	Konsolidiert
Post	5	12	17	Verbindlichk. aus L+L	26	55	81
Bankguthaben		28	28	Bankschuld	15		15
Wertschriften		57	57	Darlehen		100	100
Forderungen aus L+L	80	125	205				
Verbindungskonto Fil		170	–	Verbindungskonto HG	170		–
				Aktienkapital		300	300
Mobiliar	54	90	144	Gesetzl. Gewinnreserve		50	50
Fahrzeuge	65	66	131	Gewinnvortrag		8	8
Jahresverlust	7			Jahresgewinn		35	28
	211	548	582		211	548	582

Nicht konsolidierte Jahresrechnungen des Hauptgeschäftes

Verbuchung des Filialerfolges

Buchhaltung Filiale	
Verbindungsk. Hauptgeschäft / Jahresverlust	7

Buchhaltung Hauptgeschäft	
Filialverlust / Verbindungskonto Filiale	7

Schlussbilanz I Hauptgeschäft

Umlaufvermögen			Kurzfristiges Fremdkapital		
Post		12	Verbindlichkeiten aus L+L		55
Bankguthaben		28	**Langfristiges Fremdkapital**		
Wertschriften		57	Darlehen		100
Forderungen aus L+L		125	**Eigenkapital**		
Anlagevermögen			Aktienkapital		300
Mobiliar		90	Gesetzliche Gewinnreserve		50
Fahrzeuge		66	Gewinnvortrag	8	
Verbindungskonto Filiale		163	Jahresgewinn	28	
			Bilanzgewinn		36
		541			541

Erfolgsrechnung Hauptgeschäft

Personalaufwand	520	Honorarertrag	247
Übriger Betriebsaufwand	62	Provisionsertrag	348
Abschreibungen	22	Finanzertrag	18
Finanzaufwand	6	Verrechneter Regieaufwand	32
Filialverlust	7		
Jahresgewinn	28		
	645		645

2 Kommissionsgeschäft

21 Rechtliche und wirtschaftliche Aspekte

Kommissionär ist, wer gegen eine Kommission (Provision) im eigenen Namen für Rechnung des Kommittenten den Ein- oder Verkauf von beweglichen Sachen oder Wertschriften übernimmt (OR 425/1).

Das Kommissionsgeschäft spielt eine wichtige Rolle bei
- Import-/Exportgeschäften
- Indifferenten Bankgeschäften (Emissions-[1] und Börsengeschäfte für Rechnung Dritter).

Begriffe

	Einkaufskommissionär	Verkaufskommissionär
Beschreibung	Der Kommissionär ist der Beauftragte im Kommissionsgeschäft. Gegenüber Dritten handelt er rechtlich selbstständig, ist aber an die Weisungen des Kommittenten gebunden.	
Forderungen/ Entschädigungen	Der Kommissionär hat Anspruch auf – Kommission, Provision oder Courtage (im Wertschriftenhandel) – Vergütung seiner Auslagen (OR 431, 432).	
Selbsteintrittsrecht	Der Selbsteintritt durch den Kommissionär ist möglich bei Waren, die einen Markt- oder Börsenpreis haben oder wenn es vereinbart ist (OR 436).	
	Der Kommissionär darf die	
	einzukaufende Ware selber aus seinen eigenen Beständen liefern.	zu verkaufende Ware für sich selber erwerben.
	Zudem kann er Kommissionen und Spesen verrechnen, wie wenn ein Dritter verkauft bzw. gekauft hätte.	
Kreditgewährung	–	Kreditverkäufe sind nur erlaubt, wenn dies üblich oder abgemacht ist.
Kreditrisiko	–	Übernimmt der Kommissionär das Risiko des Zahlungseinganges, so hat er Anspruch auf eine Delkredere- bzw. Zahlungsausfallprovision (OR 430).
Wirtschaftliche Vorteile	Der Kommissionär – kennt den Einkaufsmarkt, die Lieferanten, Trends usw. – kann die Interessen des Auftraggebers besser wahrnehmen.	Der Kommissionär – übernimmt die Waren zum Verkauf (in Konsignation) – kennt den lokalen Absatzmarkt und sucht die Kunden – muss kein Kapital ins Warenlager investieren und erspart sich damit Kapitalkosten.

[1] Emission von Anleihen, siehe Carlen/Gianini/Riniker: Finanzbuchhaltung 3, Höhere Finanzbuchhaltung, Kapitel 3, Abschnitt 32, Emissions- bzw. Platzierungsformen.

	Einkaufskommittent	Verkaufskommittent
Beschreibung	Der Kommittent ist der Auftraggeber und bestimmt häufig die Bedingungen des Kommissionsgeschäftes.	
Eigentumsübergang	Der Kommittent wird erst beim Empfang der Ware Eigentümer.	Die Ware bleibt im Eigentum des Kommittenten (auch wenn sie beim Kommissionär liegt), bis sie an Dritte verkauft ist.

22 Verwandte Geschäfte

Vertragsarten	Kommissionsvertrag	Mäklervertrag	Agenturvertrag
Gemeinsamkeit	Der Beauftragte übernimmt die Verpflichtung, bestimmte Dienste zu erbringen oder Geschäfte auszuführen.		
Vertragsabschluss	Im Namen des Kommissionärs für Rechnung des Kommittenten	Kein Vertragsabschluss; nur Zusammenführen der Parteien	Im Namen und für Rechnung des Auftraggebers
Wiederholung	Einmaligkeit des Auftrages; bei Wiederholung ist ein neuer Auftrag nötig.		Ständiger Auftrag bis Widerruf
Beispiele	Ein- oder Verkauf von Waren/Rohstoffen, Börsengeschäfte, Emissionsgeschäfte	Stellen-, Heirats-, Wohnungs- und Immobilienvermittlung	Verkaufsagent, Inhaber einer Versicherungsagentur
OR-Artikel	425–438	412–418	418a–418v

23 Konten

Das Ein- und Verkaufskommissionsgeschäft kann beim Kommissionär und Kommittent mit den folgenden Konten erfasst werden:

	Einkaufskommission		Verkaufskommission	
Kommissionär S	– Kommissionswarenbestand [1] – Kommissionswareneinkauf für T [1] – Kommissionwarenverkauf an T [1] – Kontokorrent T oder Kommittent T	a A E a	– Kommissionswarenverkauf für T [1] – Kommissionswareneinkauf von T [1] – Kontokorrent T oder Kommittent T	E A p
Kommittent T	– Wareneinkauf oder Kommissionswareneinkauf durch S [1] – Kontokorrent S oder Kommissionär S	A p	– Warenverkauf oder Kommissions-(Konsignations-)warenverkauf durch S [1] – Konsignationswarenvorrat [1] – Kontokorrent S oder Kommissionär S	E a a

a = Aktivkonto   A = Aufwandkonto
p = Passivkonto   E = Ertragskonto

Die buchhalterische Abwicklung (Erfassung) des Einkaufs- und Verkaufskommissionsgeschäftes wird in den folgenden Beispielen getrennt aus der Sicht des Kommissionärs und des Kommittenten dargestellt.

[1] Sind spezielle Warenvorrats- bzw. -bestandes-, Wareneinkaufs- und Warenverkaufskonten für das Kommissionsgeschäft.

24 Einkaufskommission

Schema

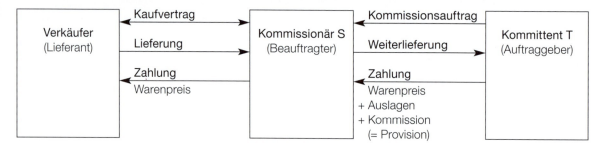

Beispiel 1 Abgeschlossenes Einkaufskommissionsgeschäft

Buchungstatsachen

1. T leistet einen Vorschuss von Fr. 20 000.– auf das Bankkonto von S.
2. S kauft für T Waren auf Kredit für Fr. 60 000.–.
3. S nimmt Waren aus seinen eigenen Beständen zum Einstandswert von Fr. 16 000.–. (Selbsteintritt).
4. S zahlt für Fracht und Transportversicherung durch die Bank Fr. 3 000.–.
5. S liefert alle Waren an T und stellt T die Abrechnung zu:

	Warenpreis	Fr. 76 000.–
+	Fracht/Versicherung	Fr. 3 000.–
+	5 % Provision [1]	Fr. 3 950.–
	Zwischentotal	Fr. 82 950.–
−	Vorschuss	Fr. 20 000.–
	Restforderung	Fr. 62 950.–

6. T begleicht seine Restschuld mit Banküberweisung.

Buchungen

Kommissionär S

1	Bank	/ Kontokorrent T	20 000.–
2	Kommissionswareneinkauf für T	/ Verbindlichkeiten aus L+L	60 000.–
3	Kommissionswareneinkauf für T	/ Wareneinkauf	16 000.–
4	Kommissionswareneinkauf für T	/ Bank	3 000.–
5	Kontokorrent T	/ Kommissionswarenverkauf an T	82 950.–
6	Bank	/ Kontokorrent T	62 950.–

Kommittent T

Kontokorrent S	/ Bank	20 000.–
Keine Buchung		
Keine Buchung		
Keine Buchung		
Wareneinkauf	/ Kontokorrent S	82 950.–
Kontokorrent S	/ Bank	62 950.–

[1] 5 % von den gesamten aufgelaufenen Kosten

Kontenführung

Kommissionär S

Kommissionswareneinkauf für T

60 000	
16 000	
3 000	
	79 000 S
79 000	79 000

Kontokorrent T

82 950	20 000
	62 950
82 950	82 950

Kommissionswarenverkauf an T

	82 950
S 82 950	
82 950	82 950

Kommittent T

Kontokorrent S

20 000	82 950
62 950	
82 950	82 950

Erläuterungen zu den Konten

Das Konto Kommissionswareneinkauf für T erfasst die Auslagen des Kommissionärs.

Das Konto Kommissionswarenverkauf an T erfasst den dem Kommittenten verrechneten Betrag (Auslagen und Provision).

Die verdiente Provision ergibt sich aus der Differenz zwischen den Salden der Konten Kommissionswarenverkauf und Kommissionswareneinkauf; 82 950.– – 79 000.– = 3 950.–.

Das Kontokorrentkonto T erfasst die Abrechnung für den Kommittenten und die Zahlungen des Kommittenten.

Das Kontokorrentkonto S erfasst die Abrechnung des Kommissionärs und die Zahlungen an den Kommissionär.

Beispiel 2   Nicht abgeschlossenes Einkaufskommissionsgeschäft

Ausgangslage

Mitte Dezember beauftragt Kommittent T Kommissionär S, Waren zu kaufen. S erhält 4 % Provision von den aufgelaufenen Ausgaben.

Buchungstatsachen

1 T leistet einen Vorschuss von Fr. 8 000.– auf das Bankkonto von S.
2 S kauft für T Waren auf Kredit für Fr. 29 000.–.
3 S zahlt für Fracht und Transportversicherung durch die Bank Fr. 1 000.–.
4 31.12.: (Es wurde noch keine Abrechnung erstellt.)
   a S grenzt seine Provision zeitlich ab.
   b S aktiviert die bereits getätigten Ausgaben.
   c Abschluss der Konten

Buchungen

		Kommissionär S			Kommittent T		
1		Bank	/ Kontokorrent T	8 000.–	Kontokorrent S	/ Bank	8 000.–
2		Kommissions-wareneinkauf für T	/ Verbindlichkeiten aus L + L	29 000.–	Keine Buchung		
3		Kommissions-wareneinkauf für T	/ Bank	1 000.–	Keine Buchung		
4	a	Aktive Rechnungs-abgrenzung①	/ Kommissions-warenverkauf an T	1 200.–	Keine Buchung		
	b	Kommissions-warenvorrat	/ Kommissions-wareneinkauf für T	30 000.–	Keine Buchung		
	c	Schlussbilanz	/ Kommissions-warenvorrat	30 000.–			
		Schlussbilanz	/ Aktive Rechnungs-abgrenzung	1 200.–			
		Kommissions-warenverkauf an T	/ Erfolgsrechnung	1 200.–			
		Kontokorrent T	/ Schlussbilanz	8 000.–	Schlussbilanz	/ Kontokorrent S	8 000.–

① oder Nicht fakturierte Dienstleistungen

Kontenführung

Kommissionär S

Kommissions-
wareneinkauf für T

29 000	
1 000	30 000
30 000	30 000

Kommissions-
warenvorrat

30 000	30 000 SB
30 000	30 000

Kommissions-
warenverkauf an T

S	1 200	1 200
	1 200	1 200

Kontokorrent T

		8 000
SB	8 000	
	8 000	8 000

Kommittent T

Kontokorrent S

8 000	
	8 000 SB
8 000	8 000

Erläuterungen zu den Konten

Der Schlussbestand des Kontos Kommissionswarenvorrat zeigt das noch nicht abgerechnete Kommissionsgeschäft. Es zeigt den Einstandswert der noch nicht an den Kommittenten gelieferten Kommissionsware.

Der Saldo des Kontokorrentkontos T zeigt normalerweise die Forderung (hier aber wegen des Vorschusses eine Schuld) gegenüber dem Kommittenten.

Der Saldo des Kontokorrentkontos S zeigt normalerweise die Schuld (hier aber wegen des Vorschusses eine Forderung) gegenüber dem Kommissionär.

Die bis zum Jahresabschluss bereits erarbeitete, aber noch nicht abgerechnete Provision kann der Einkaufskommissionär zeitlich abgrenzen. Sie wird dem Konto Kommissionswarenverkauf an T gutgeschrieben.

25 Verkaufskommission

Schema

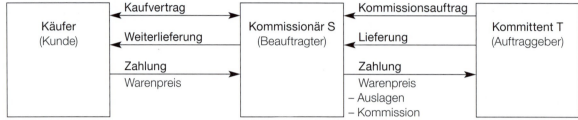

Beispiel 1   Abgeschlossenes Verkaufskommissionsgeschäft

Buchungstatsachen

1. T sendet S Waren zum Einstandswert von Fr. 30 000.–.
2. T zahlt für Transportversicherung Fr. 500.– mit Banküberweisung.
3. S zahlt für Fracht bei Erhalt der Waren Fr. 800.– mit Postüberweisung.
4. S verkauft alle Waren auf Kredit für Fr. 60 000.–.
5. S stellt T die Abrechnung zu:

Verkaufserlös	Fr. 60 000.–
– 10 % Provision ①	Fr. 6 000.–
– Fracht	Fr. 800.–
Schuld	Fr. 53 200.–

6. S begleicht die Restschuld mit Banküberweisung.

Buchungen

	Kommissionär S			Kommittent T		
1	Keine Buchung			Keine Buchung		
2	Keine Buchung			Warenverkauf ②	/ Bank	500.–
3	Kommissions-wareneinkauf von T	/ Post	800.–	Keine Buchung		
4	Forderungen aus L+L	/ Kommissions-warenverkauf für T	60 000.–	Keine Buchung		
5	Kommissions-wareneinkauf von T	/ Kontokorrent T	53 200.–	Kontokorrent S	/ Warenverkauf	53 200.–
6	Kontokorrent T	/ Bank	53 200.–	Bank	/ Kontokorrent S	53 200.–

① 10 % vom Verkaufserlös
② oder Versandspesen

Kontenführung

Kommissionär S

Kommissions- warenverkauf für T			Kontokorrent T	
	60 000		53 200	53 200
S 60 000				
60 000	60 000		53 200	53 200

Kommissions- wareneinkauf von T	
800	
53 200	
	54 000 S
54 000	54 000

Kommittent T

Warenverkauf			Kontokorrent S	
500	53 200		53 200	
S 52 700				53 200
53 200	53 200		53 200	53 200

Erläuterungen zu den Konten

Das Konto Kommissionswarenverkauf für T erfasst den Verkaufserlös gegenüber Dritten.

Dem Konto Kommissionswareneinkauf von T werden die Auslagen (z. B. Empfangsfracht und [nach dem Verkauf an Dritte] die Nettoschuld) gemäss Abrechnung (inkl. verrechnete Provision und Auslagen) belastet.

Die verdiente Provision ergibt sich als Differenz zwischen den Salden der Konten Kommissionswarenverkauf für T und Kommissionswareneinkauf von T, 60 000.– – 54 000.– = 6 000.–.

Das Kontokorrentkonto T erfasst die Abrechnung für den Kommittenten und die Zahlungen an den Kommittenten.

Dem Konto Warenverkauf werden die Auslagen belastet und der Verkaufserlös gemäss Abrechnung des Kommissionärs gutgeschrieben. Der Saldo zeigt den Nettoerlös der verkauften Waren.

Das Kontokorrentkonto S erfasst die Abrechnung des Kommissionärs und die Zahlungen des Kommissionärs.

Beispiel 2   Nicht abgeschlossenes Verkaufskommissionsgeschäft

Ausgangslage

Mitte Dezember beauftragt Kommittent T Kommissionär S, Waren zu verkaufen.
S erhält 20 % Provision vom Verkaufserlös.

Buchungstatsachen

1. T sendet S Waren zum Einstandswert von Fr. 19 000.–.
2. T zahlt für Versandfrachten Fr. 200.– mit Banküberweisung.
3. S zahlt für eine Kundenlieferung Frachtspesen von Fr. 300.– mit Postüberweisung.
4. S verkauft die Hälfte der Waren für Fr. 15 000.– auf Kredit.
5. 31.12.:
   a S erstellt die Zwischenabrechnung und stellt sie T zu.

	Verkaufserlös	Fr. 15 000.–
–	20 % Provision	Fr. 3 000.–
–	Fracht	Fr. 300.–
	Schuld	Fr. 11 700.–

   b Abschluss der Konten

Buchungen

	Kommissionär S			Kommittent T		
1	Keine Buchung			Keine Buchung		
2	Keine Buchung			Warenverkauf①	/ Bank	200.–
3	Kommissions-wareneinkauf von T	/ Post	300.–	Keine Buchung		
4	Forderungen aus L+L	/ Kommissions-warenverkauf für T	15 000.–	Keine Buchung		
5 a	Kommissions-wareneinkauf von T	/ Kontokorrent T	11 700.–	Kontokorrent S	/ Warenverkauf	11 700.–
b	Kommissions-warenverkauf für T	/ Erfolgsrechnung	15 000.–	Warenverkauf	/ Erfolgsrechnung	11 500.–
	Erfolgsrechnung	/ Kommissions-wareneinkauf von T	12 000.–	Konsignations-warenvorrat	/ Wareneinkauf	9 500.–
				Schlussbilanz	/ Konsignations-warenvorrat	9 500.–
	Kontokorrent T	/ Schlussbilanz	11 700.–	Schlussbilanz	/ Kontokorrent S	11 700.–

① oder Versandspesen

Kontenführung

Kommissionär S

Kommissions-warenverkauf für T	
	15 000
S 15 000	
15 000	15 000

Kontokorrent T	
SB 11 700	11 700
11 700	11 700

Kommissions-wareneinkauf von T	
300	
11 700	12 000 S
12 000	12 000

Kommittent T

Warenverkauf	
200	11 700
S 11 500	
11 700	11 700

Kontokorrent S	
11 700	
	11 700 SB
11 700	11 700

Erläuterungen zu den Konten

Der Saldo des Kontokorrentkontos T zeigt die Schuld (evtl. Forderung) gegenüber dem Kommittenten.

Der Bestand an Kommissionswaren erscheint nicht in der Bilanz des Verkaufskommissionärs, weil die Ware Eigentum des Kommittenten ist.

Die bis zum Jahresschluss bereits erarbeitete, aber noch nicht abgerechnete Provision kann der Verkaufskommissionär zeitlich abgrenzen.

Der Saldo des Kontos Warenverkauf zeigt den Nettoerlös der verkauften Waren.

Der Saldo des Kontokorrentkontos S zeigt die Forderung (evtl. Schuld) gegenüber dem Kommissionär.

Sind beim Jahresabschluss beim Kommissionär noch Waren vorrätig, so sind sie bei der Bestandesänderung des Warenvorrates entweder im Konto Warenvorrat oder im Konto Konsignationswarenvorrat zu berücksichtigen.

Trifft der Kommittent bei der Lieferung von Konsignationswaren keine Buchung (vgl. Buchungstatsache 4), so ist beim Abschluss die nicht verkaufte Kommissionsware wie folgt zu erfassen:
Konsignations- / Wareneinkauf 9 500.–
warenvorrat

oder bei der normalen Bestandesänderung im Konto Warenvorrat zu berücksichtigen.

Nimmt der Kommittent bei der Lieferung aber folgende Buchung vor:
Konsignations- / Warenvorrat 19 000.–,
warenvorrat

so ist die verkaufte Kommissionsware als Lagerabnahme mit folgender Buchung zu erfassen:
Wareneinkauf / Konsignations- 9 500.–
  warenvorrat

3 Partizipations- und Konsortialgeschäft

31 Rechtliche Aspekte

Das Partizipations- und Konsortialgeschäft ist eine vertragsmässige Verbindung von zwei oder mehreren Personen (oder Unternehmen) zur Durchführung von Geschäften auf gemeinsame Rechnung.

Beim Partizipationsgeschäft tritt jeder Partizipant alleine auf und handelt im eigenen Namen auf gemeinsame Rechnung.

Beim Konsortialgeschäft tritt die Gemeinschaft als solche nach aussen als Konsortium auf. Jedes Konsortiumsmitglied handelt im Namen und für Rechnung der Gemeinschaft.

Rechtlich gelten die Bestimmungen über die Einfache Gesellschaft (OR 530–551).
Jeder Partizipant bzw. jedes Konsortiumsmitglied leistet seinen Beitrag in Form von Geld, Sachen oder Arbeit.

Fehlen vertragliche Vereinbarungen über
– die Beitragshöhe, so sind gleiche Beiträge zu leisten
– den Erfolg, so ist der Gewinn oder Verlust nach Köpfen zu verteilen.

Ein beim Abschluss vorhandener Warenbestand und der Erlös der verkauften, aber noch nicht abgerechneten Waren oder Dienstleistungen gehören den Partnern gemeinsam.
Auslagen und Provisionen werden der Partizipation bzw. dem Konsortium belastet.

32 Begriffe

	Partizipationsgeschäft	Konsortialgeschäft
Bezeichnung der einfachen Gesellschaft oder der Gemeinschaft	– Partizipationsgemeinschaft – Partizipation	– Konsortium – Syndikat – ARGE (Arbeitsgemeinschaft)
Beispiele	– Waren- und Dienstleistungsgeschäfte	
	– Risikopools von Versicherungen	– Tunnel-/Strassenbau von Bauunternehmen – Anleihens- und Aktienemissionsgeschäfte von Banken

33 Buchungsarten und Konten

Die Geschäftsfälle einer Partizipation und eines Konsortiums sind buchhalterisch verschieden zu erfassen:

	Partizipation	Konsortium
Auftreten nach aussen	Jeder Partizipant tritt alleine und in seinem Namen auf.	Das Konsortium tritt als Gemeinschaft auf.
Buchführung	Die Partizipation hat keine eigene Buchhaltung.	Das Konsortium führt eine eigene Buchhaltung.
Erfassung des Geschäftsverkehrs	Jeder Partizipant erfasst in seiner Buchhaltung nur seinen Teil am Partizipationsgeschäft.	Das Konsortium erfasst wie ein selbstständiges Unternehmen den gesamten Geschäftsverkehr der Gemeinschaft.

Der Warenverkehr ist in der Buchhaltung der einzelnen Partizipanten bzw. im Konsortium wie folgt zu erfassen:

Buchungstatsachen:	Partizipant A	Partizipant B	Konsortium	Konsortiumsmitglied
Einkauf	×①	–	×	
Verkauf	–	×①	×	
Lieferung von A an B	×②	×②		
Lieferung der Gesellschafter an das Konsortium③			×②	×②
Konten	– Partizipationsware④ oder Partizipation mit …④ – Partizipationswarenbestand – Kontokorrente für die Partner – Partizipationserfolg (Aufwand/Ertrag)		– Übliche Konten wie z.B. Wareneinkauf, Warenverkauf, Warenvorrat bzw. -bestand, Bank, Forderungen aus L+L, Verbindlichkeiten aus L+L usw. – Kontokorrente für alle Konsortiumsmitglieder – Konsortialerfolg (Gewinn/Verlust)	– Lieferungen an Konsortium oder Warenverkauf – Kontokorrent Konsortium – Konsortialerfolg (Aufwand/Ertrag)

① Annahme: A kauft ein, B verkauft.
② Die Lieferungen und Leistungen zwischen den Partizipanten oder den Konsortiumsmitgliedern und dem Konsortium sind mehrwertsteuerpflichtig.
③ In seltenen Fällen sind auch Lieferungen und Leistungen des Konsortiums an die Konsortiumsmitglieder möglich.
④ Ist ein gemischt geführtes Erfolgskonto (= Einkontenmethode). Jeder Partizipant kann aber auch je ein Konto Partizipationswareneinkauf und Partizipationswarenverkauf führen (analog zum Kommissionsgeschäft).

34 Partizipationsgeschäft

Beispiel 1 **Erledigtes Partizipationsgeschäft**

Ausgangslage

R und S tätigen ein Warengeschäft auf gemeinsame Rechnung. R kauft und S verkauft jeweils im eigenen Namen. Jeder erfasst seinen Teil in seiner Buchhaltung.
Der Zahlungsverkehr wickelt sich durch die Bank der einzelnen Partizipanten ab.

Buchungstatsachen

1. S leistet einen Vorschuss von Fr. 4 500.– an R.
2. R kauft Waren auf Kredit für Fr. 8 000.– und zahlt für Fracht Fr. 200.–.
3. R sendet alle Waren an S.
4. S verkauft alle Waren gegen Rechnung für Fr. 12 200.–.
5. Abrechnung:
   a. Der Gewinn wird nach Köpfen verteilt und gutgeschrieben.
   b. S leistet die Ausgleichszahlung.

Buchungen

Partizipant R (Einkauf)

1	Bank	/ Kontokorrent S	4 500.–
2	Partizipationsware	/ Verbindl. aus L+L	8 000.–
	Partizipationsware	/ Bank	200.–
3	Kontokorrent S	/ Partizipationsware	8 200.–
4	Keine Buchung		
5a	Kontokorrent S	/ Partizipationsertrag	2 000.–
b	Bank	/ Kontokorrent S	5 700.–

Partizipant S (Verkauf)

Kontokorrent R	/ Bank	4 500.–
Keine Buchung		
Keine Buchung		
Partizipationsware	/ Kontokorrent R	8 200.–
Ford. aus L+L	/ Partizipationsware	12 200.–
Partizipationsware	/ Kontokorrent R	2 000.–
Partizipationsware	/ Partizipationsertrag	2 000.–
Kontokorrent R	/ Bank	5 700.–

Kontenführung

Partizipationsware

8 000	8 200
200	
8 200	**8 200**

Kontokorrent S

8 200	4 500
2 000	
	5 700
10 200	**10 200**

Partizipationsware

8 200	12 200
2 000	
2 000	
12 200	**12 200**

Kontokorrent R

4 500	8 200
	2 000
5 700	
10 200	**10 200**

Abrechnung und Ausgleichszahlung

+ = Guthaben
– = Schulden
gegenüber der Partizipationsgemeinschaft

	R	S	Total
Vorschuss	–4 500	+ 4 500	0
Einkauf und Fracht	+8 200		+ 8 200
Verkauf		–12 200	–12 200
Gewinn	+2 000	+ 2 000	+ 4 000
Total/Ausgleichszahlung	+5 700	– 5 700	0

Beispiel 2   Nicht erledigtes Partizipationsgeschäft

Ausgangslage

R und S tätigen ein Warengeschäft auf gemeinsame Rechnung. R kauft und S verkauft im eigenen Namen. Jeder erfasst seinen Teil in seiner Buchhaltung.
Der Zahlungsverkehr wickelt sich durch die Bank der einzelnen Partizipanten ab.
Beim Jahresabschluss wird der noch vorhandene Partizipationswarenbestand beim jeweiligen Besitzer aktiviert.
Bei der Wiedereröffnung wird der Warenbestand auf das Konto Partizipationsware zurückgebucht.

Buchungstatsachen

1 S leistet einen Vorschuss von Fr. 1500.– an R.
2 R kauft Waren auf Kredit für Fr. 4000.– und zahlt für Fracht Fr. 200.–.
3 R sendet die Waren an S.
4 S verkauft die Hälfte der Waren auf Kredit für Fr. 3700.–.
5 Zwischenabrechnung:
   a S aktiviert den Partizipationswarenbestand.
   b Der Gewinn wird halbiert und gutgeschrieben.

Buchungen

Partizipant R (Einkauf)

1	Bank	/ Kontokorrent S	1500.–
2	Partizipationsware	/ Verbindl. aus L+L	4000.–
	Partizipationsware	/ Bank	200.–
3	Kontokorrent S	/ Partizipationsware	4200.–
4	Keine Buchung		
5 a	Keine Buchung		
b	Kontokorrent S	/ Partizipationsertrag	800.–

Partizipant S (Verkauf)

Kontokorrent R	/ Bank	1500.–
Keine Buchung		
Keine Buchung		
Partizipationsware	/ Kontokorrent R	4200.–
Ford. aus L+L	/ Partizipationsware	3700.–
Partizipations-warenvorrat	/ Partizipationsware	2100.–
Partizipationsware	/ Kontokorrent R	800.–
Partizipationsware	/ Partizipationsertrag	800.–

Kontenführung

Partizipationsware

4000	4200
200	
4200	4200

Kontokorrent S

4200	1500
800	
	3500 SB
5000	5000

Partizipationsware

4200	3700
800	2100
800	
5800	5800

Kontokorrent R

1500	4200
	800
SB 3500	
5000	5000

35 Konsortialgeschäft

Beispiel 1 **Erledigtes Konsortialgeschäft**

Ausgangslage

F und G tätigen ein Warengeschäft auf gemeinsame Rechnung. Der Einkauf und Verkauf erfolgt im Namen des Konsortiums. Der Zahlungsverkehr wickelt sich durch die Bank des Konsortiums ab.

Buchungstatsachen

1 Wareneinkauf auf Kredit Fr. 8 000.–; bezahlte Fracht Fr. 200.–
2 F übergibt dem Konsortium Waren aus seinen eigenen Beständen für Fr. 4 500.–.
3 Verkauf aller Waren gegen Bankzahlung Fr. 19 500.–
4 Zahlung Lieferantenrechnung
5 Abrechnung:
   a Der Gewinn wird nach Köpfen verteilt und den Konsortiumsmitgliedern gutgeschrieben.
   b Ausgleichszahlungen an die Konsortiumsmitglieder

Buchungen

Konsortium

1	Wareneinkauf	/ Verbindlichkeiten aus L + L	8 000.–
	Wareneinkauf	/ Bank	200.–
2	Wareneinkauf	/ Kontokorrent F	4 500.–
3	Bank	/ Warenverkauf	19 500.–
4	Verbindlichkeiten aus L + L	/ Bank	8 000.–
5 a	Konsortialgewinn	/ Kontokorrent F	3 400.–
	Konsortialgewinn	/ Kontokorrent G	3 400.–
b	Kontokorrent F	/ Bank	7 900.–
	Kontokorrent G	/ Bank	3 400.–

Erfolgsrechnung Konsortium

Warenaufwand	12 700	Warenertrag	19 500
Konsortialgewinn	6 800		
	19 500		19 500

Buchungen

Konsortiumsmitglied F

1		Keine Buchung		
2		Kontokorrent Konsortium	/ Lieferung an Konsortium	4 500.–
3–4		Keine Buchung		
5	a	Kontokorrent Konsortium	/ Konsortialertrag	3 400.–
	b	Bank	/ Kontokorrent Konsortium	7 900.–

Konsortiumsmitglied G

1–4		Keine Buchung		
5	a	Kontokorrent Konsortium	/ Konsortialertrag	3 400.–
	b	Bank	/ Kontokorrent Konsortium	3 400.–

Beispiel 2   Nicht erledigtes Konsortialgeschäft

Ausgangslage

F und G tätigen ein Warengeschäft auf gemeinsame Rechnung. Der Einkauf und Verkauf erfolgt im Namen des Konsortiums. Der Zahlungsverkehr wickelt sich durch die Bank des Konsortiums ab.

Buchungstatsachen

1 Wareneinkauf auf Kredit Fr. 4 000.–; bezahlte Fracht Fr. 300.–
2 F übergibt dem Konsortium Waren aus seinen eigenen Beständen für Fr. 2 000.–.
3 Zwei Drittel der Waren werden auf Kredit für Fr. 7 400.– verkauft.
4 Zwischenabrechnung:
  a Aktivierung des Warenbestandes
  b Der Gewinn wird halbiert und gutgeschrieben.

Buchungen

Konsortium

1		Wareneinkauf	/ Verbindlichkeiten aus L + L	4 000.–
		Wareneinkauf	/ Bank	300.–
2		Wareneinkauf	/ Kontokorrent F	2 000.–
3		Forderungen aus L + L	/ Warenverkauf	7 400.–
4	a	Warenvorrat	/ Wareneinkauf	2 100.–
	b	Konsortialgewinn	/ Kontokorrent F	1 600.–
		Konsortialgewinn	/ Kontokorrent G	1 600.–

Erfolgsrechnung Konsortium

Warenaufwand	4 200	Warenertrag	7 400
Konsortialgewinn	3 200		
	7 400		7 400

Schlussbilanz II Konsortium

Forderungen aus L + L	7 400	Verbindlichkeiten aus L + L	4 000
Warenvorrat	2 100	Bank	300
		Kontokorrent F	3 600
		Kontokorrent G	1 600
	9 500		9 500

Buchungen

Konsortiumsmitglied F

1	Keine Buchung			
2	Kontokorrent Konsortium	/ Lieferung an Konsortium		2 000.–
3–4 a	Keine Buchung			
4 b	Kontokorrent Konsortium	/ Konsortialertrag		1 600.–

Konsortiumsmitglied G

1–4 a	Keine Buchung			
4 b	Kontokorrent Konsortium	/ Konsortialertrag		1 600.–

4 Factoring

41 Begriff und Wesen

Beim Factoring werden Forderungen aus Warenlieferungen und Dienstleistungen mittels Globalzession[1] an eine Factoringgesellschaft zur Weiterbearbeitung übertragen.
Der Factor erklärt sich vertraglich bereit, von seinem Klienten laufend offene Buchforderungen zu übernehmen.

Grundschema

Abwicklung eines Factoringgeschäftes

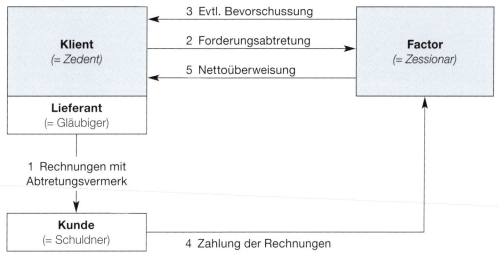

42 Factoringfunktionen

Die Factoringgesellschaft kann folgende Funktionen bzw. Dienste übernehmen:

Basisfunktion[2]	Garantiefunktion[3]	Finanzierungsfunktion
– Führen der Kundenbuchhaltung – Mahn- und Inkassowesen – Statistische Auswertungen – Bonitätsprüfung – Evtl. Fakturierung	Übernahme des Delkredere- bzw. Zahlungsausfallrisikos im Rahmen einer vereinbarten Limite	Bevorschussung der abgetretenen Forderungen

[1] Zession = Abtretung von Forderungen (OR 164ff.)
[2] Andere Bezeichnung: Dienstleistungsfunktion
[3] Andere Bezeichnung: Delkrederefunktion

43 Factoringformen

Funktionen / Formen	Basisfunktion	Garantiefunktion	Finanzierungs-funktion
Einfaches Factoring	ja	nein	nein
Maturity Factoring [1]	ja	ja	nein
Echtes Factoring	ja	ja	ja
Unechtes Factoring	ja	nein	ja

Die buchhalterische Abwicklung und die benötigten Konten beim Zedenten [= Klient der Factoringgesellschaft] richten sich nach den vertraglichen Abmachungen, d.h. sind abhängig von den vom Factor übernommenen Leistungen. Folgende Konten sind möglich:
Forderung gegenüber Factor, Kontokorrent Factor, Factoringgebühren, Zinsaufwand.

Erläuterungen zu den Konten beim Zedenten

Das Konto Forderung gegenüber Factor (a) wird bei allen Factoringformen geführt. Es trennt die an den Factor abgetretenen Forderungen von übrigen Kundenforderungen ab. Beim echten und unechten Factoring führt der Zedent zusätzlich ein Konto Kontokorrent Factor (p).

Bei den drei folgenden Factoringformen werden in diesen Konten auf der Sollseite (Belastungen) und Habenseite (Gutschriften) die folgenden Buchungstatsachen erfasst:

Forderungen gegenüber Factor (a)

Maturity Factoring [1]	– Abgetretene Forderungen	– Factoringgebühren – Überweisungen des Factors
Echtes Factoring	– Abgetretene Forderungen	– Zahlungseingänge beim Factor – Forderungsverluste
Unechtes Factoring		

Kontokorrent Factor (p)

Maturity Factoring [2]	–	–
Echtes Factoring	– Zahlungseingänge beim Factor – Forderungsverluste [3]	– Vorschüsse – Factoringgebühren – Zinsaufwand
Unechtes Factoring	– Zahlungseingänge beim Factor	– (Rest-)Überweisungen des Factors

Der Factor führt in seiner Buchhaltung für seinen Klienten [= Zedent] ein spiegelbildliches Kontokorrentkonto.

Erläuterungen zum Vorschuss

Beim echten und unechten Factoring erhält der Zedent
– sofort einen Vorschuss von z. B. 80 % der abgetretenen Forderungen und
– beim Zahlungseingang die restlichen 20 % abzüglich Factoringgebühren und Zins.

[1] Andere Bezeichnung: Echtes Factoring ohne Bevorschussung.
[2] Beim Maturity Factoring findet keine Bevorschussung statt. Deshalb braucht es bei dieser Factoringform das Kontokorrent Factor nicht.
[3] Beim echten Factoring übernimmt der Factor das Delkredererisiko. Ein Forderungsverlust schreibt der Factor dem Kontokorrentkonto des Klienten gut.

Beispiel 1 **Abgeschlossenes Factoringgeschäft bei verschiedenen Factoringformen**

Ausgangslage

Der Zedent hat die Kreditverkäufe bereits mit folgender Buchung erfasst:
Forderungen aus L+L / Verkaufserlös 80
Beim echten und unechten Factoring führt der Zedent zusätzlich zum Konto Forderung gegenüber Factor das Konto Kontokorrent Factor.
Der Zahlungsverkehr wickelt sich durch die Bank ab.
Der Factoringvertrag wird auf Ende des 1. Quartals aufgelöst.

Buchungstatsachen 1. Quartal (Kurzzahlen)

1. Abtretung der Kundenrechnungen an den Factor
2. Bevorschussung durch den Factor; 87,5 % des Forderungsbetrages
3. Factoringgebühren
   – bei Übernahme des Delkredererisikos 2
   – ohne Übernahme des Delkredererisikos 1
4. Für eine Forderung von 3 hat der Factor einen Kunden erfolglos betrieben.
   (Beim unechten Factoring erfolgt eine Rückzedierung der Forderung.)
5. Zins für den Vorschuss 1 (Wird beim Factor kontokorrentmässig berechnet.)
6. a Zahlungseingänge beim Factor 77
   (Gutschrift an den Zedenten [Ausnahme Maturity Factoring])
   b (Rest-)Überweisung an den Zedenten

Buchungen beim Zedenten

Maturity Factoring

1	Forderung gegenüber Factor	/ Forderungen aus L+L	80
2	Keine Buchung		
3	Factoringgebühren	/ Forderung gegenüber Factor	2
4	Bank	/ Forderung gegenüber Factor	3 [1]
5	Keine Buchung		
6 a	Keine Buchung		
b	Bank	/ Forderung gegenüber Factor	75

Echtes Factoring

1	Forderung gegenüber Factor	/ Forderungen aus L+L	80
2	Bank	/ Kontokorrent Factor	70
3	Factoringgebühren	/ Kontokorrent Factor	2
4	Kontokorrent Factor	/ Forderung gegenüber Factor	3 [2]
5	Zinsaufwand	/ Kontokorrent Factor	1
6 a	Kontokorrent Factor	/ Forderung gegenüber Factor	77 [3]
b	Bank	/ Kontokorrent Factor	7 [4]

[1] Weil der Factor das Delkredererisiko übernommen hat, überweist er den Betrag an den Zedenten.
[2] Weil der Factor das Delkredererisiko übernommen hat, erhält der Zedent eine Gutschrift auf dem Kontokorrentkonto.
[3] Die Zahlungseingänge beim Factor werden beim Factor dem Kontokorrentkonto des Zedenten gutgeschrieben.
[4] Der Factor überweist den Habenüberschuss auf dem Kontokorrentkonto des Zedenten an den Zedenten (Ausgleich des Kontokorrentkontos).

Unechtes Factoring

1	Forderung gegenüber Factor	/ Forderungen aus L+L		80
2	Bank	/ Kontokorrent Factor		70
3	Factoringgebühren	/ Kontokorrent Factor		1
4	Forderungen aus L+L	/ Forderung gegenüber Factor		3 ①
	Forderungsverluste	/ Forderungen aus L+L		3 ②
5	Zinsaufwand	/ Kontokorrent Factor		1
6 a	Kontokorrent Factor	/ Forderung gegenüber Factor		77 ③
b	Bank	/ Kontokorrent Factor		5 ④

Beispiel 2 **Nicht abgeschlossenes Factoringgeschäft mit laufender Bevorschussung des aktuellen Forderungsbestandes bei verschiedenen Factoringformen**

Ausgangslage

Anfang März werden zum ersten Mal die Februarguthaben an den Factor abgetreten. Die Forderungen werden in Zukunft jeweils monatlich abgetreten. Der aktuelle Forderungsbestand wird vom Factor laufend zu 80 % bevorschusst.

Buchungstatsachen (Kurzzahlen)

Monat März

1. Abtretung der Februarforderungen von 2 000 an den Factor
2. Bevorschussung durch den Factor
3. Factoringgebühren
   – bei Übernahme des Delkredererisikos 4 % der abgetretenen Forderungen
   – ohne Übernahme des Delkredererisikos 2 % der abgetretenen Forderungen
4. Zins für den Vorschuss 10
5. a Zahlungseingänge beim Factor 1 200
   (Gutschrift an den Zedenten [Ausnahme Maturity Factoring])
   b (Rest-)Überweisung auf das Bankkonto des Klienten

Monat April

6. Abtretung der Märzforderungen von 1 500 an den Factor
7. Bevorschussung durch den Factor
8. Factoringgebühr
9. Zins für den Vorschuss 11
10. Für eine Forderung von 20 hat der Factor einen Kunden erfolglos betrieben. ⑤
11. a Zahlungseingänge beim Factor 1 680
    b (Rest-)Überweisung auf das Bankkonto des Klienten

① Weil der Factor das Delkredererisiko nicht übernommen hat, zediert er die Forderung an den Zedenten zurück.
② Der Zedent schreibt die Forderung aus L+L ab.
③ Die Zahlungseingänge beim Factor werden beim Factor dem Kontokorrentkonto des Zedenten gutgeschrieben.
④ Der Factor überweist den Habenüberschuss auf dem Kontokorrentkonto des Zedenten an den Zedenten (Ausgleich des Kontokorrentkontos).
⑤ Beim unechten Factoring erfolgt eine Rückzedierung.

Buchungen und Kontenführung beim Zedenten

Maturity Factoring

1	Ford. gegenüber Factor	/ Forderungen aus L+L	2 000
2	Keine Buchung		
3	Factoringgebühr	/ Ford. gegenüber Factor	80
4	Keine Buchung		
5a	Keine Buchung		
b	Bank	/ Ford. gegenüber Factor	1 120 [1]
6	Ford. gegenüber Factor	/ Forderungen aus L+L	1 500
7	Keine Buchung		
8	Factoringgebühr	/ Ford. gegenüber Factor	60
9	Keine Buchung		
10	Bank	/ Ford. gegenüber Factor	20
11a	Keine Buchung		
b	Bank	/ Ford. gegenüber Factor	1 620 [2]

Forderung gegenüber Factor

```
              2 000
                         80
                      1 120
                        800 SB
              2 000  2 000
    AB         800
              1 500
                         60
                         20
                      1 620
                        600 SB
              2 300  2 300
```

[1] 1 200 – 80
[2] 1 680 – 60

Echtes Factoring

1	Ford. gegenüber Factor	/ Forderungen aus L+L	2 000		
2	Bank	/ Kontokorrent Factor	1 600		
3	Factoringgebühr	/ Kontokorrent Factor	80		
4	Zinsaufwand	/ Kontokorrent Factor	10		
5a	Kontokorrent Factor	/ Ford. gegenüber Factor	1 200		
b	Bank	/ Kontokorrent Factor	150 ①		
6	Ford. gegenüber Factor	/ Forderungen aus L+L	1 500		
7	Bank	/ Kontokorrent Factor	1 200		
8	Factoringgebühr	/ Kontokorrent Factor	60		
9	Zinsaufwand	/ Kontokorrent Factor	11		
10	Kontokorrent Factor	/ Ford. gegenüber Factor	20		
11a	Kontokorrent Factor	/ Ford. gegenüber Factor	1 680		
b	Bank	/ Kontokorrent Factor	269 ③		

Forderung gegenüber Factor

Soll		Haben	
2 000		1 200	
		800	SB
2 000		2 000	
AB	800		
	1 500	20	
		1 680	
		600	SB
2 300		2 300	

Kontokorrent Factor

Soll		Haben	
		1 600	
		80	
		10	
1 200			
		150	
SB	640 ②		
1 840		1 840	
		640	AB
		1 200	
		60	
		11	
20			
1 680			
		269	
SB	480 ④		
2 180		2 180	

① (20 % von 1 200) – 80 – 10
② 80 % von 800
③ (20 % von [1 680 + 20]) – 60 – 11
④ 80 % von 600

Unechtes Factoring

1	Ford. gegenüber Factor	/ Forderungen aus L+L	2 000
2	Bank	/ Kontokorrent Factor	1 600
3	Factoringgebühr	/ Kontokorrent Factor	40
4	Zinsaufwand	/ Kontokorrent Factor	10
5 a	Kontokorrent Factor	/ Ford. gegenüber Factor	1 200
b	Bank	/ Kontokorrent Factor	190 ①
6	Ford. gegenüber Factor	/ Forderungen aus L+L	1 500
7	Bank	/ Kontokorrent Factor	1 200
8	Factoringgebühr	/ Kontokorrent Factor	30
9	Zinsaufwand	/ Kontokorrent Factor	11
10	Forderungen aus L+L	/ Ford. gegenüber Factor	20
	Forderungsverluste	/ Forderungen aus L+L	20
11 a	Kontokorrent Factor	/ Ford. gegenüber Factor	1 680
b	Bank	/ Kontokorrent Factor	279 ③

Forderung gegenüber Factor		Kontokorrent Factor	
2 000			1 600
			40
			10
	1 200	1 200	
			190
	800 SB	SB 640 ②	
2 000	2 000	1 840	1 840
AB 800			640 AB
1 500			1 200
			30
			11
	20		
	1 680	1 680	
			279
	600 SB	SB 480 ④	
2 300	2 300	2 160	2 160

① (20 % von 1 200) − 40 − 10
② 80 % von 800
③ (20 % von 1 680) − 30 − 11 − (80 % von 20 [= Stornierung des Vorschusses auf der verlorenen Forderung])
④ 80 % von 600

5 Leasing

51 Begriff und Abgrenzung

Leasing ist ein mietähnlicher Vorgang zur Beschaffung von dauerhaften Konsumgütern und Investitionsgütern, um gegen ein periodisches Entgelt die wirtschaftliche Verfügungsgewalt zu besitzen.

Vergleich von Leasing und verwandten Verträgen

	Miete	Leasing	Abzahlungskauf
Rechtlicher und wirtschaftlicher Aspekt	Gebrauchsüberlassungsvertrag Gebrauch einer Sache auf Zeit	Gebrauchsüberlassungsvertrag eigener Art Nutzung und Gebrauch einer Sache auf Zeit	Kreditkaufvertrag mit ratenweiser Zahlung
Gesetzliche Grundlage	OR 253ff.	Im OR: Keine Regelung. Im Konsumkreditgesetz: Gilt nur für den privaten Gebrauch von natürlichen Personen.	
Eigentumsübertragung	Nein, führt nicht zu Eigentum.	Nein, kann aber nach Vertragsablauf zu Eigentum führen, wenn eine Kaufoption besteht.	Ja, führt mit Übergabe der Kaufsache oder bei Eigentumsvorbehalt nach Zahlung der letzten Rate zu Eigentum.
Anzahlung	Nein	Ja, möglich, sicher aber Abschlussgebühr	Ja, möglich
Laufzeit	Meistens unbestimmt	Grundsätzlich fest	Meistens bestimmt
Kündbarkeit	Ja, unter Einhaltung der Fristen	Meistens gegenseitig nicht kündbar während der Leasingdauer[1]	Meistens keine Kündigung möglich[2]
Periodische Zahlungen	Meistens konstante Mieten; Mietzinsanpassung ist möglich.	Konstante Leasingraten (= Annuitäten)	Konstante Abzahlungsraten
Investitionscharakter	Nein	Ja, bei Finanzierungsleasing	Ja
Unterhalts-/Wartungskosten	Normalerweise zulasten Vermieter	Meistens zulasten Leasingnehmer	Zulasten Käufer

[1] Bei Leasingverträgen, die dem Konsumkreditgesetz unterstehen, ist eine vorzeitige Kündigung möglich.
[2] Bei Abzahlungsverträgen, die dem Konsumkreditgesetz unterstehen, ist eine vorzeitige Erfüllung möglich.

Leasingarten

Die Leasingarten können nach folgenden Kriterien gegliedert werden:

Leasingarten	Anzahl Beteiligte	
	Direktes Leasing	Indirektes Leasing
Beschreibung	Zweiparteienverhältnis	Dreiparteienverhältnis
	Der Hersteller bzw. Händler ist auch der Leasinggeber.① Er verleast Produkte aus dem eigenen Absatzprogramm.	Der Leasinggeber ist eine besondere Leasinggesellschaft (= Finanzgesellschaft). Sie kauft dem Hersteller/Produzenten das vom Leasingnehmer ausgesuchte Objekt ab und verleast es sodann an den Leasingnehmer.
	Der Kunde des Herstellers bzw. Händlers ist der Leasingnehmer.	
	Oft ist der Vertrag mit Service- und Dienstleistungen des Leasinggebers verbunden.②	
Beispiele	Computer und Bürogeräte (z. B. Kopierer)	Produktionsanlagen Immobilien Arzteinrichtungen

① Auch Händler-, Hersteller-, Produzenten- oder Vertriebsleasing genannt.
Eine unternehmensinterne Spezialabteilung wickelt das Leasinggeschäft ab. In der Praxis ist es oft eine eigene Finanzgesellschaft (= Tochtergesellschaft), die das Leasinggeschäft abwickelt. Auch diese Form gilt als direktes Leasing, obwohl drei Parteien beteiligt sind.
② Auch (Full-)Service-Leasing genannt.

	Verwendungszweck des Leasingobjektes		
Leasingarten	Konsumgüterleasing	Investitionsgüterleasing mobil	Investitionsgüterleasing immobil
Beschreibung	dauerhaften Konsumgütern mehrheitlich an Private	Überlassung von beweglichen Sachanlagen zur Herstellung von Gütern und Erbringung von Dienstleistungen	unbeweglichen Anlagegütern
Beispiele	Personenwagen an Private	Personenwagen (gewerblich) Lastwagen Apparate und Geräte Produktionsmaschinen Computer und Bürogeräte	Liegenschaften, z. B. Verwaltungs- und Fabrikgebäude Lager, Hotels und Freizeitanlagen

	Rückzahlungsumfang	
Leasingarten	Teilamortisationsverträge	Vollamortisationsverträge
Beschreibung	Während der Leasingdauer wird das Leasingobjekt① teilweise amortisiert. Nach Vertragsablauf kann der Leasingnehmer das Leasingobjekt – zurückgeben oder – zum Restwert kaufen oder – zu einer reduzierten Rate weiter leasen.	vollständig oder fast zu 100 % amortisiert. Für einen allfälligen Restwert hat der Leasingnehmer normalerweise eine Kaufoption.
Beispiele	Personenwagen (privat)	Lastwagen Produktionsmaschinen Fabrikationsanlagen Apparate und Geräte

Sonderform: Sale and lease back

Ein Unternehmen verkauft beispielsweise seine Liegenschaft(en) an eine Leasinggesellschaft und least sie gleichzeitig zurück.
Durch die Desinvestition können die zwangsrechtlich gebildeten stillen Reserven realisiert und liquide Mittel beschafft werden.

① Der zu amortisierende Betrag setzt sich aus den Anschaffungs- bzw. Herstellungskosten, den Verwaltungs- und (Re-)Finanzierungskosten und dem kalkulierten Gewinn des Leasinggebers zusammen.

53 Operatives Leasing und Finanzierungs-Leasing

Schema

Abwicklung eines direkten Leasinggeschäftes; meistens Operatives Leasing

Abwicklung eines indirekten Leasinggeschäftes; meistens Finanzierungs-Leasing

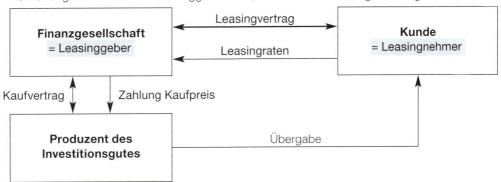

Vergleich zwischen Operativem Leasing① und Finanzierungs-Leasing①

	Operatives Leasing②	Finanzierungs-Leasing
Leasinggeber	Meistens Hersteller, Produzent oder Händler	Finanzdienstleistungsgesellschaft (oft Tochtergesellschaft einer Bank)
Dauer	½ Jahr bis mehrere Jahre	Bewegliche Güter: 3–5 Jahre Immobilien: bis 25 Jahre
Amortisation Leasingobjekt	Wird während des ersten Leasingvertrages meistens nur teilweise amortisiert. (Oft mehrere Leasingnehmer)	Wird während des Leasingvertrages beinahe oder vollständig amortisiert. (Meistens nur ein Leasingnehmer)
Kündigung	Nach kurzer fester Vertragszeit möglich	Während der Leasingdauer nicht möglich
Einnahmen des Leasinggebers	Abschlussgebühr Leasingraten evtl. Service-Entgelt evtl. Restwerterlös	Abschlussgebühr Leasingraten evtl. Restwerterlös
Investitions- und Eigentümerrisiko	Zum überwiegenden Teil beim Leasinggeber	Zum überwiegenden Teil beim Leasingnehmer
Wirtschaftlicher Aspekt	Miete, Nutzung, kfr. Austausch gegen aktuelles Modell möglich	Finanzierung einer Investition aus laufenden Erlösen

① Andere Bezeichnungen: Operating Lease und Finance Lease.
② Oft sind darin auch Service- oder andere Dienstleistungen durch den Leasinggeber enthalten.

54 Rechnungslegung von Leasinggeschäften

Rechtliches

Es besteht eine gesetzliche Bilanzierungspflicht für Vermögenswerte, wenn aufgrund vergangener Ereignisse über sie verfügt werden kann (= Verfügungsgewalt), ein Mittelzufluss aus diesen wahrscheinlich ist und ihr Wert verlässlich geschätzt werden kann (OR 959/2).

Die rechtliche Voraussetzung für den Besitz der Verfügungsgewalt, ist allerdings ein Eigentumsübertrag.

Ausgangslage und Auswirkung auf die Buchführung und Rechnungslegung

Beim Leasinggeschäft sind das vergangene Ereignis (= Vertragsabschluss), der Mittelzufluss und die verlässliche Schätzung des Wertes erfüllt.
Die Frage der Verfügungsgewalt ist hingegen zu prüfen, denn ein wesentliches Merkmal von Leasing ist das Auseinanderfallen von rechtlicher Verfügungsgewalt (rechtliches Eigentum) und wirtschaftlicher Verfügungsgewalt (bzw. wirtschaftlicher Nutzung).
Es ist unbestritten, dass im
– rechtlichen Sinne der Leasinggegenstand im Eigentum des Leasinggebers bleibt.
– wirtschaftlichen Sinne die Verfügungsgewalt (und gewisse Eigentümerrisiken) bei langfristigen Leasingverträgen [Finanzierungs-Leasing]) für eine bestimmte Zeit auf den Leasingnehmer übertragen wird.

Bei der Buchführung stellt sich deshalb die Frage, ob beim Leasingnehmer bzw. Leasinggeber die rechtliche oder die wirtschaftliche Betrachtungsweise anzuwenden ist.

Leasingnehmer

Rechtliche Verfügungsgewalt	Wirtschaftliche Verfügungsgewalt
Entscheidend ist der Eigentumsgedanke. Da der Leasinggeber Eigentümer bleibt, liegt auch die (rechtliche) Verfügungsgewalt bei ihm.	Entscheidend ist der Nutzengedanke. Da die (wirtschaftliche) Verfügungsgewalt beim Leasingnehmer liegt, obwohl das Eigentum nicht an diesen übergegangen ist, spielt die rechtliche Betrachtung eine untergeordnete Rolle.
Die rechtliche Betrachtungsweise fordert, dass ein Leasingobjekt nur beim Eigentümer (= Leasinggeber) zu bilanzieren ist, d.h. beim Leasingnehmer darf nichts bilanziert werden.	Die wirtschaftliche Betrachtungsweise erlaubt, dass das Leasingobjekt auch beim Leasingnehmer bilanziert werden kann.

Leasinggeber

Da der Leasinggeber Eigentümer bleibt, muss er den verleasten Gegenstand in seiner Buchhaltung aktivieren.

Obligationenrecht

Leasingnehmer

Das OR schreibt dem Leasingnehmer weder die rechtliche noch die wirtschaftliche Betrachtungsweise vor, d.h. beide sind zulässig (OR 959c/2 Ziff.6). Es überlässt dem Leasingnehmer das Wahlrecht. Deshalb kann er das Leasingobjekt als mietähnlichen (bilanzneutralen) oder als kaufähnlichen (bilanzwirksamen) Vorgang erfassen.
Gemäss HWP ist die gewählte Bilanzierungspraxis im Anhang zu erläutern (OR 959c/1 Ziff.1).

	Mietähnlicher Vorgang	Kaufähnlicher Vorgang
Andere Bezeichnung	Mietverbuchungsmethode	Kreditkaufverbuchungsmethode
Bilanzwert bei Vertragsbeginn	Keiner	Zu bestimmen ist der Anschaffungs- bzw. Marktwert des Leasinggutes und der Barwert der zukünftigen Leasingzahlungen. Der tiefere der beiden Werte ist zu bilanzieren [1].
Erfassung Bilanzwert des Leasinggutes	Keine	Aktivieren auf einem speziellen Konto, z. B. Maschinen in Leasing
Erfassung Leasingverbindlichkeiten	Keine	Passivieren auf einem speziellen Konto, z. B. Leasingverbindlichkeiten
Aufteilung der Leasingrate	Keine	Die Leasingrate wird in einen Zins- und Amortisationsteil (= Kapitalrückzahlungs- bzw. Tilgungsteil) aufgeteilt.
Aufwandwirksamer Teil	Ganze Leasingrate	Abschreibung und Zinsanteil
Erfolgsunwirksamer Teil	Keiner	Amortisationsteil (Er wird mit der Leasingverbindlichkeit verrechnet.)
Liquiditätswirksamer Teil	Ganze Leasingrate	Amortisationsteil und Zinsanteil
Ausweis im Anhang gemäss OR 959c/2 Ziff. 6	Restbetrag der Leasingverbindlichkeiten, sofern diese nicht innert zwölf Monaten ab Bilanzstichtag auslaufen oder gekündigt werden können [2].	Nicht verlangt, da die Leasingverbindlichkeiten aus der Bilanz ersichtlich sind.

Die Erfassung eines Leasinggeschäftes als kaufähnlicher Vorgang ist nur beim Finanzierungs-Leasing möglich. In der Praxis ist die bilanzneutrale Behandlung üblich.

[1] Gemäss HWP
[2] Das HWP verlangt, dass der gesamte noch zu leistende Betrag einschliesslich Zins (= Summe aller ausstehender Leasingraten) sowie allfällige weitere Kosten auszuweisen ist. Zudem soll die Leasingverpflichtung in voller Höhe gezeigt werden, d. h. auch der Teil, der vor zwölf Monaten fällig ist.

Leasinggeber

Für den Leasinggeber besteht ein Wahlrecht, die Leasinggüter als verleaste Sachanlagen oder die Leasinggeschäfte als langfristige Forderungen zu erfassen. [1]

	Verleaste Sachanlagen	Langfristige Forderungen
Erfassung (OR 960d)	Das Leasinggut wird als verleaster Gegenstand bei den Sachanlagen bilanziert. Der Leasinggeber nimmt die nötigen Abschreibungen (innerhalb der Leasingdauer) vor.	Das Leasinggeschäft wird als langfristige Forderung bei den Finanzanlagen bilanziert. Durch die Leasingratenzahlungen des Leasingnehmers vermindert sich die Forderung um den Amotisationsteil.

Swiss GAAP FER 13

Die Fachempfehlung unterscheidet zwischen Operativem Leasing (Operating Lease) und Finanzierungsleasing (Finance Lease). Die Abgrenzung erfolgt nach wirtschaftlichen Kriterien, d.h. nicht das juristische Eigentum bzw. die rechtliche Verfügungsgewalt, sondern die wirtschaftliche Verfügungsgewalt bzw. Nutzung steht im Vordergrund.

Gemäss Swiss GAAP FER 13 liegt ein Finanzierungsleasing vor, wenn

– der Barwert der Leasingraten bei Vertragsabschluss in etwa dem Anschaffungs- bzw. Marktwert (= Barpreis) des Leasinggutes entspricht oder
– die Leasingdauer nicht wesentlich von der wirtschaftlichen Nutzungsdauer des Leasinggutes abweicht oder
– das Leasinggut am Ende der Leasingdauer ins Eigentum des Leasingnehmers übergehen soll [2] oder
– eine allfällige Restzahlung am Ende der Leasingdauer wesentlich unterhalb des erwarteten Verkehrs- bzw. Zeitwertes am Ende der Laufzeit liegt [2].

Wenn auch nur eine der obigen vier Voraussetzungen erfüllt ist, gilt das Leasinggeschäft als Finanzierungsleasing.

Alle Leasinggeschäfte, die nicht als Finanzierungsleasing qualifiziert werden können, gelten als Operatives Leasing.

---

[1] Gemäss HWP
[2] z.B. Leasingvertrag mit einer günstigen Kaufoption

Leasingnehmer

	Operatives Leasing	Finanzierungsleasing
Bilanzierung	Ist nicht erlaubt.	Ist Pflicht. [1]
Bilanzwert bei Vertragsbeginn	Keiner	Zu bestimmen ist der Anschaffungs- bzw. Netto-Marktwert des Leasinggutes und der Barwert der zukünftigen Leasingzahlungen. Der tiefere der beiden Werte ist zu bilanzieren.
Erfassung Bilanzwert des Leasinggutes	Keine	Aktivieren auf einem speziellen Konto, z. B. Geleaste Anlagen
Erfassung Leasingverbindlichkeiten	Keine	Passivieren auf einem speziellen Konto, z. B. Leasingverbindlichkeiten
Aufteilung der Leasingrate	Keine	Die Leasingratenzahlung muss in eine Zins- und eine Rückzahlungskomponente (= Amortisations- bzw. Tilgungsteil) aufgeteilt werden.
Aufwandwirksamer Teil	Ganze Leasingrate	Abschreibung und Zinsanteil
Erfolgsunwirksamer Teil	Keiner	Rückzahlungsteil (Er wird mit der Leasingverbindlichkeiten verrechnet.)
Liquiditätswirksamer Teil	Ganze Leasingrate	Rückzahlungsteil und Zinsanteil
Ausweis im Anhang	Totalbetrag der zukünftigen Leasingzahlungen (= Summe aller Leasingraten) und deren Fälligkeiten von Leasinggeschäften, die nicht innerhalb eines Jahres kündbar sind.	Nicht verlangt, da die Leasingverpflichtungen aus der Bilanz ersichtlich sind.

Leasinggeber

Swiss GAAP FER enthält keine speziellen Bestimmungen für das Leasinggeschäft beim Leasinggeber. Es gelten die Bestimmungen von Swiss GAAP FER 18 Sachanlagen.

---

[1] Kleinere Unternehmen, die nur die Kern-FER (= Rahmenkonzept und Swiss GAAP FER 1–6) anwenden müssen, können auch die Mietverbuchungsmethode anwenden.

Weitergehende Informationen zur Buchführung und Rechnungslegung nach Swiss GAAP FER finden Sie in Carlen/Riniker: Finanzbuchhaltung nach Swiss GAAP FER.

Annuität

Die von den Leasinggesellschaften berechneten Leasingraten sind meistens Annuitäten. Das sind regelmässig wiederkehrende und konstant bleibende Zahlungen (z. B. Jahres- oder Monatsraten), die aus zwei Teilen bestehen, nämlich aus
- einem Tilgungs(Amortisations)anteil $\boxed{K}$ und
- einem Zinsanteil $\boxed{Z}$.

Mit zunehmender Leasingdauer nimmt innerhalb der Annuität der Amortisationsanteil $\boxed{K}$ zu und der Zinsanteil $\boxed{Z}$ ab.

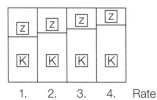

1.   2.   3.   4.   Rate

Beispiel 1 Leasing aus der Sicht des Leasingnehmers und Leasinggebers mit nachschüssigen jährlichen Leasingraten

Ausgangslage Teil 1: Beim Leasingnehmer

Die Treuhand AG least eine EDV-Anlage unter folgenden Bedingungen (Kurzzahlen, auf eine Dezimale gerundet):

Barpreis	530 (ohne Übernahmepreis)
Vertragsbeginn	01.01.20_1
Leasingdauer	4 Jahre
Nutzungsdauer	4 Jahre
Abschreibung	Linear, jährlich 25 % vom Barpreis
Abschlussgebühr	5
Leasingraten	4 Jahresraten zu 160, zahlbar jeweils Ende Jahr
Übernahmepreis bei Vertragsablauf	3 (= Kaufoption)
Zinssatz	8 %

Der Zahlungsverkehr wickelt sich durch die Bank ab.

Daten	Leasingrate (Annuität)	Amortisations- anteil ② $\boxed{K}$	Zinsanteil ① $\boxed{Z}$	Barwert der zukünftigen Leasingraten
01.01.20_1	–	–	–	530,0
31.12.20_1	160	117,6	42,4	412,4
31.12.20_2	160	127,0	33,0	285,4
31.12.20_3	160	137,2	22,8	148,2
31.12.20_4	160	148,2	11,8	0
	640	530,0	110,0	

① 8 % vom letzten Barwert
② Leasingrate – Zinsanteil

530 × 8% = 42,4
412,4 × 8% = 33,0

Buchungstatsachen

01.01.20_1	Vertragsabschluss und Übergabe Leasingobjekt Zahlung Abschlussgebühr (erfolgswirksam erfassen)
31.12.20_1	Zahlung 1. Leasingrate
31.12.20_2	Zahlung 2. Leasingrate
31.12.20_3	Zahlung 3. Leasingrate
31.12.20_4	Zahlung 4. Leasingrate Erwerb und Zahlung des Leasingobjekts zum Übernahmepreis. (Die Kaufoption wird ausgeübt.)

Buchungen (Zwei Varianten)

	Mietähnlicher Vorgang	Kaufähnlicher Vorgang
01.01.20_1	Leasingaufwand / Bank 5,0	Leasingaufwand / Bank 5,0
		Anlagen in Leasing / Leasingverbindlichk. 530,0
31.12.20_1	Leasingaufwand[1] / Bank 160,0	Leasingverbindlichkeiten / Bank 117,6
		Zinsaufwand / Bank 42,4
		Abschreibung / Anlagen in Leasing 132,5
31.12.20_2	Leasingaufwand[1] / Bank 160,0	Leasingverbindlichkeiten / Bank 127,0
		Zinsaufwand / Bank 33,0
		Abschreibung / Anlagen in Leasing 132,5
31.12.20_3	Leasingaufwand[1] / Bank 160,0	Leasingverbindlichkeiten / Bank 137,2
		Zinsaufwand / Bank 22,8
		Abschreibung / Anlagen in Leasing 132,5
31.12.20_4	Leasingaufwand / Bank 160,0	Leasingverbindlichkeiten / Bank 148,2
		Zinsaufwand / Bank 11,8
		Abschreibung / Anlagen in Leasing 132,5
	EDV-Anlagen[2][3] / Bank 3,0	EDV-Anlagen[2][3] / Bank 3,0

[1] Gemäss OR ist im Anhang der Restbetrag der Leasingverbindlichkeiten auszuweisen (OR 959c/2 Ziffer 6).
Gemäss HWP sind es sämtliche noch zu leistende Beträge einschliesslich Zins.

	Summe aller ausstehenden Leasingraten (mit Zins)
31.12.20_1	480
31.12.20_2	320
31.12.20_3	160

[2] Geldflussrechnungskonforme Buchung, da der Betrag von 3,0 nun eine Investition ist.
[3] Oder direkt als Leasingaufwand der Erfolgsrechnung belasten (Wesentlichkeitsprinzip).

Ausgangslage Teil 2: Beim Leasinggeber

Die Lease AG (Leasinggeber) kauft die EDV-Anlage von der Computer GmbH für 530 und verleast sie der Treuhand AG.
Der Refinanzierungsaufwand beträgt 20_1: 31,8; 20_2: 24,7; 20_3: 17,1; 20_4: 8,9.
Die Lease AG schreibt die verleaste EDV-Anlage direkt und progressiv, entsprechend den steigenden Amortisationsanteilen, ab.
Der Zahlungsverkehr erfolgt durch die Bank.

Buchungstatsachen

01.01.20_1	Zahlung Kaufpreis an die Computer GmbH
	Vertragsabschluss und Übergabe des Leasingobjektes
	Zahlung der Abschlussgebühr durch die Treuhand AG
31.12.20_1	Zahlung 1. Leasingrate und Refinanzierungskosten, Abschreibung
31.12.20_2	Zahlung 2. Leasingrate und Refinanzierungskosten, Abschreibung
31.12.20_3	Zahlung 3. Leasingrate und Refinanzierungskosten, Abschreibung
31.12.20_4	Zahlung 4. Leasingrate und Refinanzierungskosten, Abschreibung
	Zahlung Übernahmepreis. (Die Kaufoption wird ausgeübt.)

Buchungen (Zwei Varianten)

	Als verleaste Anlagen (Sachanlagen)			Als langfristige Forderungen (Finanzanlagen)		
01.01.20_1	Anlagen	/ Bank	530,0	Anlagen	/ Bank	530,0
	Verleaste Anlagen	/ Anlagen	530,0	Langfristige Forderungen	/ Anlagen	530,0
	Bank	/ Ertrag Abschlussgebühr	5,0	Bank	/ Ertrag Abschlussgebühr	5,0
31.12.20_1	Bank	/ Leasingertrag	160,0	Bank	/ Zinsertrag	42,4
	Abschreibung	/ Verleaste Anlagen	117,6	Bank	/ Langfr. Forderungen	117,6
	Zinsaufwand	/ Bank	31,8	Zinsaufwand	/ Bank	31,8
31.12.20_2	Bank	/ Leasingertrag	160,0	Bank	/ Zinsertrag	33,0
	Abschreibung	/ Verleaste Anlagen	127,0	Bank	/ Langfr. Forderungen	127,0
	Zinsaufwand	/ Bank	24,7	Zinsaufwand	/ Bank	24,7
31.12.20_3	Bank	/ Leasingertrag	160,0	Bank	/ Zinsertrag	22,8
	Abschreibung	/ Verleaste Anlagen	137,2	Bank	/ Langfr. Forderungen	137,2
	Zinsaufwand	/ Bank	17,1	Zinsaufwand	/ Bank	17,1
31.12.20_4	Bank	/ Leasingertrag	160,0	Bank	/ Zinsertrag	11,8
	Abschreibung	/ Verleaste Anlagen	148,2	Bank	/ Langfr. Forderungen	148,2
	Zinsaufwand	/ Bank	8,9	Zinsaufwand	/ Bank	8,9
	Bank	/ Ertrag Übernahmepreis	3,0	Bank	/ Ertrag Übernahmepreis	3,0

**Beispiel 2   Leasing aus der Sicht des Leasingnehmers
mit vorschüssigen monatlichen Leasingraten**

Ausgangslage

Die Spedi SA least ihre Fahrzeugflotte im Paket, ohne dass für jedes Fahrzeug gesondert ein Vertrag abgeschlossen wird (= Flottenleasing).
Folgende Bedingungen gelten (Kurzzahlen, auf eine Dezimale gerundet):

Barpreis	1 500 (ohne Übernahmepreis)
Vertragsbeginn	01.01.20_8
Leasingdauer	3 Jahre
Nutzungsdauer	4 Jahre
Abschreibung	Linear, monatlich 31,3 (= 2,083 % vom Barpreis)
Abschlussgebühr	17
Leasingraten	36 Monatsraten zu 45, zahlbar jeweils Anfang Monat
Übernahmepreis bei Vertragsablauf	11 (= Kaufoption)
Zinssatz	0,44717 % je Monat (entspricht 5,5 % im Jahr) ①

Der Zahlungsverkehr wickelt sich über die Bank ab.

Daten	Leasingrate (Annuität)	Amortisationsanteil $\boxed{K}$	Zinsanteil $\boxed{z}$	Barwert der zukünftigen Leasingraten
01. Januar	–	–	–	1 500,0
01. Januar	45,0	45,0	–	1 455,0
01. Februar	45,0	38,5	6,5	1 416,5
01. März	45,0	38,7	6,3	1 377,8
01. April	45,0	38,8	6,2	1 339,0
01. Mai	45,0	39,0	6,0	1 300,0
usw.				

① Umwandlung eines Monatszinssatzes in einen Jahreszinssatz = $(1 + 0,0044717)^{12} - 1 = 0,055 \rightarrow 5,5\%$

Buchungstatsachen beim Leasingnehmer
20_8

01. Januar	Vertragsabschluss und Übergabe der geleasten Fahrzeuge Zahlung Abschlussgebühr (erfolgswirksam erfassen)
01. Januar	Zahlung 1. Monatsrate
31. Januar	Monatsabschreibung
01. Februar	Zahlung 2. Monatsrate
28. Februar	Monatsabschreibung
01. März	Zahlung 3. Monatsrate
31. März	Monatsabschreibung
usw.	

Buchungen (Zwei Varianten)

20_8	Mietähnlicher Vorgang			Kaufähnlicher Vorgang		
01. Januar	Leasingaufwand	/ Bank	17,0	Leasingaufwand	/ Bank	17,0
				Fahrzeuge in Leasing	/ Leasingverbindlichk.	1 500,0
01. Januar	Leasingaufwand	/ Bank	45,0	Leasingverbindlichk.	/ Bank	45,0
				Zinsaufwand	/ Bank	–
31. Januar				Abschreibung	/ Fahrzeuge in Leasing	31,3
01. Februar	Leasingaufwand	/ Bank	45,0	Leasingverbindlichk.	/ Bank	38,5
				Zinsaufwand	/ Bank	6,5
28. Februar				Abschreibung	/ Fahrzeuge in Leasing	31,3
01. März	Leasingaufwand	/ Bank	45,0	Leasingverbindlichk.	/ Bank	38,7
				Zinsaufwand	/ Bank	6,3
31. März				Abschreibung	/ Fahrzeuge in Leasing	31,3
usw.						

Ende 20_8 und 20_9 ist im Anhang der Restbetrag der Leasingverbindlichkeiten aufzuführen.

Beispiel 3 **Ermittlung der Barwerte der Leasingraten und des Übernahmepreises mit der Kapitalwert-Methode (Barwert-Methode)**

Ausgangslage

Die Praxa AG hat folgenden Leasingvertrag abgeschlossen:

Leasinggegenstand	Produktionsanlage
Barpreis	Fr. 420 007.– [1]
Nutzungsdauer	6 Jahre
Abschreibung	Linear, 16⅔ %

Leasingbedingungen

Vertragsbeginn	1. Januar 20_1
Jährliche Leasingraten (Annuität)	Fr. 100 000.– (nachschüssig, Ende Jahr)
Abschlussgebühr	Fr. 10 000.–
Leasingdauer	6 Jahre
Übernahmepreis am Ende der Leasingdauer	Fr. 17 500.– (= Kaufoption)
Zinssatz	12 %

Mithilfe der Kapitalwert-Methode werden die Barwerte der Leasingraten und des Übernahmepreises ermittelt. Da die Ausübung der Kaufoption sehr wahrscheinlich ist, wird auch der Barwert des Übernahmepreises bilanziert.

Aus den Barwerten der Leasingverpflichtungen kann der jährliche Amortisations- und Zinsanteil der Annuität (Leasingrate) berechnet werden.

---

[1] Der Barpreis entspricht dem Barwert der Leasingraten plus Barwert des Übernahmepreises bei Vertragsbeginn.

Barwert ① der Leasingraten und des Übernahmepreises sowie Amortisation je Jahr

Zeit	Anzahl der Jahresraten Fr. 100 000.–	Barwert der Leasingraten		+	Barwert des Übernahmepreises		=	Barwert der Leasingverbindlichkeiten, inkl. Übernahmepreis	Amortisation je Jahr
		Rentenbarwertfaktor ③ der Jahresrate	Barwert in Franken		Barwertfaktor ②	Barwert in Franken			
Bei Vertragsbeginn	6	4,11141	④ 411 141		0,50663	⑤ 8 866		⑥ 420 007	0
Nach 1 Jahr	5	3,60478	360 478		0,56743	9 930		370 408	⑦ 49 599
Nach 2 Jahren	4	3,03735	303 735		0,63552	11 122		314 857	55 551
Nach 3 Jahren	3	2,40183	240 183		0,71178	12 456		252 639	62 218
Nach 4 Jahren	2	1,69005	169 005		0,79719	13 951		182 956	69 683
Nach 5 Jahren	1	0,89286	89 286		0,89286	15 625		104 911	78 045
Bei Vertragsende nach 6 Jahren	0	0	0		1	17 500		17 500	87 411

Leasingraten (Amortisations- und Zinsanteil)

Zeit	Leasingraten je Jahr (Annuitäten)	Amortisationsanteil je Jahr	Zinsanteil je Jahr
Ende 1. Jahr	100 000	49 599	⑧ 50 401
Ende 2. Jahr	100 000	55 551	44 449
Ende 3. Jahr	100 000	62 218	37 782
Ende 4. Jahr	100 000	69 683	30 317
Ende 5. Jahr	100 000	78 045	21 955
Ende 6. Jahr	100 000	87 411	12 589
Total 1.–6. Jahr	600 000	402 507	197 493

Total Leasingraten	600 000
+ Abschlussgebühr	10 000
+ Übernahmepreis	17 500
Total Zahlungen	627 500

Erläuterungen

① Diskontierter (abgezinster) Wert (= Wert ohne Zins) einer zukünftigen Zahlung im Zeitpunkt t_o (z. B. bei Vertragsbeginn)

② Zahl, mit der eine zukünftige Zahlung multipliziert werden muss, um den Barwert zu erhalten (= Gegenwartswert einer Zahlung von Fr. 1.–, die später fällig wird).

Barwertfaktor (Abzinsungsfaktor) = $1 : (1 + i)^n$; i = Zinssatz : 100; n = Anzahl Jahre

Beispiele:
- Zinssatz 12 %, Zahlung fällig Ende des 1. Jahres
  Barwertfaktor = $1 : (1 + 0{,}12)^1 = 0{,}89286$
  d. h. 1 Franken, der Ende des 1. Jahres fällig wird, hat Anfang Jahr einen diskontierten Wert (Barwert) von Fr. 0.89.
- Zinssatz 12 %, Zahlung fällig Ende des 2. Jahres
  Barwertfaktor = $1 : (1 + i)^n = 1 : (1 + 0{,}12)^2 = 0{,}79719$
  d. h. 1 Franken, der Ende des 2. Jahres fällig wird, hat Anfang des ersten Jahres einen Barwert von Fr. 0.80.

③ Da es sich bei den Leasingraten um jährlich gleich bleibende Zahlungen (Annuitäten) handelt, kann eine einzige Rate mit der Summe der Barwertfaktoren (= Rentenbarwertfaktor) multipliziert werden (Rentenbarwertfaktor = Gegenwartswert einer Zahlung von jährlich Fr. 1.–, während n Jahren).

$$\text{Rentenbarwertfaktor} = 1 : \frac{i \cdot (1 + i)^n}{(1 + i)^n - 1}$$

Beispiel:

Rentenbarwertfaktor bei einem Zinssatz von 12 % und 6 nachschüssigen Jahresraten $= 1 : \dfrac{0{,}12 \cdot (1{,}12)^6}{(1{,}12)^6 - 1} = 1 : 0{,}2432257 = 4{,}11141$

(Andere Berechnung: Jede Rate wird mit ihrem Barwertfaktor multipliziert, sodann sind die sich ergebenden Barwerte zu addieren.)

④ Fr. 100 000.– · 4,11141

⑤ Barwertfaktor für den Übernahmepreis, der in 6 Jahren zu zahlen ist:
Barwertfaktor = $1 : (1 + i)^n = 1 : (1 + 0{,}12)^6 = 0{,}50663$
Barwert des Übernahmepreises = Fr. 17 500.– · 0,50663

⑥ Barwert der Leasingraten + Barwert des Übernahmepreises; Fr. 411 141.– + Fr. 8866.–

⑦ Barwert des Vorjahres – Barwert des laufenden Jahres; Fr. 420 007.– – Fr. 370 408.–

⑧ Annuität (Leasingrate) – Amortisation; Fr. 100 000.– – Fr. 49 599.–
oder
12 % vom Barwert am Anfang des jeweiligen Jahres; 12 % von Fr. 420 007.–

Buchungstatsachen beim Leasingnehmer

1	Anfang 1. Jahr, Vertragsbeginn
2	Ende 1. Jahr der Vertragsdauer
3	Ende 2. Jahr der Vertragsdauer
4	Ende 6. Jahr, Vertragsende, Ausübung der Kaufoption

Buchungen

1	Leasingaufwand	/ Bank	10 000.–	Abschlussgebühr
	Maschine in Leasing	/ Leasingverbindlichkeiten	420 007.–	Barpreis der Leasingverbindlichkeiten inkl. Übernahmepreis
2	Zinsaufwand	/ Bank	50 401.–	Zins
	Leasingverbindlichkeiten	/ Bank	49 599.–	Amortisation
	Leasingverbindlichkeiten	/ Schlussbilanz	370 408.–	Abschluss
	Abschreibung	/ Maschine in Leasing	70 001.–	Jahresabschreibung
	Schlussbilanz	/ Maschine in Leasing	350 006.–	Abschluss
3	Zinsaufwand	/ Bank	44 449.–	Zins
	Leasingverbindlichkeiten	/ Bank	55 551.–	Amortisation
	Leasingverbindlichkeiten	/ Schlussbilanz	314 857.–	Abschluss
	Abschreibung	/ Maschine in Leasing	70 001.–	Jahresabschreibung
	Schlussbilanz	/ Maschine in Leasing	280 005.–	Abschluss

In den folgenden Jahren (3–5) ist analog zu buchen.

4	Zinsaufwand	/ Bank	12 589.–	Zins
	Leasingverbindlichkeiten	/ Bank	87 411.–	Amortisation
	Leasingverbindlichkeiten	/ Bank	17 500.–	Ausübung Kaufoption [1] [2]
	(Leasingverbindlichkeiten	/ Schlussbilanz	0.–)	Abschluss [1]
	Abschreibung	/ Maschine in Leasing	70 002.–	Jahresabschreibung [1] [2]
	(Schlussbilanz	/ Maschine in Leasing	0.–)	Abschluss [1]

[1]	Geldflussrechnungskonforme Verbuchung:			
	Leasingverbindlichkeiten	/ Maschine in Leasing	17 500.–	Umbuchung
	(Leasingverbindlichkeiten	/ Schlussbilanz	0.–)	Abschluss
	Maschine	/ Bank	17 500.–	Investition
	(Schlussbilanz	/ Maschine	17 500.–)	Abschluss
	Abschreibung	/ Maschine in Leasing	52 502.–	Abschreibung
	(Schlussbilanz	/ Maschine in Leasing	0.–)	Abschluss
[2]	Falls Option nicht ausgeübt wird:			
	Leasingverbindlichkeiten	/ Ausserordentlicher Ertrag	17 500.–	
	Abschreibung	/ Maschine in Leasing	70 002.–	

6 Derivative Finanzinstrumente

61 Begriffe

Im Handel mit Wertschriften, Waren, Devisen, Edelmetallen usw. werden nach dem Zeitpunkt der Vertragserfüllung zwei Vertragsarten unterschieden:

Kassageschäfte	Termingeschäfte
– Kassageschäfte sind zweiseitige Verträge. – Die Vertragsparteien erbringen zum Zeitpunkt des Vertragsabschlusses ihre Leistungen. – Die Vertragserfüllung erfolgt bei Vertragsabschluss.	– Termingeschäfte sind zweiseitige Verträge. – Die beiden Vertragsparteien erbringen zum Zeitpunkt des Vertragsabschlusses keine Leistung. – Die Vertragserfüllung erfolgt später.

Derivative Finanzinstrumente lassen sich wie folgt umschreiben:

Derivative Finanzinstrumente
Derivative Finanzinstrumente sind Produkte, deren Wert vom Preis eines Basiswertes oder mehrerer Basiswerte abhängt und die auf einer vertraglichen Vereinbarung beruhen.

Der Zeitpunkt der Vertragserfüllung ist auch bei den derivativen Finanzinstrumenten von Bedeutung. Folgende Kontrakte (Verträge) sind zu unterscheiden:

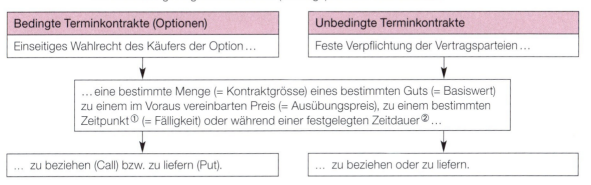

Optionsgeschäfte sind

– einerseits Kassageschäfte, da die Zahlung der Optionsprämie durch den Optionskäufer bei Vertragsabschluss erfolgt.	– andererseits Termingeschäfte, falls die Option ausgeübt wird, da die Lieferung und Zahlung des Basiswertes zu einem späteren Zeitpunkt erfolgt.

① Europäischer Ausübungsmodus (nur bei Endfälligkeit möglich)
② Amerikanischer Ausübungsmodus (bis zur Endfälligkeit und nur bei Optionen möglich)

62 Wichtige derivative Finanzinstrumente

	Derivative Finanzinstrumente			
Arten	① **Forwards**	② **Swaps**	③ **Futures** – Financial (Finanzanlagen) – Commodities (Rohwaren)	④ **Optionen** – Call – Put
Rechte bzw. Pflichten	Feste Verpflichtungen beider Vertragsparteien, d. h. rechtlich besteht eine Symmetrie der Rechte und Pflichten.			Einseitiges Wahlrecht des Käufers, d. h. Rechte und Pflichten sind asymmetrisch.
Handel	Over the counter (= OTC) ⑤, ausserbörslich oder kein Handel		Traded, börslich	Traded und Over the counter
Mögliche Basiswerte	Devisen, Aktien, Indices (z. B. Swiss Market Index [= SMI]), Zinssätze, Zinszahlungen, Anleihen, Rohwaren			

Erläuterungen

① **Forwards** sind klassische feste Termingeschäfte (z. B. Devisentermingeschäfte).

②

	Swaps		
	Austausch von Zahlungsströmen (Cashflows)		
	Devisenswap	Zins(satz)swap	Asset Swap
Merkmal	Gleichzeitiger Abschluss eines Kassageschäftes und eines gegenteiligen Termingeschäftes	Austausch von unterschiedlichen Zinszahlungen	Austausch von Zahlungsforderungen (Gegenteil: Liability Swap; Austausch von Zahlungsverpflichtungen)
Zweck	Absicherung des Währungsrisikos	Absicherung des Zinsänderungsrisikos	Erzielung einer Fristenkongruenz von Zahlungsströmen
Beispiel	Devisenkassakauf und Devisenterminverkauf (Klassischer Swap)	Zahlung eines fixen gegen einen variablen Zinssatz auf einem bestimmten Nennwert	Umstrukturierung der Aktiven, um die Geldzugänge aus den Aktiven besser auf die Geldabgänge bei den Passiven abzustimmen.

③ **Futures** sind feste Termingeschäfte mit standardisierten Kontraktbedingungen.

④

Vertragspartei	Art	**Call-Option**	**Put-Option**
Käufer der Option	Recht	Kauf	Verkauf
		des Basiswertes zum Ausübungspreis	
	Pflicht	Zahlung der Prämie (= Optionspreis)	
Verkäufer der Option	Recht	Anspruch auf Prämie (= Optionspreis)	
	Pflicht	Lieferung	Bezug
		des Basiswertes, falls Käufer Option ausübt.	

Der Verkäufer der Option wird auch Schreiber oder Stillhalter genannt. Es handelt sich dabei um den Erstverkäufer bzw. Herausgeber von neuen Optionen.

⑤ Die Vertragsbedingungen (z. B. Kontaktgrösse, Basiswert, Ausübungspreis, Fälligkeit) werden zwischen den Vertragsparteien individuell ausgehandelt.

63 Motive

Folgende Motive (= Zwecke) lassen sich beim Einsatz von derivativen Finanzinstrumenten unterscheiden:

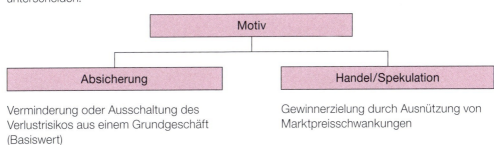

Verminderung oder Ausschaltung des Verlustrisikos aus einem Grundgeschäft (Basiswert)

Gewinnerzielung durch Ausnützung von Marktpreisschwankungen

64 Buchführung und Rechnungslegung

Obligationen-recht	Die Erfassung von derivaten Finanzinstrumenten ist im OR nicht speziell geregelt. Es gelten die allgemeinen Bestimmungen – zur Buchführung (OR 957a) und – zur Rechnungslegung (OR 958ff.), insbesondere die Grundsätze der ordnungsmässigen Rechnungslegung (OR 958c). Die Bilanzierung von Derivaten erfolgt nach den allgemeinen Vorschriften über die Bilanzierung von	
	Aktiven (OR 959/2) (= Vermögenswerte, die einen Mittelzufluss bringen, über die verfügt und deren Wert geschätzt werden kann).	Verbindlichkeiten (OR 959/5) (= Verpflichtungen, bei denen ein Mittelabfluss wahrscheinlich ist und deren Höhe geschätzt werden kann).
Swiss GAAP FER	Gemäss FER 27/2 ist ein Derivat in der Bilanz zu erfassen, sobald es die Definition	
	eines Aktivums (= Vermögenswert, der einen zukünftigen Nutzen bringt)	einer Verbindlichkeit (= Verpflichtung, die zu einem wahrscheinlichen Mittelabfluss führt)
	erfüllt.	

65 Aktueller Wert gemäss OR und Swiss GAAP FER

Die Ermittlung des aktuellen Wertes (Fair Value) ist sowohl für die Bewertung zum aktuellen Wert als auch für die Bewertung nach dem Niederstwertprinzip notwendig.

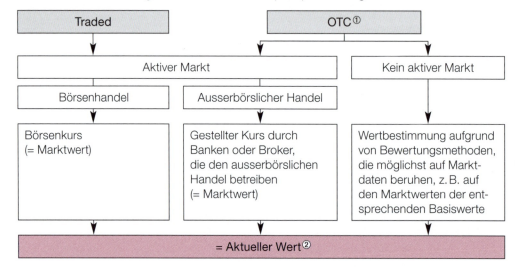

① Over the counter
② Die aktuellen Werte können auf der Aktiv- oder Passivseite der Bilanz vorkommen (siehe Abschnitt 67).

66 Ersterfassung, Folgebewertung und Ausbuchung von Derivaten

Obligationenrecht

Die Darstellung zeigt die Bewertung von derivativen Finanzinstrumenten bei der Ersterfassung sowie bei der Folgebewertung (am Bilanzstichtag) sowie die Ausbuchung gemäss OR. Da keine speziellen Bewertungsvorschriften für die Derivate bestehen, gelten OR 960a, b und e.

	Gekaufte Derivate		Ausgegebene[1] bzw. geschriebene Derivate
	Aktiven im Allgemeinen (OR 960a)	Aktiven mit beobachtbarem Marktpreis (OR 960b)	Verbindlichkeiten (OR 960e/2)
Ersterfassung	Der Anschaffungswert ist zu aktivieren[2][3], z. B. als kurzfristige Finanzanlage.		Der Verkaufserlös kann – als Rückstellung oder – als Finanzertrag erfasst werden.
Folgebewertung	Höchstens zum Anschaffungswert oder zum tieferen aktuellen Wert[4] (OR 960a/2). (= Bewertung zum Niederstwertprinzip[5])	Wahlrecht: Zum aktuellen Kurs oder Marktpreis (= Bewertung zum aktuellen Marktwert)	Für den zu erwartenden Mittelabfluss ist – die Rückstellung anzupassen oder – eine Rückstellung zu bilden.

Ausbuchung	Für das OR gilt die Regelung von Swiss GAAP FER. Die Ausbuchung muss erfolgen, sobald – das Derivat das Ende der Laufzeit erreicht hat oder – eine Option frühzeitig ausgeübt wird oder – eine geschriebene Option zurückgekauft wird oder – das Derivat verkauft wird oder – die Gegenpartei ausfällt.

---

[1] = Erstverkauf
[2] Theoretisch wäre eine Erfassung als Finanzaufwand auch möglich (in der Praxis selten).
[3] Für die Ersterfassung von festen Termingeschäften gelten die gleichen Besonderheiten wie bei Swiss GAAP FER; siehe nächste Seite.
[4] Gemäss OR 960a/3: unter Berücksichtigung der notwendigen Wertberichtigungen
[5] Bei der Bewertung zum Niederstwertprinzip bzw. Imparitätsprinzip wird ein nicht realisierter Gewinn nicht verbucht, wohl aber ein nicht realisierter Verlust.

Swiss GAAP FER

Die folgenden zwei Darstellungen zeigen die Ersterfassung und Folgebewertung von derivativen Finanzinstrumenten gemäss FER 27/3–5.

Ersterfassung

	Feste Termingeschäfte (Forwards, Futures)	Gekaufte Optionen	Ausgegebene bzw. geschriebene Optionen
	Im Zeitpunkt des Vertragsabschlusses		
	erfolgt keine Zahlung und keine Lieferung.	muss der Käufer sofort eine Prämie für das Wahlrecht bezahlen.	erhält der Schreiber bzw. Stillhalter (= Erstverkäufer) sofort eine Prämie für die eingegangene Verpflichtung.
Erst-erfassung	Im Zeitpunkt des Vertragsabschlusses wird der Terminkontrakt nicht erfasst. Es handelt sich um ein schwebendes Geschäft.	Die bezahlte Prämie ist zu aktivieren [1].	Die erhaltene Prämie ist zu passivieren [1].
Besonderheiten der Ersterfassung	Die Ersterfassung ist vom Zeitpunkt der Vertragserfüllung abhängig: – Abschluss und Erfüllung erfolgen im gleichen Jahr: In diesem Fall wird das Termingeschäft erstmals bei der Erfüllung zum aktuellen Wert erfasst [2]. – Abschluss und Erfüllung erfolgen nicht im gleichen Jahr: In diesem Fall wird das Termingeschäft erstmals beim Jahresabschluss erfasst. Am Bilanzstichtag ist das Risiko bzw. der Nutzen aufgrund des aktuellen Wertes zu bestimmen und zu verbuchen [3].	Die Prämie entspricht dem aktuellen Wert der Option im Zeitpunkt der Ersterfassung.	

[1] Ersterfassung beim Vertragsabschluss
[2] Ersterfassung bei Erfüllung
[3] Ersterfassung beim Jahresabschluss

Folgebewertung

Die Folgebewertung (am Bilanzstichtag) von Derivaten ist abhängig von den Motiven und der Bewertung des Grundgeschäftes bzw. des Basiswertes.

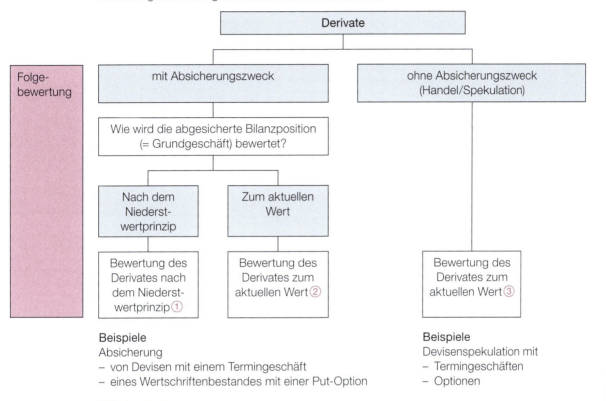

Beispiele
Absicherung
– von Devisen mit einem Termingeschäft
– eines Wertschriftenbestandes mit einer Put-Option

Beispiele
Devisenspekulation mit
– Termingeschäften
– Optionen

Erläuterungen

① a Einzelbewertung = Niederstwertprinzip für das Grundgeschäft sowie Niederstwertprinzip für das Derivat:
Die abgesicherte Position (= Grundgeschäft) sowie das Derivat (= Absicherungsgeschäft) werden je einzeln (d.h. unabhängig voneinander) nach dem Niederstwertprinzip bewertet, entweder zum Anschaffungswert oder zum tieferen aktuellen Wert.
b Sammelbewertung = Niederstwertprinzip für die Einheit, d.h. das Grund- und Absicherungsgeschäft werden als Einheit betrachtet. Vorgehensweise in drei Schritten:
1. Die abgesicherte Position und das Derivat werden je zum Anschaffungswert bewertet und dann die beiden Werte addiert (= Einheit zum Anschaffungswert).
2. Die abgesicherte Position und das Derivat werden je zum aktuellen Wert bewertet und dann diese beiden Werte addiert (= Einheit zum aktuellen Wert).
3. Die beiden Einheiten (= Additionen) werden miteinander verglichen und nach dem Niederstwertprinzip bewertet, entweder zum Anschaffungswert oder zum tieferen aktuellen Wert.

② Beide, das Grund- und Absicherungsgeschäft, werden zum aktuellen Wert bewertet.

③ Derivate zwecks Handel/Spekulation werden immer zum aktuellen Wert bewertet.

Ausbuchung

Die Regelung von Swiss GAAP FER 27/7 finden Sie auf der Seite 73.

67 Offenlegung im Anhang

Die folgende Aufstellung gibt Auskunft, wie das Obligationenrecht und Swiss GAAP FER 27 den Ausweis von derivaten Finanzinstrumenten regeln.

Obligationen-recht	Im OR bestehen keine speziellen Ausweisvorschriften für Derivate. Deshalb gelten die allgemeinen Bestimmungen zur Offenlegung von Aktiven und Passiven (OR 959c1 Ziff.1 und 2). Gemäss HWP ist jedoch Folgendes zu beachten: – Werden Derivate als Absicherungsinstrumente verwendet und zusammen mit dem Grundgeschäft bewertet, sind diese Tatsachen sowie die angewandten Bewertungsgrundsätze im Anhang auszuweisen. – Werden Aktiven (z. B. Wertschriften, Derivate) zum Marktpreis bewertet, ist dieser Bewertungsgrundsatz im Anhang offen zu legen. Der Gesamtbetrag der Wertschriften und aller übrigen Aktiven (z. B. Derivate) müssen bei dieser Bewertungsart je gesondert in der Bilanz oder im Anhang ausgewiesen werden (OR 960b/1). – Falls die Derivate-Position wesentlich ist, kann sich eine detaillierte Offenlegung wie bei Swiss GAAP FER (siehe nachstehende Zeilen) aufdrängen.
Swiss GAAP FER	Der Betrag der offenen derivativen Finanzinstrumente ist im Anhang offenzulegen. Der Ausweis ist anhand der Basiswerte in folgende Kategorien zu gliedern: – Zinssätze (Zinsinstrumente) – Devisen (Währungsinstrumente) – Eigenkapitalinstrumente – Übrige Basiswerte Für die einzelnen Kategorien ist Folgendes offenzulegen: Total der aktiven und passiven Werte sowie der Zweck des Derivates (Absicherung, Handel) Die Bewertungsgrundsätze der Derivate sind ebenfalls im Anhang auszuweisen. **Aktiver Wert [1]** | **Passiver Wert [1]** Dieser Betrag zeigt die möglichen Einnahmen [2], | möglichen Ausgaben [2], welche das Unternehmen am Bilanzstichtag erzielen könnte, | hätte, wenn die offenen Verträge (bzw. Derivate) am Bilanzstichtag geschlossen (erfüllt oder glatt gestellt [3]) würden. Aktive Werte | Passive Werte – stellen (schwebende) Forderungen dar. | – stellen (schwebende) Verpflichtungen dar. – sind zu aktivieren. [4] | – sind zu passivieren. – enthalten auch die nicht realisierten Erfolge. | – enthalten auch die nicht realisierten Erfolge. Diese Werte könnten dem/der bilanzierenden Unternehmen | Gegenpartei verloren gehen, falls die/das Gegenpartei | bilanzierende Unternehmen nicht oder nur teilweise erfüllen würde.

[1] Oft auch positiver bzw. negativer Wiederbeschaffungswert genannt.
[2] Die Einnahmen bzw. Ausgaben entsprechen
– bei Erfüllung des Vertrages der Differenz zwischen dem aktuellen Wert (z. B. Marktpreis) und dem vereinbarten Ausübungspreis des Basiswertes.
– bei Glattstellung des Vertrages dem aktuellen Wert (Marktpreis) des Gegengeschäftes.
[3] Glatt stellen heisst, das ursprüngliche Derivatgeschäft mit einem identischen Gegengeschäft aufheben bzw. neutralisieren.
[4] Nach dem Niederstwertprinzip bewertete Derivate sind höchstens zum Anschaffungswert oder zum tieferen aktuellen Wert zu bilanzieren.

Beispiele zum aktiven und passiven Wert

Beispiel 1 **Aktiver Wert (Kauf von Call-Optionen)** ①

Ausgangslage

Am 15.9.20_1 kauft die Carlo AG an der Eurex Call-Optionen auf XY-Aktien.
Der Börsenkurs der XY-Aktie beträgt Fr. 2 300.–.

Bedingungen des Call-Optionskontraktes: ②	
Basiswert	10 XY-Aktien
Verfall	Februar 20_2
Ausübungspreis (Erfüllungspreis)	Fr. 2 400.– je Aktie ③
Optionsprämie (Optionspreis)	Fr. 80.– je Option
Total Optionsprämie	1 Kontrakt · 10 Optionen · Fr. 80.– = Fr. 800.–
Kontraktvolumen	1 Kontrakt · 10 Aktien · Fr. 2 400.– = Fr. 24 000.–

Situation beim Jahresabschluss am 31.12.20_1

Börsenkurs der XY-Aktien	Fr. 2 500.–
Innerer Wert der Option	Fr. 100.– (Fr. 2 500.– – Fr. 2 400.–)
Börsenkurs der Option	Fr. 140.– ④

Ermittlung des aktiven Wertes am 31.12.

Variante I: Anhand des aktuellen Marktwertes des Basiswertes (= Ausübungsbewertung)

Aktiver Wert = 10 · (2 500.– – 2 400.–) = 1 000.–

Der Käufer der Call-Option könnte die Aktien vom Herausgeber (Schreiber, Erstverkäufer) der Call-Option zum Ausübungspreis von Fr. 2 400.– beziehen und sie an der Börse für Fr. 2 500.– verkaufen, d. h. er könnte bei Ausübung Fr. 1 000.– Einnahmen erzielen.

Der Wert aller Optionen beträgt somit Fr. 1 000.– (10 · Fr. 100.– [= Innerer Wert je Option]). Dieser Betrag ist zu aktivieren, z. B. im Konto Kurzfristige Finanzanlagen.

Nicht realisierter Erfolg

31.12.	Aktiver Wert	+1 000.–
15.09.	Bezahlte Optionsprämie	– 800.–
31.12.	Nicht realisierter Gewinn	+ 200.–

Das Risiko des Call-Käufers besteht darin, dass er den aktiven Wert von Fr. 1 000.– verliert, falls die Gegenpartei, d. h. der Verkäufer, die Titel nicht liefert bzw. nicht liefern kann.

① Aktive Werte kommen nur beim Optionskäufer vor.
② Ein Call-Optionskontrakt beinhaltet 10 Optionen.
③ Der Optionskäufer kann bis zum Verfall vom Optionsverkäufer je Option eine XY-Aktie zu Fr. 2 400.– beziehen (= Amerikanischer Ausübungsmodus).
④ Der Kurswert der Option ist grösser als Fr. 100.–, weil zum inneren Wert auch noch der Zeitwert dazukommt.

Variante II: Anhand des aktuellen Marktwertes der Option (= Glattstellungsbewertung) [1]

Aktiver Wert = 10 · 140.– = 1 400.–

Der Käufer der Call-Option könnte die Optionen an der Börse zu Fr. 140.– verkaufen [2], d. h. er könnte Fr. 1 400.– Einnahmen erzielen.

Der Wert aller Optionen beträgt somit Fr. 1 400.– (10 · Fr. 140.– [= Kurswert je Option]). Dieser Betrag ist zu aktivieren, z. B. im Konto Kurzfristige Finanzanlagen.

Nicht realisierter Erfolg

31.12.	Aktiver Wert	+1 400.–
15.09.	Bezahlte Optionsprämie	– 800.–
31.12.	Nicht realisierter Gewinn	+ 600.–

Beispiel 2   Passiver Wert (Verkauf bzw. Schreiben von Call-Optionen) [3]

Ausgangslage

Am 15.9.20_1 verkauft (schreibt) die Gambino AG an der Eurex Call-Optionen auf XY-Aktien. Der Börsenkurs der XY-Aktie beträgt Fr. 2 300.–.

Bedingungen des Call-Optionskontraktes:	
Basiswert	10 XY-Aktien
Verfall	Februar 20_2
Ausübungspreis (Erfüllungspreis)	Fr. 2 400.– je Aktie [4]
Optionsprämie (Optionspreis)	Fr. 80.– je Option
Total Optionsprämie	1 Kontrakt · 10 Optionen · Fr. 80.– = Fr. 800.–
Kontraktvolumen	1 Kontrakt · 10 Aktien · Fr. 2 400.– = Fr. 24 000.–

Situation beim Jahresabschluss am 31.12.20_1

Börsenkurs der XY-Aktien	Fr. 2 500.–
Innerer Wert der Option	Fr. 100.–
Börsenkurs der Option	Fr. 140.–

---

[1] Diese Bewertungsart ist nur bei Derivaten mit Kurswert möglich.
[2] Der Verkauf der Optionen gilt als identisches Gegengeschäft zum Kauf der Optionen, d. h. er entspricht einer Glattstellung.
[3] Passive Werte kommen nur beim Optionsschreiber vor.
[4] Falls der Optionskäufer die Optionen bis zum Verfall ausübt, muss der Optionsverkäufer (Schreiber) je Option eine Aktie zu Fr. 2 400.– liefern.

Ermittlung des passiven Wertes am 31.12.

Variante I: Anhand des aktuellen Marktwertes des Basiswertes (= Ausübungsbewertung)

Passiver Wert = 10 · (2 400.– – 2 500.–) = – 1 000.–

Der Herausgeber (Schreiber, Erstverkäufer) der Call-Option müsste die Aktien an der Börse für Fr. 2 500.– kaufen und dem Käufer der Call-Option zum Ausübungspreis von Fr. 2 400.– liefern, d.h. er hätte bei Ausübung Fr. 1 000.– Ausgaben.

Dieser Betrag ist zu passivieren, d.h. Rückstellung bilden bzw. Rückstellung anpassen.

Nicht realisierter Erfolg

31.12.	Passiver Wert	–1 000.–
15.09.	Erhaltene Optionsprämie	+ 800.–
31.12.	Nicht realisierter Verlust	– 200.–

Variante II: Anhand des aktuellen Marktwertes der Option (= Glattstellungsbewertung)[1]

Passiver Wert = 10 · – 140.– = – 1 400.–

Der Herausgeber (Schreiber, Erstverkäufer) der Call-Option könnte eine identische Call-Option zum Börsenkurs von Fr. 140.– kaufen, d.h. er hätte bei Glattstellung Fr. 1 400.– Ausgaben. Damit neutralisiert er die Verpflichtung aus dem ersten Geschäft.

Dieser Betrag ist zu passivieren, d.h. Rückstellung bilden bzw. Rückstellung anpassen.

Nicht realisierter Erfolg

31.12.	Passiver Wert	–1 400.–
15.09.	Erhaltene Optionsprämie	+ 800.–
31.12.	Nicht realisierter Verlust	– 600.–

---

[1] Diese Bewertungsart ist nur bei Derivaten mit Kurswert möglich.

68 Ausgewählte Fälle

Die Übersicht zeigt häufig getätigte Geschäfte mit Derivaten. Die Nummern 1–14 stehen für die Fälle, die auf den folgenden Seiten beschrieben werden.

Fall	Art des Derivats	Basiswert	Partei	Motiv
1	Forward (Termingeschäft)	Devisen	Verkäufer	Absicherung
2	Forward (Termingeschäft)	Devisen	Verkäufer und Käufer	Spekulation
3	Swap	Devisen	Kassakäufer, Terminverkäufer	Absicherung, Zinseinsparung
4	Swap	Devisen	Kassakäufer, Terminverkäufer	Absicherung, Zinseinsparung
5	Swap	Devisen	Kassakäufer, Terminverkäufer	Absicherung, Festgeldanlage
6a	Call-Option	Aktien	Käufer	Handel, Spekulation
6b	Call-Option	Aktien	Verkäufer	Handel, Spekulation
7a	Put-Option	Aktien	Käufer	Absicherung
7b	Put-Option	Aktien	Verkäufer	Handel, Spekulation
8a	Call-Option	Devisen	Käufer	Spekulation
8b	Call-Option	Devisen	Verkäufer	Spekulation
9	Call-Option	Devisen	Käufer	Absicherung
10a	Put-Option	Devisen	Käufer	Spekulation
10b	Put-Option	Devisen	Verkäufer	Spekulation
11	Put-Option	Devisen	Käufer	Absicherung
12	Futures	SMI-Index	Verkäufer	Absicherung
13	Call-Option	SMI-Index	Käufer	Handel, Spekulation
14	Put-Option	SMI-Index	Käufer	Absicherung

Fall 1 **Devisentermingeschäft (Absicherung)**

Ausgangslage

Die Hetz AG liefert Ende April Fertigfabrikate nach Holland und fakturiert EUR 62 500.–.
Die Kreditfrist beträgt drei Monate. Um das Währungsrisiko auszuschalten, verkauft die Hetz AG der Hausbank die Euros auf Termin.
Annahme: Die Hetz AG hat ein EUR-Bankkonto.

Buchungstatsachen

30.04.	Verkauf auf Kredit, Fakturawert EUR 62 500.–	
30.04.	Abschluss des Terminkontraktes, Valuta 31.07., Terminkurs 1.10	
30.07.	Euro-Überweisung des holländischen Kunden auf das EUR-Bankkonto der Hetz AG	
31.07.	Erfüllung des Terminkontraktes	

Buchungen

			CHF	
30.04.	Forderungen aus L+L EUR	/ Produktionsertrag	68 750.–	EUR 62 500.– · 1.10
30.04.	Keine Buchung			Schwebendes Geschäft
30.07.	Bank EUR	/ Forderungen aus L+L EUR	68 750.–	EUR 62 500.– · 1.10
31.07.	Bank CHF	/ Bank EUR	68 750.–	EUR 62 500.– · 1.10

Zum Vergleich:
Keine Absicherung des Währungsrisikos

Die Hetz AG sichert das Währungsrisiko nicht ab und erfasst die Rechnung zum Kurs von 1.12 und die Banküberweisung zum Tageskurs von 1.09.
Annahme: Die Hetz AG hat kein EUR-Bankkonto.

Buchungen

			CHF	
30.04.	Forderungen aus L+L EUR	/ Produktionsertrag	70 000.–	EUR 62 500.– · 1.12
31.07.	Bank	/ Forderungen aus L+L EUR	68 125.–	EUR 62 500.– · 1.09
	Produktionsertrag oder Währungskursdifferenzen	/ Forderungen aus L+L EUR	1 875.–	Währungsverlust

Fall 2   **Devisentermingeschäft (Spekulation)**

Ausgangslage

Die Specu SA verkauft der Hope SA USD 100 000.– auf Termin (Leerverkauf[1]) und hofft, dass der USD-Kurs fällt.
Annahme: Die Specu SA und die Hope SA haben ein USD-Bankkonto.

Buchungstatsachen

20_1

30.10.	Terminkontrakt USD 100 000.–, Valuta 31.03., Terminkurs 0.89	
31.12.	Abschluss Die Bewertung erfolgt zum aktuellen Wert. USD Terminkurse, Valuta 31.03., Geld 0.90/Brief 0.94	

20_2

01.01.	Eröffnung	
31.03.	USD Kassakurse Geld 0.92 / Brief 0.95	
	a Kassakauf der Specu SA USD 100 000.–	
	b Vertragserfüllung Terminkontrakt vom 30.10.	
	c Kassaverkauf der Hope SA USD 100 000.–	
	d Währungserfolg	

Buchungen   Verkäufer

				CHF	
20_1					
30.10.	Keine Buchung				Schwebendes Geschäft
31.12.	Währungsverluste	/	Währungsrückstellung	5 000.–	Nicht realisierter Währungsverlust USD 100 000.– · (0.94 – 0.89)
	Währungsrückstellung	/	Schlussbilanz	5 000.–[2]	Abschluss
20_2					
01.01.	Eröffnungsbilanz	/	Währungsrückstellung	5 000.–	Eröffnung
31.03. a	Bank USD	/	Bank CHF	95 000.–	Kauf USD 100 000.– · 0.95
b	Bank CHF	/	Bank USD	89 000.–	Lieferung USD 100 000.– · 0.89
c	Keine Buchung (betrifft Hope SA)				
d	Währungsverluste	/	Bank USD	6 000.–	Realisierter Währungsverlust
	Währungsrückstellung	/	Währungsverluste	5 000.–	Auflösung Währungsrückstellung

[1] Der Verkäufer ist zum Zeitpunkt des Vertragsabschlusses noch nicht im Besitz der fremden Währung.
[2] Passiver Wert

Finanzerfolg

31.12.	Bildung Rückstellung		– 5 000.–
31.03.	Realisierter Währungsverlust		– 6 000.–
31.03.	Auflösung Rückstellung		+ 5 000.–
	Gesamtverlust		– 6 000.–

oder

31.03.	Kauf USD	–95 000.–
31.03.	Verkauf USD	+89 000.–
	Gesamtverlust	– 6 000.–

Buchungen Käufer

20_1   CHF

30.10.	Keine Buchung			Schwebendes Geschäft
31.12.	Kurzfr. Finanzanlagen	/ Währungsgewinne	1 000.–	Nicht realisierter Währungsgewinn USD 100 000.– · (0.90 – 0.89)[1]
	Schlussbilanz	/ Kurzfr. Finanzanlagen	1 000.–[2]	Abschluss

20_2

01.01.	Kurzfr. Finanzanlagen	/ Eröffnungsbilanz	1 000.–	Eröffnung
31.03. a	Keine Buchung (betrifft Specu SA)			
b	Bank USD	/ Bank CHF	89 000.–	Erhalt USD 100 000.– · 0.89
c	Bank CHF	/ Bank USD	92 000.–	Verkauf USD 100 000.– · 0.92
d	Bank USD	/ Währungsgewinne	3 000.–	Realisierter Währungsgewinn
	Währungsgewinne	/ Kurzfr. Finanzanlagen	1 000.–	Stornierung nicht realisierter Währungsgewinn

Finanzerfolg

31.12.	Nicht realisierter Währungsgewinn		+ 1 000.–
31.03.	Realisierter Währungsgewinn		+ 3 000.–
31.03.	Stornierung nicht realisierter Währungsgewinn		– 1 000.–
	Gesamtgewinn		+ 3 000.–

oder

31.03.	Kauf USD	–89 000.–
31.03.	Verkauf USD	+92 000.–
	Gesamtgewinn	+ 3 000.–

[1] Bei Bewertung nach dem Niederstwertprinzip gemäss OR wird der nicht realisierte Währungsgewinn nicht gebucht.
[2] Aktiver Wert

Fall 3   Devisenswap (Kassakauf/Terminverkauf, Absicherung, Zinseinsparung)

Ausgangslage

Bei der Chemie AG ist am 30.04.20_8 Folgendes über das Fremdwährungsbankkonto bekannt:

	Bank USD	
Kurs	USD	CHF
0.95	200 000	190 000

Um den hohen Kreditzins von 8 % auf der Bankschuld USD einzusparen, kauft die Chemie AG USD 200 000.– gegen Schweizerfranken und verkauft sie gleich wieder auf Termin (6 Monate) = Devisenswap. Durch den Terminverkauf wird das Wechselkursrisiko abgesichert.

Folgende Devisenkurse sind am 30.04. bekannt:
Kassakurs   0.958
Terminkurs   0.943

Buchungstatsachen

30.04.	Abschluss Swapgeschäft
	a Kassakauf USD 200 000.–
	b Verkauf USD 200 000.– auf Termin; Valuta 31.10.
	c Absicherungskosten
31.10.	Erfüllung Terminkontrakt

Buchungen

				CHF	
30.04. a	Bank USD	/ Bank CHF		191 600.–	Kassakauf USD zu 0.958
b	Keine Buchung				Abschluss Termingeschäft = Schwebendes Geschäft
c	Finanzaufwand	/ Bank USD		3 000.–	Kursverlust 0.015 je USD = Absicherungskosten
31.10.	Bank CHF	/ Bank USD		188 600.–	Erfüllung Termingeschäft = Verkauf USD zu 0.943

Finanzerfolg

Absicherungskosten	−3 000.–	
Zinseinsparung auf USD-Bankkonto (Annahme: Umrechnungskurs = 0.95)	+7 600.–	$\dfrac{0.95 \cdot 200\,000 \cdot 8 \cdot 6}{100 \cdot 12}$
Zinsverlust auf CHF-Bankkonto (Annahme: Zinssatz = 0,2 %)	− 191.60	$\dfrac{191\,600 \cdot 0.2 \cdot 6}{100 \cdot 12}$
Finanzgewinn	+4 408.40	

Fall 4 **Devisenswap (Kassakauf/Terminverkauf, Absicherung, Zinseinsparung)**

Ausgangslage

Bei der Export AG ist am 30.04. Folgendes über die beiden Fremdwährungskonten bekannt:

	Bank EUR	
Kurs	EUR	CHF
1.11	300 000	333 000

	Forderungen aus L+L EUR	
Kurs	EUR	CHF
1.11	320 000	355 200

Der Betrag im Konto Forderungen aus L+L EUR stammt aus einer Lieferung, welche am 27.07. fällig wird. Dieser Fremdwährungsbetrag wurde bis heute nicht abgesichert.

Das CHF-Bankkonto weist am 30.04. ein Guthaben von CHF 490 000.– aus.

Am 30.04. gelten folgende EUR-Devisenkurse:
Kassakurse   Geld 1.113   Brief 1.115
Terminkurse 3 Monate   Geld 1.106   Brief 1.108

Am 30.04. gelten folgende Zinskonditionen:
Sollzins auf EUR-Bankkonto   10 % p.a.
Habenzins auf CHF-Bankkonto   0,125 % p.a.

Die Export AG will den hohen Kreditzins auf dem EUR-Bankkonto einsparen und gleichzeitig das EUR-Kundenguthaben zu einem grossen Teil gegen einen möglichen EUR-Kursrückgang absichern. Deshalb beschliesst sie am 30.04. folgende Swaptransaktion:
Kassakauf von EUR 300 000.– gegen CHF und gleichzeitiger Verkauf auf Termin (3 Monate)

Buchungstatsachen

30.04.	Abschluss Swapgeschäft
	a Kassakauf EUR 300 000.–
	b Verkauf EUR 300 000.– auf Termin; Valuta 31.07.
	c Absicherungskosten
27.07.	Kundenzahlung EUR 320 000.– auf das EUR-Bankkonto (Zum Buchkurs von 1.11 umrechnen.)
31.07.	Erfüllung Terminkontrakt

Buchungen

				CHF	
30.04.	a	Bank EUR	/ Bank CHF	334 500.–	EUR 300 000.– · 1.115
	b	Keine Buchung			Schwebendes Geschäft
	c	Finanzaufwand[1]	/ Bank EUR	2 700.–	EUR 300 000.– · (1.115 – 1.106)
27.07.		Bank EUR	/ Ford. aus L+L EUR	335 200.–	EUR 320 000.– · 1.11
31.07.		Bank CHF	/ Bank EUR	331 800.–	EUR 300 000.– · 1.106

Finanzerfolg

Absicherungskosten	– 2 700.–	
Zinseinsparung auf dem EUR-Bankkonto (Umrechnungskurs = 1.11)	+ 8 325.–	$\dfrac{1.11 \cdot 300\,000 \cdot 10 \cdot 3}{100 \cdot 12}$
Zinsverlust auf CHF-Bankkonto	– 104.55	$\dfrac{334\,500 \cdot 0.125 \cdot 3}{100 \cdot 12}$
Finanzgewinn	+ 5 520.45	

Fall 5 — Devisenswap (Kassakauf/Terminverkauf, Absicherung, Festgeldanlage)

Ausgangslage

Die Oldini Holding AG verfügt über Fr. 1 000 000.– flüssige Mittel, die sie in den nächsten drei Monaten fest anlegen will. Zwei Anlagemöglichkeiten stehen zur Auswahl:

– Festgeldanlage in USD, Zinssatz 5 % p.a.
– Festgeldanlage in CHF, Zinssatz 0,75 % p.a.

Die Oldini Holding AG entscheidet sich für die Festgeldanlage in USD.
Bei der Bank tätigt sie den Kassakauf und sichert das Währungsrisiko mit einem Termingeschäft ab.

Bankspesen bleiben unberücksichtigt.
Die Fremdwährungstransaktionen werden in den Vierspalten-Fremdwährungskonten Bank USD und Kurzfristige Finanzanlagen USD erfasst.

---

[1] oder Verkaufserlös
oder Währungsverluste

Buchungstatsachen

30.06.	a	Kassakauf USD 1 000 000.–, Kurs 1.–	
	b	Festgeldanlage bei der Kreditbank, Bruxelles	
		Kapital	USD 1 000 000.–
		Zins 5 %, 90 Tage	USD 12 500.–
		Rückzahlung	USD 1 012 500.–
	c	Terminverkauf USD 1 012 500.–, Valuta 30.09., Kurs 0.99	
30.09.		Rückzahlung Festgeldanlage	
30.09.		Erfüllung Terminkontrakt	

Buchungen   CHF

30.06.	a	Bank USD	/ Bank CHF	1 000 000.–	Kauf USD 1 000 000.– · 1.–
	b	Kurzfr. Finanzanlagen USD	/ Bank USD	990 000.–	Festgeldanlage USD 1 000 000.– · 0.99
		Finanzaufwand	/ Bank USD	10 000.–	Kursverlust = Absicherungskosten
	c	Keine Buchung			Schwebendes Geschäft
30.09.		Bank USD	/ Kurzfr. Finanzanlagen USD	990 000.–	Rückzahlung Festgeldanlage USD 1 000 000.– · 0.99
		Bank USD	/ Finanzertrag	12 375.–	Zins USD 12 500.– · 0.99
30.09.		Bank CHF	/ Bank USD	1 002 375.–	Erfüllung Terminkontrakt USD 1 012 500.– · 0.99

Finanzerfolg mit Swap und Festgeldanlage in USD

Zinsertrag Festgeldanlage	+12 375.–	
Absicherungskosten	–10 000.–	(= Devisenkursverlust)
Swapertrag	+ 2 375.–	

Zum Vergleich:
Finanzerfolg ohne Swap; nur Festgeldanlage in CHF

Zinsertrag Festgeldanlage	+ 1 875.–	$\dfrac{1\,000\,000 \cdot 0.75 \cdot 3}{100 \cdot 12}$

Übersicht über die Buchungsmöglichkeiten von Optionen auf Aktien

Die Fälle 6 und 7 (Optionskontrakte) sind nach verschiedenen Buchungsvarianten gelöst.

Zeitpunkt	Buchhalterische Behandlung		Verschiedene Fälle	
			Kauf Call- oder Put-Option	Verkauf (Schreiben, Ausgabe) Call- oder Put-Option
Vertrags-abschluss	Verbuchung der Optionsprämie	als Aktivum (aktivieren)①	6a 7a	
		als Aufwand②③	kein Fall	
		als Passivum (passivieren)①		6b Variante I 7b Variante I
		als Ertrag②		6b Variante II 7b Variante II
Jahres-abschluss	Bewertung der Option	zum Börsenkurs der Option (= Glattstellungsbewertung)	6a 7a	6b Variante I 7b Variante I
		aufgrund des Börsenkurses des Basiswertes (= Ausübungsbewertung)	kein Fall	6b Variante II 7b Variante II
Schliessen der offenen Position	Buchungen	bei Glattstellung	kein Fall	6b Variante I 7b Variante I
		bei Ausübung	6a 7a	6b Variante II 7b Variante II

Fall 6a Kauf Call-Option auf Aktien (Handel, Spekulation)

Ausgangslage

Die Country AG erwartet, dass der Kurs der N-Aktie steigen wird. Deshalb kauft sie am 25.11.20_1 durch die Bank an der Eurex:

10 Call-Optionskontrakte④	
Basiswert je Kontrakt	10 N-Aktien
Verfall	Februar 20_2⑤
Ausübungspreis (Basispreis)	CHF 1 150.–
Optionsprämie (Optionspreis)	CHF 50.–
Total Optionsprämie	10 Kontrakte · 10 Optionen · CHF 50.– = CHF 5 000.–
Kontraktvolumen	10 Kontrakte · 10 Aktien · CHF 1 150.– = CHF 115 000.–

Gebühren und Bankkommissionen bleiben unberücksichtigt.
Das Konto Kurzfristige Finanzanlagen wird zum Kurswert geführt.

① OR- und FER-konform
② Nur gemäss OR erlaubt.
③ In der Praxis selten.
④ Ein Call-Optionskontrakt gibt dem Käufer der Option das Recht, vom Verkäufer der Option 10 Basiswerte zum Ausübungspreis zu beziehen.
⑤ Die Optionen können während der ganzen Vertragsdauer bis Verfall ausgeübt werden (= Amerikanischer Ausübungsmodus) oder zum aktuellen Börsenkurs verkauft werden (= Glattstellung).

Buchungstatsachen

20_1

25.11.		Bankbelastung der Optionsprämie für 10 Call-Optionskontrakte
31.12.		Abschluss
		Bewertung: Börsenkurs einer Call-Option Februar 20_2 CHF 120.–

20_2

01.01.		Eröffnung
15.02.	a	Ausübung aller 10 Call-Optionskontrakte
	b	Verkauf 100 N-Aktien zum Kurs von CHF 1 260.–
	c	Kurserfolg

Buchungen

20_1

25.11.	Kurzfr. Finanzanlagen [1]	/ Bank	5 000.–	Kauf Call-Optionen
31.12.	Kurzfr. Finanzanlagen	/ Finanzertrag	7 000.–	Nicht realisierter Kursgewinn auf Optionen [2]
	Schlussbilanz	/ Kurzfr. Finanzanlagen	12 000.– [3]	Abschluss

20_2

01.01.	Kurzfr. Finanzanlagen	/ Eröffnungsbilanz	12 000.–	Eröffnung
15.02. a	Kurzfr. Finanzanlagen	/ Bank	115 000.–	Kauf Aktien (100 · 1 150.–)
b	Bank	/ Kurzfr. Finanzanlagen	126 000.–	Verkauf Aktien (100 · 1 260.–)
c	Kurzfr. Finanzanlagen	/ Finanzertrag	11 000.–	Realisierter Kursgewinn auf Aktien
	Finanzaufwand	/ Kurzfr. Finanzanlagen	12 000.–	Abschreibung Optionen

Finanzerfolg

31.12.	Nicht real. Kursgewinn auf Optionen	+ 7 000.–
15.02.	Realisierter Kursgewinn auf Aktien	+11 000.–
15.02.	Abschreibung Optionen	–12 000.–
	Gesamtgewinn	+ 6 000.–
oder		
25.11.	Bezahlte Optionsprämie	– 5 000.–
15.02.	Realisierter Kursgewinn auf Aktien	+11 000.–
	Gesamtgewinn	+ 6 000.–

[1] Andere Kontenbezeichnungen: Gekaufte Optionen, Optionen long
[2] Bei der Bewertung zum Niederstwertprinzip wird der nicht realisierte Kursgewinn nicht gebucht.
[3] Aktiver Wert

Fall 6 b — Verkauf Call-Option auf Aktien (Handel, Spekulation)

Ausgangslage

Die Romex AG erwartet, dass der Kurs der N-Aktie fallen wird. Deshalb verkauft (schreibt) sie am 25.11.20_1 durch die Bank an der Eurex:

10 Call-Optionskontrakte	
Basiswert je Kontrakt	10 N-Aktien
Verfall	Februar 20_2
Ausübungspreis (Basispreis)	CHF 1 150.–
Optionsprämie (Optionspreis)	CHF 50.–
Total Optionsprämie	10 Kontrakte · 10 Optionen · CHF 50.– = CHF 5 000.–
Kontraktvolumen	10 Kontrakte · 10 Aktien · CHF 1 150.– = CHF 115 000.–

Da die Romex AG die N-Aktien leer verkauft, muss sie eine Sicherheitsmarge von CHF 10 000.– auf das Margenkonto (Sperrkonto) bei der Bank einzahlen. Die Sicherheitsmarge dient dazu, eine mögliche Differenz zwischen dem Ausübungspreis und einem höheren Börsenkurs oder die Kosten der Glattstellung zu decken.

Gebühren und Bankkommissionen bleiben unberücksichtigt.

Variante I: Optionsprämie passivieren [1]
Bewertung beim Abschluss zum Börsenkurs der Option
(= Glattstellungsbewertung)
Glattstellung der Option

Buchungstatsachen

20_1

25.11. a Bankgutschrift der Optionsprämie für 10 Call-Optionskontrakte
b Übertrag der Sicherheitsmarge vom Kontokorrent auf das Margenkonto

31.12. Abschluss
Bewertung: Börsenkurs einer Call-Option Februar 20_2 CHF 120.–

20_2

01.01. Eröffnung

06.02. a Glattstellung [2] aller Optionskontrakte zum Börsenkurs von CHF 80.– je Call-Option
b Auflösung Margenkonto

---

[1] OR- und FER-konform
[2] Der Optionsverkäufer (Schreiber) kauft 10 identische Call-Optionskontrakte (= identisches Gegengeschäft). Damit neutralisiert er seine Verpflichtungen, d. h. die Titel, die er liefern muss, erhält er zu gleichen Bedingungen aus dem zweiten Geschäft. (An der Eurex werden die beiden Geschäfte automatisch miteinander verrechnet, d. h. die offenen Positionen werden geschlossen.)

Buchungen

20_1					
25.11.	a	Bank	/ Rückstellung für Optionsgeschäfte ①	5 000.–	Verkauf Call-Optionen (100 · 50.–)
	b	Margenkonto	/ Bank	10 000.–	Sicherheitsmarge
31.12.		Finanzaufwand	/ Rückstellung für Optionsgeschäfte	7 000.–	Erhöhung Rückstellung (100 · 70.–)
		Rückstellung für Optionsgeschäfte	/ Schlussbilanz	12 000.– ②	Abschluss (100 · 120.–)

20_2					
01.01.		Eröffnungsbilanz	/ Rückstellung für Optionsgeschäfte	12 000.–	Eröffnung
06.02.	a	Rückstellung für Optionsgeschäfte	/ Finanzertrag	4 000.–	Verminderung Rückstellung (100 · 40.–)
		Rückstellung für Optionsgeschäfte	/ Bank	8 000.–	Glattstellung (100 · 80.–)
	b	Bank	/ Margenkonto	10 000.–	Aufhebung Sicherheitsmarge

Finanzerfolg

31.12.	Erhöhung Rückstellung für Optionen	–7 000.–
06.02.	Verminderung Rückstellung für Optionen	+4 000.–
	Gesamtverlust	–3 000.–

oder

25.11.	Erhaltene Optionsprämie	+5 000.–
06.02.	Ausgaben für die Glattstellung	–8 000.–
	Gesamtverlust	–3 000.–

① Andere Kontenbezeichnungen: Geschriebene Optionen, Optionen short
② Passiver Wert

Variante II: Optionsprämie als Ertrag erfassen [1]
Bewertung beim Abschluss aufgrund des Börsenkurses des Basiswertes
(= Ausübungsbewertung) [2]
Ausübung der Option

Buchungstatsachen

20_1

25.11. a Bankgutschrift der Optionsprämie für 10 Call-Optionskontrakte
      b Übertrag der Sicherheitsmarge vom Kontokorrent auf das Margenkonto
31.12.   Abschluss
       Bewertung: Börsenkurs einer N-Aktie CHF 1 240.–

20_2

01.01.   Eröffnung
15.02.   Ausübung aller 10 Call-Optionskontrakte durch den Käufer
      a Kassakauf 100 N-Aktien zum Kurs von CHF 1 260.–
      b Lieferung 100 N-Aktien und Zahlung durch den Käufer
      c Kurserfolg
      d Auflösung Margenkonto

Buchungen

20_1

Datum		Soll	/ Haben	Betrag	Bemerkung
25.11.	a	Bank	/ Finanzertrag	5 000.–	Verkauf Call-Optionen
	b	Margenkonto	/ Bank	10 000.–	Sicherheitsmarge
31.12.		Finanzaufwand	/ Rückstellung für Optionsgeschäfte	9 000.–	Bildung Rückstellung (100 · [1 240.– – 1 150.–])
		Rückstellung für Optionsgeschäfte	/ Schlussbilanz	9 000.– [3]	Abschluss

20_2

Datum		Soll	/ Haben	Betrag	Bemerkung
01.01.		Eröffnungsbilanz	/ Rückstellung für Optionsgeschäfte	9 000.–	Eröffnung
15.02.	a	Kurzfr. Finanzanlagen	/ Bank	126 000.–	Kauf Aktien (100 · 1 260.–)
	b	Bank	/ Kurzfr. Finanzanlagen	115 000.–	Lieferung Aktien (100 · 1 150.–)
	c	Finanzaufwand	/ Kurzfr. Finanzanlagen	11 000.–	Realisierter Kursverlust auf Aktien
		Rückstellung für Optionsgeschäfte	/ Finanzertrag	9 000.–	Auflösung Rückstellung
	d	Bank	/ Margenkonto	10 000.–	Aufhebung Sicherheitsmarge

[1] Nur gemäss OR erlaubt.
[2] Diese Bewertung wird (in der Regel) angewandt, wenn für die Option kein aktiver Markt und somit auch kein Börsenkurs vorhanden ist.
[3] Passiver Wert

Finanzerfolg

25.11.	Ertrag Optionsprämie	+ 5 000.–
31.12.	Bildung Rückstellung für Optionen	– 9 000.–
15.02.	Realisierter Kursverlust auf Aktien	–11 000.–
15.02.	Auflösung Rückstellung für Optionen	+ 9 000.–
	Gesamtverlust	– 6 000.–

oder

25.11.	Erhaltene Optionsprämie	+ 5 000.–
15.02.	Realisierter Kursverlust auf Aktien	–11 000.–
	Gesamtverlust	– 6 000.–

Fall 7a Kauf Put-Option auf Aktien (Absicherung)

Ausgangslage

Die Mooser AG erwartet, dass der Kurs der S-Namenaktie sinken wird. Um die erwarteten Kursverluste abzusichern, kauft sie am 11.11.20_1 durch die Bank an der Eurex:

100 Put-Optionskontrakte[1]

Basiswert je Kontrakt	10 S-Namenaktien
Verfall	Februar 20_2 [2]
Ausübungspreis (Basispreis)	CHF 650.–
Optionsprämie (Optionspreis)	CHF 15.–
Total Optionsprämie	100 Kontrakte · 10 Optionen · CHF 15.– = CHF 15 000.–
Kontraktvolumen	100 Kontrakte · 10 Aktien · CHF 650.– = CHF 650 000.–

Die Mooser AG hat die 1 000 S-Namenaktien zum Kaufkurs von CHF 620.– (Buchwert CHF 620 000.–) erfasst.

Gebühren und Bankkommissionen bleiben unberücksichtigt.
Die Konten Kurzfristige Finanzanlagen und Wertschriftenbestand werden zu Kurswerten geführt.

Buchungstatsachen

20_1

11.11.	Bankbelastung der Optionsprämie für 100 Put-Optionskontrakte
31.12.	Abschluss Bewertung zum Marktwert: – Börsenkurs einer Put-Option Februar 20_2 CHF 10.– – Börsenkurs einer S-Namenaktie CHF 645.–

20_2

01.01.	Eröffnung
15.02.	Ausübung der 100 Optionskontrakte; Börsenkurs einer S-Namenaktie CHF 560.–

[1] Ein Put-Optionskontrakt gibt dem Käufer der Option das Recht, dem Verkäufer der Option 10 Basiswerte zum Ausübungspreis zu liefern.
[2] Die Option kann jederzeit während der ganzen Vertragsdauer ausgeübt werden (= Amerikanischer Ausübungsmodus) oder zum aktuellen Börsenkurs verkauft werden (= Glattstellung).

Buchungen

20_1

11.11.	Kurzfr. Finanzanlagen①	/ Bank	15 000.–	Kauf Put-Optionen
31.12.	Finanzaufwand	/ Kurzfr. Finanzanlagen	5 000.–	Nicht realisierter Kursverlust auf Optionen (1 000 · 5.–)③
	Wertschriftenbestand	/ Wertschriftenertrag②	25 000.–	Nicht realisierter Kursgewinn auf Aktien③ (1 000 · [645.– – 620.–])
	Schlussbilanz	/ Kurzfr. Finanzanlagen	10 000.–④	Abschluss (1 000 · 10.–)
	Schlussbilanz	/ Wertschriftenbestand	645 000.–	Abschluss (1 000 · 645.–)

20_2

01.01.	Kurzfr. Finanzanlagen	/ Eröffnungsbilanz	10 000.–	Eröffnung
	Wertschriftenbestand	/ Eröffnungsbilanz	645 000.–	Eröffnung
15.02.	Bank	/ Wertschriftenbestand	650 000.–	Verkauf Aktien (1 000 · 650.–)
	Wertschriftenbestand	/ Wertschriftenertrag②	5 000.–	Realisierter Kursgewinn auf Aktien (1 000 · [650.– – 645.–])
	Finanzaufwand	/ Kurzfr. Finanzanlagen	10 000.–	Abschreibung Optionen

Finanzerfolg

31.12.	Nicht real. Kursverlust auf Optionen	– 5 000.–	
31.12.	Nicht real. Kursgewinn auf Aktien	+25 000.–	(am 15.02. realisiert)
15.02.	Realisierter Kursgewinn auf Aktien	+ 5 000.–	
15.02.	Abschreibung Optionen	–10 000.–	
	Gesamtgewinn	+15 000.–	

oder

11.11.	Bezahlte Optionsprämie	–15 000.–
15.02.	Realisierter Kursgewinn auf Aktien	+30 000.–
	Gesamtgewinn	+15 000.–

① Andere Kontenbezeichnungen: Gekaufte Optionen, Optionen long
② oder Finanzertrag
③ Falls die Bewertung nach dem Niederstwertprinzip für die Einheit (= Sammelbewertung) erfolgt, d. h. der Basiswert und das Absicherungsinstrument werden als Einheit betrachtet, ergibt sich folgende Situation:

	Anschaffungswert	Marktwert	Erfolg
Aktien	620 000.–	645 000.–	+25 000.–
Optionen	15 000.–	10 000.–	– 5 000.–
Total	635 000.–	655 000.–	+20 000.–

Weil der Anschaffungswert des Grund- und Absicherungsgeschäftes zusammen kleiner ist als der Marktwert beider Geschäfte zusammen, müssen beide Geschäfte zusammen zum tieferen Anschaffungswert von CHF 635 000.– bewertet werden. Der nicht realisierte Gewinn von CHF 20 000.– darf nicht verbucht werden.

④ Aktiver Wert

Fall 7b   Verkauf Put-Option auf Aktien (Handel, Spekulation)

Ausgangslage

Die Risk AG erwartet, dass der Kurs der S-Namenaktie steigen wird. Deshalb verkauft (schreibt) sie am 11.11.20_1 durch die Bank an der Eurex:

100 Put-Optionskontrakte	
Basiswert je Kontrakt	10 S-Namenaktien
Verfall	Februar 20_2
Ausübungspreis (Basispreis)	CHF 650.–
Optionsprämie (Optionspreis)	CHF 15.–
Total Optionsprämie	100 Kontrakte · 10 Optionen · CHF 15.– = CHF 15 000.–
Kontraktvolumen	100 Kontrakte · 10 Aktien · CHF 650.– = CHF 650 000.–

Die Risk AG leistet eine Sicherheitsmarge von CHF 80 000.– auf das Margenkonto (Sperrkonto) bei der Bank. Die Sicherheitsmarge dient dazu, eine mögliche Differenz zwischen dem Ausübungspreis und einem tieferen Börsenkurs oder die Kosten der Glattstellung zu decken.

Gebühren und Bankkommissionen bleiben unberücksichtigt.

Variante I: Optionsprämie passivieren [1]
Bewertung beim Abschluss zum Börsenkurs der Option
(= Glattstellungsbewertung)
Glattstellung der Option

Buchungstatsachen

20_1

11.11. a Bankgutschrift der Optionsprämie für 100 Put-Optionskontrakte
       b Übertrag der Sicherheitsmarge vom Kontokorrent auf das Margenkonto

31.12. Abschluss
       Bewertung: Börsenkurs einer Put-Option CHF 17.–

20_2

01.01. Eröffnung

02.02. a Glattstellung[2] aller Optionskontrakte zum Börsenkurs von CHF 60.– je Put-Option
       b Auflösung Margenkonto

---

[1] OR- und FER-konform
[2] Der Optionsverkäufer (Schreiber) kauft 100 identische Put-Optionskontrakte (= identisches Gegengeschäft). Damit neutralisiert er seine Verpflichtungen, d.h. die Titel, die er beziehen muss, kann er zu gleichen Bedingungen aus dem zweiten Geschäft weiterverkaufen. (An der Eurex werden die beiden Geschäfte automatisch miteinander verrechnet, d.h. die offenen Positionen werden geschlossen.)

Buchungen

20_1

11.11.	a	Bank	/ Rückstellung für Optionsgeschäfte ①	15 000.–	Verkauf Put-Optionen (1 000 · 15.–)
	b	Margenkonto	/ Bank	80 000.–	Sicherheitsmarge
31.12.		Finanzaufwand	/ Rückstellung für Optionsgeschäfte	2 000.–	Erhöhung Rückstellung (1 000 · 2.–)
		Rückstellung für Optionsgeschäfte	/ Schlussbilanz	17 000.– ②	Abschluss

20_2

01.01.		Eröffnungsbilanz	/ Rückstellung für Optionsgeschäfte	17 000.–	Eröffnung
02.02.	a	Finanzaufwand	/ Rückstellung für Optionsgeschäfte	43 000.–	Erhöhung Rückstellung (1 000 · 43.–)
		Rückstellung für Optionsgeschäfte	/ Bank	60 000.–	Glattstellung (1 000 · 60.–)
	b	Bank	/ Margenkonto	80 000.–	Aufhebung Sicherheitsmarge

Finanzerfolg

31.12.	Erhöhung Rückstellung für Optionen	– 2 000.–
02.02.	Erhöhung Rückstellung für Optionen	–43 000.–
	Gesamtverlust	–45 000.–

oder

11.11.	Erhaltene Optionsprämie	+15 000.–
02.02.	Ausgaben für die Glattstellung	–60 000.–
	Gesamtverlust	–45 000.–

Variante II: Optionsprämie als Ertrag erfassen ③
Bewertung beim Abschluss aufgrund des Börsenkurses des Basiswertes
(= Ausübungsbewertung) ④
Ausübung der Option

Buchungstatsachen

20_1

11.11. a Bankgutschrift der Optionsprämie für 100 Put-Optionskontrakte
 b Übertrag der Sicherheitsmarge vom Kontokorrent auf das Margenkonto
31.12. Abschluss
 Bewertung: Börsenkurs einer S-Namenaktie CHF 645.–

---

① Andere mögliche Kontenbezeichnungen: Geschriebene Optionen, Optionen short
② Passiver Wert
③ Nur gemäss OR erlaubt.
④ Diese Bewertung wird (in der Regel) angewandt, wenn für die Option kein aktiver Markt und somit auch kein Börsenkurs vorhanden ist.

20_2
01.01. Eröffnung
15.02. a Ausübung der 100 Optionskontrakte durch den Käufer und Zahlung durch den Verkäufer
       b Wegen Liquiditätsproblemen verkauft die Risk AG alle aus dem Optionskontrakt erworbenen Aktien zum Kurs von CHF 560.–.
       c Auflösung Margenkonto

Buchungen

20_1

11.11.	a	Bank	/ Finanzertrag	15 000.–	Verkauf Put-Optionen
	b	Margenkonto	/ Bank	80 000.–	Sicherheitsmarge
31.12.		Finanzaufwand	/ Rückstellung für Optionsgeschäfte	5 000.–	Bildung Rückstellung (1 000 · [650.– – 645.–])
		Rückstellung für Optionsgeschäfte	/ Schlussbilanz	5 000.–[1]	Abschluss

20_2

01.01.		Eröffnungsbilanz	/ Rückstellung für Optionsgeschäfte	5 000.–	Eröffnung
15.02.	a	Kurzfr. Finanzanlagen[2]	/ Bank	650 000.–	Übernahme Aktien (1 000 · 650.–)
	b	Bank	/ Kurzfr. Finanzanlagen[2]	560 000.–	Verkauf Aktien (1 000 · 560.–)
		Finanzaufwand	/ Kurzfr. Finanzanlagen[2]	90 000.–	Realisierter Kursverlust (1 000 · 90.–)
		Rückstellung für Optionsgeschäfte	/ Finanzaufwand	5 000.–	Auflösung Rückstellung
	c	Bank	/ Margenkonto	80 000.–	Aufhebung Sicherheitsmarge

Finanzerfolg

11.11.	Ertrag Optionsprämie	+15 000.–
31.12.	Bildung Rückstellung für Optionen	– 5 000.–
15.02.	Realisierter Kursverlust auf Aktien	–90 000.–
15.02.	Auflösung Rückstellung für Optionen	+ 5 000.–
	Gesamtverlust	–75 000.–

oder

11.11.	Erhaltene Optionsprämie	+15 000.–
15.02.	Realisierter Kursverlust auf Aktien	–90 000.–
	Gesamtverlust	–75 000.–

[1] Passiver Wert
[2] oder Wertschriftenbestand

Fall 8 a **Kauf Call-Option auf Devisen (Spekulation)**

Ausgangslage

Die Devi AG erwartet, dass der Kurs des Euro steigen wird. Deshalb kauft sie am 15.10.20_8 von der Finanz AG eine Call-Option auf Euro[1] zu folgenden Bedingungen:

Call EUR/CHF[2]	
Basiswert	EUR 500 000.–
Verfalltag	25. März 20_9
Ausübungspreis (Strike)	CHF 1.10 je Euro
Optionsprämie	CHF 0.022 je Euro
Total Optionsprämie	CHF 11 000.–
Ausübungsmodus	Europäisch[3], Barabgeltung[4]

Buchungstatsachen

20_8

15.10.	Bankbelastung der Optionsprämie (Die Option wird aktiviert.)
31.12.	Abschluss
	Bewertung: Der EUR-Terminkurs März beträgt CHF 1.11.

20_9

01.01.	Eröffnung
25.03.	Ausübung der Option; Erhalt der Barabgeltung zum Tageskurs von CHF 1.15

---

[1] Bei Devisenoptionen handelt es sich fast ausschliesslich um OTC (over the counter)-Optionen.
[2] Der Käufer der Option hat das Recht, vom Verkäufer der Option EUR 500 000.– zum Ausübungspreis zu kaufen.
[3] Die Option kann nur am Verfalltag ausgeübt werden (= Europäische Usanz). Devisenoptionen haben in der Regel den europäischen Ausübungsmodus.
[4] Statt die Euros zu liefern, zahlt der Verkäufer der Option dem Optionskäufer die Differenz zwischen dem Ausübungspreis und einem allfälligen höheren Tageskurs am Verfalltag aus.

Buchungen

20_8

15.10.	Kurzfr. Finanzanlagen	/ Bank	11 000.–		Kauf Call-Option
31.12.	Finanzaufwand	/ Kurzfr. Finanzanlagen	6 000.–	①	Nicht realisierter Verlust
	Schlussbilanz	/ Kurzfr. Finanzanlagen	5 000.–	②	Abschluss (500 000.– · [1.11 – 1.10])

20_9

01.01.	Kurzfr. Finanzanlagen	/ Eröffnungsbilanz	5 000.–	Eröffnung
25.03.	Bank	/ Finanzertrag	25 000.–	Barabgeltung bzw. Realisierter Gewinn (500 000.– · [1.15 – 1.10])
	Finanzaufwand	/ Kurzfr. Finanzanlagen	5 000.–	Abschreibung Option

Finanzerfolg

31.12.	Nicht realisierter Verlust auf Option	– 6 000.–
25.03.	Realisierter Devisenkursgewinn	+25 000.–
	Abschreibung Option	– 5 000.–
	Gesamtgewinn	**+14 000.–**

oder

15.10.	Bezahlte Optionsprämie	–11 000.–
25.03.	Erhaltene Barabgeltung	+25 000.–
	Gesamtgewinn	**+14 000.–**

Fall 8b   Verkauf Call-Option auf Devisen (Spekulation)

Ausgangslage

Die Finanz AG erwartet, dass der Kurs des Euro gleich bleibt oder sinken wird. Deshalb verkauft sie am 15.10.20_8 an die Devi AG eine Call-Option auf Euro zu folgenden Bedingungen:

Call EUR/CHF	
Basiswert	EUR 500 000.–
Verfalltag	25. März 20_9
Ausübungspreis (Strike)	CHF 1.10 je Euro
Optionsprämie	CHF 0.022 je Euro
Total Optionsprämie	CHF 11 000.–
Ausübungsmodus	Europäisch, Barabgeltung

---

① Optionsprämie – Optionswert beim Abschluss = 11 000.– – 5 000.– = 6 000.–
② Aktiver Wert

Buchungstatsachen

20_8

15.10.	Bankgutschrift der Optionsprämie (Die Prämie wird passiviert.)
31.12.	Abschluss
	Bewertung: Der EUR-Terminkurs März beträgt CHF 1.11.

20_9

01.01.	Eröffnung
25.03.	Ausübung der Option; Zahlung der Barabgeltung zum Tageskurs von CHF 1.15

Buchungen

20_8

Datum	Soll	Haben	Betrag	Bemerkung
15.10.	Bank	/ Rückstellung für Optionsgeschäfte	11 000.–	Verkauf Call-Option
31.12.	Rückstellung für Optionsgeschäfte	/ Finanzertrag	6 000.– [1]	Verminderung Rückstellung
	Rückstellung für Optionsgeschäfte	/ Schlussbilanz	5 000.– [2]	Abschluss

20_9

Datum	Soll	Haben	Betrag	Bemerkung
01.01.	Eröffnungsbilanz	/ Rückstellung für Optionsgeschäfte	5 000.–	Eröffnung
25.03.	Finanzaufwand	/ Bank	25 000.–	Barabgeltung bzw. Realisierter Verlust (500 000.– · 0.05)
	Rückstellung für Optionsgeschäfte	/ Finanzertrag [3]	5 000.–	Auflösung Rückstellung

Finanzerfolg

31.12.	Verminderung Rückstellung		+ 6 000.–
25.03.	Realisierter Devisenkursverlust		− 25 000.–
	Auflösung Rückstellung		+ 5 000.–
	Gesamtverlust		−14 000.–

oder

15.10.	Erhaltene Optionsprämie		+11 000.–
25.03.	Bezahlte Barabgeltung		−25 000.–
	Gesamtverlust		−14 000.–

---

[1] oder gemäss OR keine Buchung. Gründe: Vorsichtsprinzip, Niederstwertprinzip, Option hat keinen Kurswert (OTC).
[2] Passiver Wert
[3] oder Finanzaufwand (Aufwandsminderung)

Fall 9   **Kauf Call-Option auf Devisen (Absicherung)**

Ausgangslage

Die Argos AG erhält am 25. Mai eine Rechnung für importierte Maschinen aus Italien von EUR 400 000.–, zahlbar Ende September. Um das Risiko eines steigenden Euro-Kurses abzusichern, kauft sie von ihrer Bank am 25. Mai eine Call-Option auf Euro zu folgenden Bedingungen:

Call EUR/CHF	
Basiswert	EUR 400 000.–
Verfalltag	30. September
Ausübungspreis (Strike)	CHF 1.01 je Euro
Optionsprämie	CHF 0.02 je Euro
Total Optionsprämie	CHF 8 000.–
Ausübungsmodus	Europäisch, Lieferung

Die Argos AG hat ein Euro-Bankkonto.

Buchungstatsachen

25.05.	Erhalt der Faktura vom italienischen Exporteur
28.05.	Kauf Call-Option; Bankbelastung der Optionsprämie
30.09.	Variante I: Der EUR-Tageskurs beträgt CHF 1.10. Die Option wird ausgeübt.
a	Ausübung der Option
b	Banküberweisung von EUR 400 000.–

Buchungen

Datum		Soll	Haben	CHF	Text
25.05.		Maschinen	/ Verbindlichkeiten aus L + L EUR	404 000.–	Erhalt Faktura (EUR 400 000.– · 1.01)
25.05.		Maschinen	/ Bank CHF	8 000.–	Kauf Option
30.09.	a	Bank EUR	/ Bank CHF	404 000.–	Ausübung der Option (EUR 400 000.– · 1.01)
	b	Verbindlichkeiten aus L + L EUR	/ Bank EUR	404 000.–	Banküberweisung (EUR 400 000.– · 1.01)

Der Anschaffungswert der Maschinen beträgt CHF 412 000.–.

30.09.		Variante II: Der EUR-Tageskurs beträgt CHF 0.98. Die Option wird nicht ausgeübt.
	a	Kauf EUR 400 000.– zum Tageskurs
	b	Banküberweisung von EUR 400 000.–

Buchungen

Datum		Soll	Haben	CHF	Text
30.09.	a	Bank EUR	/ Bank CHF	392 000.–	Kauf EUR (EUR 400 000.– · 0.98)
	b	Verbindlichkeiten aus L + L EUR	/ Bank EUR	392 000.–	Banküberweisung (EUR 400 000.– · 0.98)
		Verbindlichkeiten aus L + L EUR	/ Maschinen	12 000.–	Währungsgewinn (EUR 400 000.– · 0.03)

Der Anschaffungswert der Maschinen beträgt CHF 400 000.–.

Zum Vergleich:
Keine Absicherung des Währungsrisikos

Die Argos AG sichert das Kursrisiko nicht ab, d.h. sie kauft keine Call-Option. Sie erfasst die Rechnung und die Banküberweisung jeweils zum Tageskurs. Dieser beträgt am 25.05.: CHF 1.02 und am 30.09.: CHF 1.10.
Die Argos AG hat kein EUR-Konto bei ihrer Bank.

Buchungen

25.05.	Maschinen	/ Verbindlichkeiten aus L+L EUR	408 000.–	Erhalt Faktura (EUR 400 000.– · 1.02)
30.09.	Verbindlichkeiten aus L+L EUR	/ Bank	440 000.–	Banküberweisung (EUR 400 000.– · 1.10)
	Maschinen	/ Verbindlichkeiten aus L+L EUR	32 000.–	Währungsverlust (EUR 400 000.– · 0.08)

Der Anschaffungswert der Maschinen beträgt CHF 440 000.–.

Fall 10a — Kauf Put-Option auf Devisen (Spekulation)

Ausgangslage

Die Pluto AG erwartet, dass der Kurs des Euro fallen wird. Deshalb kauft sie am 15.10.20_8 von der Finanz AG eine Put-Option auf Euro zu folgenden Bedingungen:

Put EUR/CHF[1]	
Basiswert	EUR 500 000.–
Verfalltag	25. März 20_9
Ausübungspreis (Strike)	CHF 1.10 je Euro
Optionsprämie	CHF 0.022 je Euro
Total Optionsprämie	CHF 11 000.–
Ausübungsmodus	Europäisch, Barabgeltung[2]

---

[1] Der Käufer der Option hat das Recht, dem Verkäufer der Option EUR 500 000.– zum Ausübungspreis zu liefern.
[2] Statt die Euros zu beziehen, zahlt der Verkäufer der Option dem Optionskäufer die Differenz zwischen dem Ausübungspreis und einem allfälligen tieferen Tageskurs am Verfalltag aus.

Buchungstatsachen

20_8

15.10.	Bankbelastung der Optionspräme (Die Option wird aktiviert.)
31.12.	Abschluss Bewertung: Der EUR-Terminkurs März beträgt CHF 1.085.

20_9

01.01.	Eröffnung
25.03.	Ausübung der Option; Erhalt der Barabgeltung zum Tageskurs von CHF 1.08

Buchungen

20_8

15.10.	Kurzfr. Finanzanlagen	/ Bank	11 000.–	Kauf Put-Option
31.12.	Finanzaufwand	/ Kurzfr. Finanzanlagen	3 500.– [1]	Nicht realisierter Verlust
	Schlussbilanz	/ Kurzfr. Finanzanlagen	7 500.– [2]	Abschluss (500 000.– · [1.10 – 1.085])

20_9

01.01.	Kurzfr. Finanzanlagen	/ Eröffnungsbilanz	7 500.–	Eröffnung
25.03.	Bank	/ Finanzertrag	10 000.–	Barabgeltung bzw. Realisierter Gewinn (500 000.– · [1.10 – 1.08])
	Finanzaufwand	/ Kurzfr. Finanzanlagen	7 500.–	Abschreibung Option

Finanzerfolg

31.12.	Nicht realisierter Verlust auf Option	– 3 500.–
25.03.	Realisierter Devisenkursgewinn	+10 000.–
	Abschreibung Option	– 7 500.–
	Gesamtverlust	– 1 000.–

oder

15.10.	Bezahlte Optionsprämie	–11 000.–
25.03.	Erhaltene Barabgeltung	+10 000.–
	Gesamtverlust	– 1 000.–

Falls die Option nicht ausgeführt wird, entsteht ein Gesamtverlust von 11 000.– (= Optionsprämie).

---

[1] Optionsprämie – Optionswert beim Abschluss = 11 000.– – 7 500.– = 3 500.–
[2] Aktiver Wert

Fall 10 b **Verkauf Put-Option auf Devisen (Spekulation)**

Ausgangslage

Die Finanz AG erwartet, dass der Kurs des Euro gleich bleibt oder steigen wird. Deshalb verkauft sie am 15.10.20_8 an die Pluto AG eine Put-Option auf Euro zu folgenden Bedingungen:

Put EUR/CHF	
Basiswert	EUR 500 000.–
Verfalltag	25. März 20_9
Ausübungspreis (Strike)	CHF 1.10 je Euro
Optionsprämie	CHF 0.022 je Euro
Total Optionsprämie	CHF 11 000.–
Ausübungsmodus	Europäisch, Barabgeltung

Buchungstatsachen

20_8

15.10.	Bankgutschrift der Optionsprämie (Die Prämie wird passiviert.)
31.12.	Abschluss Bewertung: Der EUR-Terminkurs März beträgt CHF 1.085.

20_9

01.01.	Eröffnung
25.03.	Ausübung der Option; Zahlung der Barabgeltung zum Tageskurs von CHF 1.08

Buchungen

20_8

Datum	Soll	Haben	Betrag	Bemerkung
15.10.	Bank	/ Rückstellung für Optionsgeschäfte	11 000.–	Verkauf Put-Option
31.12.	Rückstellung für Optionsgeschäfte	/ Finanzertrag	3 500.–①	Verminderung Rückstellung
	Rückstellung für Optionsgeschäfte	/ Schlussbilanz	7 500.–②	Abschluss

20_9

Datum	Soll	Haben	Betrag	Bemerkung
01.01.	Eröffnungsbilanz	/ Rückstellung für Optionsgeschäfte	7 500.–	Eröffnung
25.03.	Finanzaufwand	/ Bank	10 000.–	Barabgeltung bzw. Realisierter Verlust (500 000.– · 0.02)
	Rückstellung für Optionsgeschäfte	/ Finanzertrag③	7 500.–	Auflösung Rückstellung

① oder gemäss OR keine Buchung. Gründe: Vorsichtsprinzip, Niederstwertprinzip, Option hat keinen Kurswert (OTC).
② Passiver Wert
③ oder Finanzaufwand (Aufwandsminderung)

Finanzerfolg

31.12.	Verminderung Rückstellung	+ 3 500.–
25.03.	Realisierter Devisenkursverlust	– 10 000.–
	Auflösung Rückstellung	+ 7 500.–
	Gesamtgewinn	**+ 1 000.–**

oder

15.10.	Erhaltene Optionsprämie	+11 000.–
25.03.	Bezahlte Barabgeltung	– 10 000.–
	Gesamtgewinn	**+ 1 000.–**

Fall 11 Kauf Put-Option auf Devisen (Absicherung)

Ausgangslage

Die Tugium AG liefert am 15. August Apparate nach Österreich und fakturiert EUR 260 000.–, zahlbar am 15. November. Um das Risiko eines fallenden Euro-Kurses abzusichern, kauft sie von ihrer Bank am 15. August eine Put-Option auf Euro zu folgenden Bedingungen:

Put EUR/CHF	
Basiswert	EUR 260 000.–
Verfalltag	20. November
Ausübungspreis (Strike)	CHF 1.08 je Euro
Optionsprämie	CHF 0.02 je Euro
Total Optionsprämie	CHF 5 200.–
Ausübungsmodus	Europäisch, Lieferung

Die Tugium AG hat ein EUR-Bankkonto.

Buchungstatsachen

15.08.	Versand der Produkte und der Faktura
15.08.	Kauf Put-Option; Bankbelastung der Optionsprämie
20.11.	Variante I: Der EUR-Tageskurs beträgt CHF 1.01. Die Option wird ausgeübt.
	a Banküberweisung des österreichischen Kunden von EUR 260 000.–[1]
	b Ausübung der Option

---

[1] Annahme: Die Überweisung erfolgt zwischen dem 15.11. und dem 20.11. Sie wird aber erst am 20.11. verbucht, weil erst dann der endgültige Devisenkurs bekannt ist.

Buchungen

				CHF	
15.08.	Forderungen aus L+L	/ Produktionsertrag		280 800.–	Versand Faktura (EUR 260 000.– · 1.08)
15.08.	Produktionsertrag	/ Bank CHF		5 200.–	Kauf Option
20.11. a	Bank EUR	/ Forderungen aus L+L		280 800.–	Banküberweisung (EUR 260 000.– · 1.08)
b	Bank CHF	/ Bank EUR		280 800.–	Ausübung der Option (EUR 260 000.– · 1.08)

Der Gesamtertrag beträgt CHF 275 600.–.

20.11. **Variante II: Der EUR-Tageskurs beträgt CHF 1.15. Die Option wird nicht ausgeübt.**
  a Banküberweisung des österreichischen Kunden von EUR 260 000.– ①
  b Verkauf EUR 260 000.– zum Tageskurs

Buchungen

20.11. a	Bank EUR	/ Forderungen aus L+L		299 000.–	Banküberweisung (EUR 260 000.– · 1.15)
	Forderungen aus L+L	/ Produktionsertrag ②		18 200.–	Währungsgewinn (EUR 260 000.– · 0.07)
b	Bank CHF	/ Bank EUR		299 000.–	Verkauf EUR (EUR 260 000.– · 1.15)

Der Gesamtertrag beträgt CHF 293 800.–.

Zum Vergleich:
Keine Absicherung des Währungsrisikos

Die Tugium AG sichert das Kursrisiko nicht ab, d.h. sie kauft keine Put-Option. Sie erfasst die Rechnung und die Banküberweisung jeweils zum Tageskurs. Diese betragen am 15.08.: CHF 1.09 und am 20.11.: CHF 1.03.
Die Tugium AG hat kein EUR-Konto bei ihrer Bank.

Buchungen

15.08.	Forderungen aus L+L	/ Produktionsertrag		283 400.–	Versand Faktura (EUR 260 000.– · 1.09)
20.11.	Bank	/ Forderungen aus L+L		267 800.–	Banküberweisung (EUR 260 000.– · 1.03)
	Produktionsertrag ③	/ Forderungen aus L+L		15 600.–	Währungsverlust (EUR 260 000.– · 0.06)

Der Gesamtertrag beträgt CHF 267 800.–.

① Annahme: Die Überweisung erfolgt zwischen dem 15.11. und dem 20.11. Sie wird aber erst am 20.11. verbucht, weil erst dann der endgültige Devisenkurs bekannt ist.
② oder Devisenkursgewinn bzw. Finanzertrag
③ oder Devisenkursverlust bzw. Finanzaufwand

Fall 12 — Verkauf SMI-Futures (Absicherung)

Ausgangslage

Am 01.04.20_1 hat die Know AG verschiedene kotierte Schweizer Aktien zum Kurswert von CHF 900 000.– gekauft.
Am 31.12.20_1 haben diese Wertschriften einen Kurswert von CHF 1 000 000.–, und der Swiss Market Index (SMI) steht auf 6 930 Punkten.
Die Know AG befürchtet einen allgemeinen Kursrückgang und damit einen Verlust der bisherigen Buchgewinne. Um sich gegen dieses Risiko abzusichern, entschliesst sie sich, die ganze Position mit dem Verkauf von SMI-Futures [1] abzusichern.
Das Konto Wertschriftenbestand wird zu Kurswerten geführt.
Gebühren und Bankkommissionen bleiben unberücksichtigt.

Buchungstatsachen

20_1

01.04.	Aktienkauf	
31.12.	Abschluss	
	Bewertung der Wertschriften zum Marktwert	

20_2

01.01.		Eröffnung	
03.01.		Absicherung der Buchgewinne von CHF 100 000.–:	
	a	Terminverkauf 18 SMI Financial Futures-Kontrakte [2] auf Ende April zum Kurs von 6 930 Punkten	
	b	Übertrag der Sicherheitsmarge (Einschussmarge bei Vertragsabschluss) von CHF 2 500.– je Kontrakt vom Kontokorrent auf das Margenkonto	
15.03.	a	Verkauf aller Wertschriften zum Gesamtpreis von CHF 840 000.–	
	b	Glattstellung durch Kauf auf Ende April 18 SMI Financial Futures-Kontrakte zum Kurs von 5 855 Punkten	
		Realisierter Gewinn mit SMI-Futures	CHF 193 500.– [3]
	c	Rückerstattung der geleisteten Marge	CHF 45 000.–

[1] Der SMI erfasst rund 30 an der Schweizer Börse kotierte Beteiligungspapiere. An der Eurex können auf den SMI Options- oder Futureskontrakte abgeschlossen werden.
Ein Indexpunkt entspricht CHF 10.–. Der Verkäufer erhält vom Käufer für jeden Punkt, um den der Index unter den vereinbarten Stand fällt CHF 10.– (umgekehrt, wenn der Index steigt).
Jede Partei kann während der Kontraktdauer jederzeit den aufgelaufenen Erfolg realisieren, indem sie die Position mit einem gegenteiligen Geschäft ausgleicht (glatt stellt).

[2] – Berechnung der Anzahl zu verkaufender Kontrakte:
Annahme: Der Beta-Faktor des abzusichernden Wertschriftenportefeuilles beträgt 1,25.

Hedge Ratio: $\dfrac{\text{CHF } 1\,000\,000.-}{6\,930 \text{ Punkte} \cdot \text{CHF } 10.-} \cdot 1{,}25 = 18{,}04 \cong 18$ Kontrakte

– Der Beta-Faktor ist der Massstab für die Veränderung des Kurses einer Aktie im Verhältnis zur Kursschwankung des gesamten Aktienmarkts, ausgedrückt durch einen Aktienindex.
Ein Beta-Faktor von 0,5 bedeutet beispielsweise, dass eine Kursschwankung am gesamten Markt gemäss Index von 10 Prozent nur eine Veränderung des entsprechenden Aktienwerts um 5 Prozent bewirkt.
Beta-Faktor > 1 bedeutet, dass der Kurs eines Titels grössere Schwankungen hat als der Index.
Beta-Faktor < 1 bedeutet, dass der Kurs eines Titels kleinere Schwankungen hat als der Index.

[3] Der ausbezahlte Gewinn wird in diesem Beispiel kumuliert verbucht (18 · [6 930 – 5 855] · CHF 10.– = CHF 193 500.–).
Die Futures-Kontrakte werden täglich zu Marktpreisen bewertet. In der Praxis werden die Gewinne und Verluste täglich gutgeschrieben bzw. belastet.

Buchungen

20_1

01.04.	Wertschriftenbestand	/ Bank	900 000.–	Aktienkauf	
31.12.	Wertschriftenbestand	/ Wertschriftenertrag [1]	100 000.–	Nicht realisierter Wertschriftengewinn	
	Schlussbilanz	/ Wertschriftenbestand	1 000 000.–	Abschluss	
	Wertschriftenertrag	/ Erfolgsrechnung	100 000.–	Abschluss	

20_2

01.01.		Wertschriftenbestand	/ Eröffnungsbilanz	1 000 000.–	Eröffnung
03.01.	a	Keine Buchung			Schwebendes Geschäft
	b	Margenkonto	/ Bank	45 000.–	Einschussmarge
15.03.	a	Bank	/ Wertschriftenbestand	840 000.–	Aktienverkauf
		Wertschriftenaufwand [2]	/ Wertschriftenbestand	160 000.–	Wertschriftenverlust
	b	Bank	/ Finanzertrag	193 500.–	Realisierter Futuresgewinn
	c	Bank	/ Margenkonto	45 000.–	Rückerstattung Einschussmarge

Finanzerfolg 20_2

15.03.	Verlust auf Wertschriften	−160 000.–
15.03.	Realisierter Gewinn auf SMI-Futures	+193 500.–
	Gesamtgewinn	+ 33 500.–

Ohne Absicherung hätte sich für die Know AG ein Verlust von CHF 160 000.– ergeben (CHF 1 000 000.– − CHF 840 000.–).

[1] oder Finanzertrag
[2] oder Finanzaufwand

Fall 13 — Kauf Call-Option auf den SMI-Index (Handel, Spekulation)

Ausgangslage

Die Bull GmbH erwartet, dass die Schweizer Aktienkurse in den nächsten Monaten steigen werden. Deshalb kauft sie am 20.11.20_1 durch die Bank an der Eurex:

5 Call-Optionskontrakte	
Basiswert je Kontrakt	CHF 10.– je Indexpunkt[1] des SMI
Verfall	März 20_2[2]
Ausübungspreis (Basispreis)	Index 6 000 Punkte
Optionsprämie (Optionspreis)	CHF 300.–
Total Optionsprämie	5 Kontrakte · 10 Optionen · CHF 300.– = CHF 15 000.–
Kontraktvolumen	5 Kontrakte · 6 000 Punkte · CHF 10.– = CHF 300 000.–

Gebühren und Bankkommissionen bleiben unberücksichtigt.

Buchungstatsachen

20_1

20.11. Bankbelastung der Optionsprämie für 5 SMI Call-Optionskontrakte

31.12. Abschluss
Da der SMI gesunken ist, beträgt der Börsenkurs einer Call-Option CHF 260.–.

20_2

01.01. Eröffnung

Variante I: Verkauf vor dem Verfalltag[3]

15.02. Die Bull GmbH verkauft alle Optionen an der Eurex zum Kurs von CHF 330.– je Option.

Variante II: Ausübung am Verfalltag (Barausgleich)[2]

17.03. Der SMI-Indexstand beträgt bei Verfall 6 400 Punkte. Alle Optionen werden ausgeübt.

---

[1] Ein SMI Call-Optionskontrakt gibt dem Käufer bei Verfall das Recht, vom Verkäufer je gestiegenen Indexpunkt CHF 10.– zu verlangen (= Barausgleich). Falls sich der Index bei Verfall beim oder unter dem Ausübungspreis befindet, verfallen die Optionen wertlos.
[2] Die Option kann nur am Ende der Vertragsdauer ausgeübt werden (= Europäischer Ausübungsmodus).
[3] Die Option kann aber während der ganzen Vertragsdauer zum aktuellen Börsenkurs verkauft werden (= Glattstellung).

Buchungen

20_1

Datum	Soll	Haben	Betrag	Bemerkung
20.11.	Kurzfr. Finanzanlagen①	/ Bank	15 000.–	Kauf Call-Optionen
31.12.	Finanzaufwand	/ Kurzfr. Finanzanlagen	2 000.–	Nicht realisierter Kursverlust (5 · 10 · 40.–)
	Schlussbilanz	/ Kurzfr. Finanzanlagen	13 000.–②	Abschluss

20_2

Datum	Soll	Haben	Betrag	Bemerkung
01.01.	Kurzfr. Finanzanlagen	/ Eröffnungsbilanz	13 000.–	Eröffnung

Variante I

Datum	Soll	Haben	Betrag	Bemerkung
15.02.	Bank	/ Kurzfr. Finanzanlagen	16 500.–	Verkauf Call-Optionen (5 · 10 · 330.–)
	Kurzfr. Finanzanlagen	/ Finanzertrag	3 500.–	Realisierter Kursgewinn (5 · 10 · 70.–)

Variante II

Datum	Soll	Haben	Betrag	Bemerkung
17.03.	Bank	/ Kurzfr. Finanzanlagen	20 000.–	Ausübung Call-Optionen (5 · 400 P. · 10.–)
	Kurzfr. Finanzanlagen	/ Finanzertrag	7 000.–	Realisierter Kursgewinn

	Finanzerfolg	Variante I	Variante II
31.12.	Nicht realisierter Kursverlust auf Optionen	– 2 000.– (am 15.02. realisiert)	– 2 000.– (am 17.03. realisiert)
15.02.	Realisierter Kursgewinn auf Optionen	+ 3 500.–	
17.03.	Realisierter Kursgewinn auf Optionen		+ 7 000.–
	Gesamtgewinn	+ 1 500.–	+ 5 000.–
oder			
21.11.	Kauf Optionen	–15 000.–	–15 000.–
15.02.	Verkauf Optionen	+16 500.–	
17.03.	Ausübung Optionen		+20 000.–
	Gesamtgewinn	+ 1 500.–	+ 5 000.–

① Andere mögliche Kontenbezeichnungen: Gekaufte Optionen, Optionen long
② Aktiver Wert

Fall 14 — Kauf Put-Option auf den SMI-Index (Absicherung)

Ausgangslage

Die Bär AG erwartet, dass die Schweizer Aktienkurse in den nächsten Monaten sinken werden. Sie besitzt Aktien von verschiedenen Schweizer Unternehmen im Gesamtanschaffungswert von CHF 900 000.–. Dieser Wert ist auch der Buchwert. Um sich gegen das Kursrisiko abzusichern, kauft sie am 20. 11. 20_1 durch die Bank an der Eurex:

17 Put-Optionskontrakte	
Basiswert je Kontrakt	CHF 10.– je Indexpunkt[1] des SMI
Verfall	März 20_2 [2]
Ausübungspreis (Basispreis)	Index 5 900 Punkte
Optionsprämie (Optionspreis)	CHF 320.–
Total Optionsprämie	17 Kontrakte · 10 Optionen · CHF 320.– = CHF 54 400.–
Kontraktvolumen	17 Kontrakte · 5900 Punkte · CHF 10.– = CHF 1 003 000.–

Gebühren und Bankkommissionen bleiben unberücksichtigt.

Buchungstatsachen

20_1

20. 11. Bankbelastung der Optionsprämie für 17 SMI Put-Optionskontrakte

31. 12. Abschluss
Da der SMI gesunken ist, beträgt der Börsenkurs einer Put-Option CHF 450.–.
Der Kurswert der Aktien ist auf CHF 880 000.– gefallen.

Variante I: Bewertung zu Marktwerten (= aktuellen Werten)

Variante II: Bewertung nach dem Niederstwertprinzip für die Einheit (= Sammelbewertung)

20_2

01. 01. Eröffnung

10. 03. Verkauf der Put-Optionen zum Kurs von CHF 410.– je Option
Verkauf aller Aktien zum Kurswert von CHF 886 000.–

---

[1] Ein SMI Put-Optionskontrakt gibt dem Käufer bei Verfall das Recht, vom Verkäufer je gefallenen Indexpunkt CHF 10.– zu verlangen (= Barausgleich). Falls sich der Index bei Verfall beim oder über dem Ausübungspreis befindet, verfallen die Optionen wertlos.

[2] Die Option kann nur am Ende der Vertragsdauer ausgeübt werden (= Europäischer Ausübungsmodus). Sie kann jedoch während der ganzen Vertragsdauer zum aktuellen Börsenkurs verkauft werden (= Glattstellung).

Buchungen

Variante I

20_1

20.11.	Kurzfr. Finanzanlagen①	/ Bank	54 400.–	Kauf Put-Optionen
31.12.	Kurzfr. Finanzanlagen	/ Finanzertrag	22 100.–	Nicht realisierter Kursgewinn auf Optionen (17 · 10 · 130.–)
	Wertschriftenaufwand②	/ Wertschriftenbestand	20 000.–	Nicht realisierter Kursverlust auf Aktien
	Schlussbilanz	/ Kurzfr. Finanzanlagen	76 500.–③	Abschluss
	Schlussbilanz	/ Wertschriftenbestand	880 000.–	Abschluss

20_2

01.01.	Kurzfr. Finanzanlagen	/ Eröffnungsbilanz	76 500.–	Eröffnung
	Wertschriftenbestand	/ Eröffnungsbilanz	880 000.–	Eröffnung
10.03.	Bank	/ Kurzfr. Finanzanlagen	69 700.–	(17 · 10 · 410.–)
	Finanzaufwand	/ Kurzfr. Finanzanlagen	6 800.–	Realisierter Kursverlust auf Optionen (17 · 10 · 40.–)
	Bank	/ Wertschriftenbestand	886 000.–	
	Wertschriftenbestand	/ Wertschriftenertrag④	6 000.–	Realisierter Kursgewinn auf Aktien

Finanzerfolg

31.12.	Nicht realisierter Gewinn auf Optionen	+22 100.–
	Nicht realisierter Verlust auf Aktien	−20 000.–
10.03.	Realisierter Verlust auf Optionen	− 6 800.–
	Realisierter Gewinn auf Aktien	+ 6 000.–
	Gesamtgewinn	+ 1 300.–

Ohne Absicherung hätte sich ein Verlust von CHF 14 000.– (CHF 900 000.– – CHF 886 000.–) ergeben.

---

① Andere mögliche Kontenbezeichnungen: Gekaufte Optionen, Optionen long
② oder Finanzaufwand
③ Aktiver Wert
④ oder Finanzertrag

Variante II

20_1

20.11.	Kurzfr. Finanzanlagen	/ Bank	54 400.–
31.12.	Die Bewertung erfolgt nach dem Niederstwertprinzip für die Einheit (= Sammelbewertung), d.h. der Basiswert und das Absicherungsinstrument werden als eine Einheit betrachtet. Dies ergibt folgende Situation:		

	Anschaffungswert	Marktwert	Erfolg
Aktien	900 000.–	880 000.–	–20 000.–
Optionen	54 400.–	76 500.–	+22 100.–
Total	954 400.–	956 500.–	+ 2 100.–

Weil aus der Sammelbewertung ein nicht realisierter Gewinn von CHF 2 100.– entsteht, darf gemäss Niederstwertprinzip dieser Gewinn nicht verbucht werden.

Wertschriftenaufwand [1]	/ Wertschriftenbestand	20 000.– [2]	
Kurzfr. Finanzanlagen	/ Finanzertrag	20 000.– [2]	(22 100.– – 2 100.–)
Schlussbilanz	/ Wertschriftenbestand	880 000.–	
Schlussbilanz	/ Kurzfr. Finanzanlagen	74 400.– [3]	

20_2

01.01.	Wertschriftenbestand	/ Eröffnungsbilanz	880 000.–	
	Kurzfr. Finanzanlagen	/ Eröffnungsbilanz	74 400.–	
10.03.	Bank	/ Kurzfr. Finanzanlagen	69 700.–	(17 · 10 · 410.–)
	Finanzaufwand	/ Kurzfr. Finanzanlagen	4 700.–	(74 400.– – 69 700.–)
	Bank	/ Wertschriftenbestand	886 000.–	
	Wertschriftenbestand	/ Wertschriftenertrag [4]	6 000.–	

Finanzerfolg

31.12.	Nicht realisierter Verlust auf Aktien	–20 000.–
	Nicht realisierter Gewinn auf Optionen	+20 000.–
10.03.	Realisierter Verlust auf Optionen	– 4 700.–
	Realisierter Gewinn auf Aktien	+ 6 000.–
	Gesamtgewinn	+ 1 300.–

[1] oder Finanzaufwand
[2] Falls der Basiswert und das Absicherungsinstrument auf dem gleichen Aktivkonto, z.B. Wertschriftenbestand oder Kurzfristige Finanzanlagen, erfasst werden, entfallen diese Buchungen.
[3] Aktiver Wert
[4] oder Finanzertrag

7 Vorsorgeeinrichtungen (VE)

71 Vorsorgekonzept und gesetzliche Grundlagen

Die Alters-, Hinterlassenen- und Invalidenvorsorge beruht auf dem Dreisäulen-Prinzip (= Vorsorgekonzept).

	Erste Säule Staatliche Vorsorge	Zweite Säule Berufliche Vorsorge		Dritte Säule Selbstvorsorge	
	AHV/IV	Obligatorische, gemäss BVG①	Ausserobligatorische②	Gebundene, gemäss BVV③	Freie
Ziel	Existenzsicherung	Sicherung der gewohnten Lebenshaltung zusammen mit der ersten Säule		Befriedigung individueller Bedürfnisse	
Träger	Staat	Personalvorsorgeeinrichtungen (PVE) der Arbeitgeber		Banken, Versicherungsgesellschaften	Verschiedene nach freier Wahl
Leistungen	Renten, Wiedereingliederungsmassnahmen	Renten oder Kapitalauszahlungen			

Wichtige gesetzliche Grundlagen der beruflichen Vorsorge

Bundesverfassung
- Art. 113/Dreisäulenprinzip

Bundesgesetze
- Bundesgesetz über die berufliche Vorsorge (Berufsvorsorgegesetz = BVG) und Verordnungen (Berufsvorsorgeverordnungen = BVV)
- Bundesgesetz und Verordnung über die Freizügigkeit in der beruflichen Vorsorge (Freizügigkeitsgesetz = FZG)
- Bundesgesetz und Verordnung über die Wohneigentumsförderung (WEF) mit Mitteln der beruflichen Vorsorge
- ZGB, Stiftung Art. 80ff., Personalvorsorgestiftungen 89a
- OR, Arbeitsvertrag Art. 331ff.

Kantonale Erlasse

① Bundesgesetz über die berufliche Vorsorge
② Vor- und überobligatorisch bzw. weitergehend
③ Berufsvorsorgeverordnung 3

72 Arten von Vorsorgeeinrichtungen

Rechtsform

Folgende drei Rechtsformen sind möglich:

Genossenschaft (OR 828ff.)	Stiftung (ZGB 80ff.)	Einrichtung des öffentlichen Rechts
Selten	Häufigste Rechtsform	Für Bundes-, Kantons- und Gemeindepersonal

Unternehmenseigene Stiftung	Sammel- oder Gemeinschaftsstiftung
Für grössere Unternehmen	Kleinere Unternehmen können sich einer Sammel- oder Gemeinschaftsstiftung anschliessen, die von Banken, Lebensversicherungsgesellschaften und Branchenverbänden geführt werden.

Leistungsumfang und Registrierung

	BVG-Minimaleinrichtungen	Umhüllende Einrichtungen	Komplementäre Einrichtungen
Leistung	Erbringen nur die obligatorischen Minimalleistungen gemäss BVG.	Erbringen neben dem Minimum zusätzlich freiwillige Leistungen im vor- [1] und überobligatorischen Bereich [2].	Erbringen nur Leistungen im vor- und überobligatorischen Bereich [2]. (Neben einer solchen VE muss der Arbeitgeber mindestens eine BVG-Minimaleinrichtung führen oder sich einer solchen anschliessen [= Splitting]).
Grafik	Minimum	vor- und Minimum überobligatorisch	vor- und überobligatorisch
Finanzierung	Mit Arbeitgeber- und Arbeitnehmerbeiträgen. Gemäss BVG und OR muss der Beitrag des Arbeitgebers mindestens gleich hoch sein wie die gesamten Arbeitnehmerbeiträge. Die Erträge der Vermögensanlage der VE dienen ebenfalls der Finanzierung.		Nur mit Arbeitgeberbeiträgen = Patronale Stiftungen [3]
Registrierung	Müssen sich in das öffentliche Register für berufliche Vorsorge eintragen (= registrierte VE).		Werden nicht öffentlich registriert.

[1] Die berufliche Vorsorge ist erst seit 1985 obligatorisch.
[2] Wird auch weitergehender Bereich genannt.
[3] Beinhalten oft keine festen Rechtsansprüche der Arbeitnehmer. Der Stiftungszweck ist allgemein gehalten und die Leistungen (z. B. Hilfe bei Krankheit, Unfall, Arbeitslosigkeit, Finanzierung von Einrichtungen für das Personal) liegen im Ermessen des Stiftungsrates.

Beitrags- und Leistungsprimat

Beitragsprimat	Leistungsprimat
Beim Beitragsprimat werden die Beiträge der Versicherten festgelegt. Die Leistung der VE (Renten, Kapitalabfindung) richtet sich nach den angesammelten Beiträgen samt Zins.	Beim Leistungsprimat wird die Leistung der VE festgelegt (z. B. Rente = 60 % des letzten Gehaltes). Die Beiträge der Versicherten richten sich nach der festgelegten Leistung.
Die Beiträge bestimmen die Leistung.	Die Leistung bestimmt die Beiträge.

Vorsorgekapital

Eine PVE muss für ihre Mitglieder systematisch Vorsorgekapital äufnen. Das Vorsorgekapital hat verschiedene Funktionen:

Sparfunktion
Für jedes Mitglied soll beim Altersrücktritt ein Sparkapital (= Altersguthaben) zur Verfügung stehen.

Risikofunktion
Für jedes Mitglied sollen zudem folgende Risiken versichert werden:
– Todesfall- bzw. Hinterlassenenrisiko
– Invaliditätsrisiko
– Altersrisiko bzw. Langleberisiko, d. h. Sicherstellung, dass Altersrenten lebenslänglich ausbezahlt werden können.

Risikoträgerformen

Je nachdem, welche Risiken die VE selber übernimmt, werden folgende Arten der Risikodeckung unterschieden:

	Autonome VE	Teilautonome VE		Nicht autonome VE
Arten	Mit und ohne Rückversicherung	Die Altersrenten werden durch die VE sichergestellt.	eine Versicherungs-gesellschaft sichergestellt. ① ②	Kollektivversicherung
Risiko-funktion	Die VE übernimmt alle drei Risiken auf eigene Rechnung und Gefahr.	Die VE übernimmt das Altersrisiko. Die restlichen Risiken überträgt sie ganz oder zum Teil einer Versicherungs-gesellschaft.	Die VE überträgt alle drei Risiken einer Versicherungsgesell-schaft.	Die VE überträgt alle drei Risiken an eine Versicherungsgesell-schaft.
Sparfunktion	Die VE äufnet und verwaltet das Sparkapital der Aktivversicherten ③ und ist für die Vermögensanlage zuständig.			Die Versicherungs-gesellschaft über-nimmt auch die Äufnung, Verwaltung und Anlage des Sparkapitals.

Kombinierte Spar-, Ver-sicherungs-einrichtungen	Das Vorsorgekapital besteht aus dem Sparkapital der Aktivversicherten und dem Deckungskapital ④ für Rentner. (Beitragsprimatkassen sind in der Regel so organisiert.)		Das Vorsorgekapital besteht nur aus dem Sparkapital der Aktivversicherten.
Reine Ver-sicherungs-einrichtungen	Das Vorsorgekapital besteht aus dem Deckungskapital für die Aktivversicherten und dem Deckungskapital für Rentner. (Leistungsprimatkassen sind so organisiert.)		

① Zu dieser Gruppe von VE gehören auch die Spareinrichtungen mit Risikoversicherung.
② Wenn der Aktivversicherte das Pensionsalter erreicht hat, übergibt die VE das Sparkapital der Versicherungsgesellschaft, die dann die Altersrenten auszahlt.
③ = Beitragszahler
④ Das Deckungskapital ist eine versicherungstechnische Rückstellung zur Finanzierung zukünftiger Leistungen.

73 Das BVG im Überblick

Das BVG (Berufsvorsorgegesetz) regelt die obligatorische Minimalvorsorge und die Organisation der beruflichen Vorsorge.

Wichtige Bestimmungen (Stand 1.1.2015):

Zu versichernde Personen	Obligatorisch zu versichern sind alle AHV-pflichtigen Arbeitnehmer mit einem AHV-Jahreslohn [1] von mehr als Fr. 21 150.– (= $^6/_8$ der einfachen maximalen AHV-Altersrente von Fr. 28 200.–) – ab 1. Januar nach Vollendung des 17. Altersjahrs mindestens für die Risiken Tod und Invalidität – spätestens ab 1. Januar nach Vollendung des 24. Altersjahrs zusätzlich für das Alter.
Zu versichernder Jahreslohn	Obligatorisch zu versichern ist der Lohnteil zwischen Fr. 24 675.– (= $^7/_8$ der einfachen maximalen AHV-Altersrente = Koordinationsabzug) und maximal Fr. 84 600.– (= dreifache maximale AHV-Altersrente). AHV-Jahreslohn Obere Grenze Fr. 84 600.– ↑ Darüber kann freiwillig versichert werden. Obligatorisch zu versichernder Lohnteil = koordinierter Lohn = maximal Fr. 59 925.– im Jahr $^8/_8$ Einfache max. AHV-Rente Fr. 28 200.– $^7/_8$ Koordinationsabzug Fr. 24 675.– = Untere Grenze Minimallohn Fr. 21 150.– $^6/_8$ Darunter kann freiwillig versichert werden. Beträgt der koordinierte Lohn weniger als Fr. 3 525.– im Jahr (= $^1/_8$ der maximalen AHV-Altersrente bzw. 28 200.– – 24 675.–), so wird auf Fr. 3 525.– aufgerundet. D. h. für alle Jahreslöhne zwischen Fr. 21 150.– (= $^6/_8$ der maximalen AHV-Altersrente) und Fr. 28 200.– (= maximale einfache AHV-Altersrente) beträgt der versicherbare BVG-Jahreslohn Fr. 3 525.–.

[1] Entspricht dem für die AHV-Abrechnung massgebenden Bruttojahreslohn.

Versicherungsleistungen		Beim Altersrücktritt	Bei Invalidität	Im Todesfall
	Rentenart	Altersrente ab ordentlichem Rentenalter ①	Invalidenrente	Hinterlassenenrente
	Berechnung (nach Beitragsprimat)	Die Jahresrente beträgt zurzeit mindestens 6,8 % des beim Altersrücktritt vorhandenen Altersguthabens. Dieses setzt sich wie folgt zusammen: – Summe der Altersgutschriften samt Zins – Eingebrachte Freizügigkeitsleistungen samt Zins – Freiwillige Einlagen samt Zins	des massgebenden Altersguthabens. Dieses setzt sich wie folgt zusammen: – Vorhandenes Altersguthaben zu Beginn des Anspruchs auf Invalidenrente – Summe der fehlenden Altersgutschriften ohne Zins bis zum ordentlichen Rentenalter	Witwenrente bzw. Witwerrente = 60 % Waisenrente = 20 % der Invaliden- bzw. Altersrente
Leistungszahlungen		Alters-, Invaliden- und Hinterlassenenleistungen werden in der Regel als monatliche Renten ausgerichtet. Der Versicherte kann verlangen, dass ihm ¼ seines Altersguthabens als Kapitalabfindung ausbezahlt wird. Das Reglement der VE kann vorsehen, dass der Berechtigte anstelle einer Rente eine Kapitalabfindung verlangen kann.		

Beiträge/ Finanzierung		Die Arbeitgeber- und Arbeitnehmerbeiträge zusammen dienen zur Finanzierung
		 – der Altersgutschriften
		   (zwischen 7 und 18 % des koordinierten Lohns ②, je nach Alter)
		 – der Versicherungsrisiken Alter, Invalidität und Tod
		   (ca. 2 bis 4 % des koordinierten Lohns)
		 – des Beitrags an den Sicherheitsfonds ③
		 – des Verwaltungsaufwandes der VE.		

① Das ordentliche Rentenalter beträgt für Männer 65 Jahre für Frauen 64 Jahre.
② Im überobligatorischen Bereich sind die VE in der reglementarischen Festsetzung der Beiträge und der Leistungen frei.
③ Gemäss Verordnung über den Sicherheitsfonds

Altersgutschriften	Beitragsstaffel (Mindestsätze):
	<table><tr><th>Alter</th><th>Altersgutschrift in % des koordinierten Lohns</th></tr><tr><td>18–24</td><td>0</td></tr><tr><td>25–34</td><td>7</td></tr><tr><td>35–44</td><td>10</td></tr><tr><td>45–54</td><td>15</td></tr><tr><td>55–65</td><td>18</td></tr></table> Die Altersgutschriften werden jedes Jahr zusammen mit dem Zins zum bestehenden Altersguthaben (= Sparkapital) dazugezählt.
Verzinsung der Altersguthaben	Der Mindestzinssatz beträgt 1,75 % p. a. (Stand 1. 1. 2015). Er wird vom Bundesrat festgesetzt.
Sicherheitsfonds (Sifo)	Der Sicherheitsfonds ist eine selbstständige öffentlich-rechtliche Stiftung im Rahmen der obligatorischen Personalvorsorge. Er erfüllt folgende Aufgaben: – Zuschüsse an VE mit ungünstiger Altersstruktur – Leistungen an Versicherte von insolventen VE
Teuerungsausgleich	Die Anpassung ist obligatorisch für die Hinterlassenen- und Invalidenrenten. Die Altersrenten werden im Rahmen der finanziellen Möglichkeiten der VE angepasst.
Kontrolle	Jährliche Prüfung der Geschäftsführung, des Rechnungswesens und der Vermögensanlage durch eine Revisionsstelle. Periodische Berechnung des Deckungskapitals und Überprüfung der technischen Rückstellungen und der Wertschwankungsreserve durch einen anerkannten Experten für berufliche Vorsorge.
Aufsicht	Die kantonalen Aufsichtsbehörden wachen darüber, dass die VE die gesetzlichen Vorschriften einhält. Ihre Aufgaben sind insbesondere: – Prüfung des Reglements – Jährliche Einforderung der Berichterstattung über die Geschäftstätigkeit der VE. – Einsichtnahme in den Bericht der Revisionsstelle und den Bericht des Experten für berufliche Vorsorge. Vorsorgeeinrichtungen des Bundes, der Sicherheitsfonds und die Auffangeinrichtung unterstehen der Aufsicht des Bundes.
Auffangeinrichtung	Arbeitgeber, die der Pflicht, eine VE zu errichten, nicht nachkommen, werden zwangsweise der Auffangeinrichtung angeschlossen. Die Auffangeinrichtung ist verpflichtet, Personen, die sich freiwillig versichern wollen, aufzunehmen (z. B. Arbeitgeber, Selbstständig-Erwerbende).

Vorbezug für Wohneigentum	Der Versicherte kann bis drei Jahre, bevor der Anspruch auf Altersleistung entsteht, einen Betrag zur Finanzierung von Wohneigentum zum Eigengebrauch beziehen.		
	Maximalbetrag		
	Bis und mit 50. Altersjahr		Ab dem 51. Altersjahr
	Die ganze Freizügigkeitsleistung[1] im Zeitpunkt des Vorbezugs		Entweder die ganze Freizügigkeitsleistung am Ende des 50. Altersjahrs oder die Hälfte der Freizügigkeitsleistung im Zeitpunkt des Vorbezugs
	Die Vorsorgeleistungen werden entsprechend gekürzt.		
Verpfändung für Wohneigentum	Der Versicherte kann bis drei Jahre, bevor der Anspruch auf Altersleistung entsteht, die gleichen Beträge wie für den Vorbezug für Wohneigentum zum Eigengebrauch verpfänden.		
Information für den Versicherten	Die VE muss ihre Versicherten jährlich informieren über – die Leistungsansprüche, den koordinierten Lohn, den Beitragssatz und das Altersguthaben – die Organisation und die Finanzierung – die Mitglieder des paritätisch besetzten Stiftungsrates. Auf Anfrage hin muss die VE den Versicherten folgende Informationen liefern: – Jahresrechnung und Jahresbericht – Angaben über den Kapitalertrag, den versicherungstechnischen Risikoverlauf, die Verwaltungskosten, die Reservebildung, die Deckungskapitalberechnung und den Deckungsgrad[2]		

[1] Siehe nächste Seite, Abschnitt 74.
[2] Berechnung siehe Seite 139.

74 Freizügigkeit

Gesetzliche Regelung

Versicherte, welche die Vorsorgeeinrichtung verlassen, bevor ein Vorsorgefall eintritt (Invalidität, Tod oder Altersrücktritt), haben gemäss Freizügigkeitsgesetz (FZG) Anspruch auf eine Austrittsleistung.

Vergütungsformen der Austrittsleistung (Freizügigkeitsleistung)

Übertrag an die neue VE	Erhalt des Vorsorgeschutzes in anderer Form	Auszahlung an den Versicherten
Bei Stellenwechsel	Bei ersatzlosem Verlust oder ersatzloser Aufgabe der bisherigen Arbeitsstelle Formen: – Belassung bei der bisherigen VE – Errichtung einer Freizügigkeitspolice bei einer anerkannten Versicherungsgesellschaft – Übertrag auf ein Sperrkonto (Freizügigkeitskonto) bei einer Bank – Überweisung an die Auffangeinrichtung	Nur möglich, wenn – der Versicherte die Schweiz endgültig verlässt [1] – der Versicherte eine selbstständige Erwerbstätigkeit aufnimmt – die Austrittsleistung weniger als einen Jahresbeitrag des Versicherten beträgt.

Höhe der Austrittsleistung

- Ansprüche gegenüber Beitragsprimats-VE (FZG 15)
  - Bei VE mit Spareinrichtung besteht die Freizügigkeitsleistung aus dem Sparguthaben im Zeitpunkt des Austritts. Das Sparguthaben ist die Summe aller dem Alterskonto gutgeschriebenen Arbeitnehmer- und Arbeitgeberbeiträge samt Zins.
  - Bei versicherungsmässig geführten VE besteht die Freizügigkeitsleistung aus dem Deckungskapital, welches versicherungsmathematisch zu bestimmen ist.

- Ansprüche gegenüber Leistungsprimats-VE (FZG 16)
  Die Freizügigkeitsleistung besteht aus dem Barwert der erworbenen Leistungen.
  Der Barwert wird versicherungsmathematisch bestimmt. Die erworbene Leistung wird pro rata, d.h. aufgrund der Versicherungsdauer bis zum Austrittsdatum berechnet.

- Mindestbetrag (FZG 17)
  In jedem Fall hat der Versicherte einen Mindestanspruch auf folgende Beträge:
  - seine eingebrachten Eintrittsleistungen samt Zins
  - seine während der Beitragsdauer geleisteten Beiträge samt einem Zuschlag von 4% je Altersjahr ab dem 20. Altersjahr. Der Zuschlag beträgt höchstens 100%. Von diesen Beiträgen kann die VE den Teil, der für die Invaliden- und Hinterlassenenversicherung bestimmt ist, abziehen, falls dieser in Beitragsprozenten festgelegt ist.

- Gewährleistung der obligatorischen Vorsorge (FZG 18)
  BVG-registrierte VE müssen dem Versicherten mindestens das Altersguthaben gemäss BVG mitgeben.

Dem austretenden Versicherten muss immer der grösste der drei nach FZG 15 bzw. 16, FZG 17 und FZG 18 berechneten Beträge mitgegeben werden.

[1] Unter Vorbehalt der bilateralen Abkommen mit der EU.

75 Wichtige Rechtsbeziehungen der Vorsorgeeinrichtungen

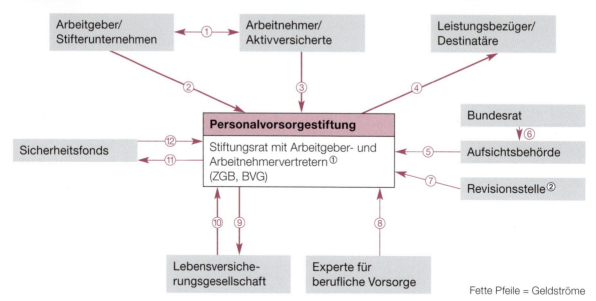

Fette Pfeile = Geldströme

Erläuterungen

① Arbeitsverhältnis (Arbeitsvertrag)

② Arbeitgeberbeiträge (Reglement, OR, BVG)

③ Arbeitnehmerbeiträge, Freizügigkeitseinlagen (Reglement, OR, BVG, FZG)

④ Renten, Kapitalauszahlungen, Freizügigkeitsleistungen (Reglement, BVG, FZG)

⑤ Beaufsichtigung (BVG, ZGB, Kantonale Bestimmungen)

⑥ Oberaufsicht (BVG, ZGB)

⑦ Revision der Buchhaltung und der Vermögensanlage (Auftrag, BVG)

⑧ Versicherungstechnische Überprüfung (Auftrag, BVG)

⑨ Prämien (Versicherungsvertrag)

⑩ Renten, Kapitalauszahlungen, Freizügigkeitsleistungen, Überschussanteile (Versicherungsvertrag, BVG, FZG, OR)

⑪ Beiträge (nur für BVG-registrierte Einrichtungen)

⑫ Zuschüsse (nur für BVG-registrierte Einrichtungen)

Für Genossenschaften und öffentlich-rechtliche Einrichtungen gilt die Aufstellung analog.

① Bei BVG-registrierten Kassen muss der Stiftungsrat paritätisch besetzt sein. Wenn nur der Arbeitgeber Beiträge leistet (patronale Stiftungen), kann der Stiftungsrat nur aus Arbeitgebervertretern bestehen.

② BVG 52a–c

76 Rechnungswesen und Rechnungslegung von Vorsorgeeinrichtungen (VE)

Kaufmännische Buchhaltung

Die kaufmännische Buchhaltung erfasst den gesamten Geschäftsverkehr einer VE und schliesst mit der Jahresrechnung ab. Spezielle Vorschriften sind in den folgenden Artikeln der Verordnung 2 über die berufliche Vorsorge (BVV 2) enthalten:

Art. 47: Ordnungsmässigkeit
Die Jahresrechnung besteht aus Bilanz, Betriebsrechnung (= Erfolgsrechnung) und Anhang. Sie enthält auch die Vorjahreszahlen.
Die Jahresrechnung ist nach Swiss GAAP FER 26 aufzustellen, d.h. sie muss die tatsächliche finanzielle Lage der Vorsorgeeinrichtung zeigen.

Art. 48: Bewertung
Die Aktiven und Passiven sind nach den Bestimmungen der Swiss GAAP FER 26 zu bewerten.
Für die notwendigen Rückstellungen – für die versicherungstechnischen Risiken – ist der aktuelle Bericht des Experten für berufliche Vorsorge massgebend.

Art. 56a Abs. 7
In der Jahresrechnung müssen alle laufenden derivativen Finanzinstrumente dargestellt werden.

Bewertung von Aktiven gemäss Swiss GAAP FER 26

- **Aktiven mit aktuellem Wert**
  Die Aktiven sind grundsätzlich zum aktuellen Wert am Bilanzstichtag zu bewerten.
  Der aktuelle Wert ist der Marktwert am Bilanzstichtag (z.B. bei kotierten Wertschriften der Börsenkurs, bei Fremdwährungen der Tagesdevisenkurs usw.).
  Ausnahmen:
  Der aktuelle Wert von Immobilien und andern Vermögensteilen ohne regelmässigen Handel kann ermittelt werden
  – aufgrund des zu erwartenden nachhaltigen Ertrages oder Cashflows unter Berücksichtigung eines risikogerechten Kapitalisierungszinssatzes.
  – durch Vergleich mit ähnlichen Werten oder nach einer anderen allgemein anerkannten Methode.

- **Aktiven ohne aktuellen Wert**
  Für Vermögensgegenstände, für die keine aktuellen Werte bekannt sind oder ermittelt werden können (z.B. Mobiliar, Fahrzeuge), gelangt der Anschaffungswert abzüglich der notwendigen Abschreibungen zur Anwendung.

Bewertung von Passiven gemäss Swiss GAAP FER 26

- **Vorsorgekapitalien und technische Rückstellungen**
  Sie sind nach anerkannten Grundsätzen und auf allgemein zugänglichen technischen Grundlagen betreffend Tod, Invalidität und Alter (Lebenserwartung) jährlich zu berechnen bzw. zu bewerten.
  - Das Sparkapital für Aktive Versicherte (gemäss FER = Vorsorgekapital Aktive Versicherte bei Beitragsprimatkassen) ist die Summe der Spar- bzw. Altersguthaben aller am Bilanzstichtag im Unternehmen arbeitenden und beitragszahlenden Versicherten.
  - Das Deckungskapital für Aktive Versicherte (gemäss FER = Vorsorgekapital Aktive Versicherte bei Leistungsprimatskassen) und
    das Deckungskapital für Rentenbezüger (gemäss FER = Vorsorgekapital Rentner)
    sind Rückstellungen für die versicherungstechnischen Risiken Tod, Invalidität, Alter.
    Die notwendigen Deckungskapitalien sind von einem Experten für berufliche Vorsorge zu berechnen bzw. zu bewerten
  - Die Technischen Rückstellung decken vorsorgespezifische Risiken ab, z. B. Zunahme der durchschnittlichen Lebenserwartung, Zunahme des Invaliditätsrisikos, Teuerungsausgleich.
    Die notwendigen Technischen Rückstellungen sind ebenfalls vom Experten für berufliche Vorsorge zu berechnen bzw. zu bewerten.

- **Wertschwankungsreserve**
  Wertschwankungsreserven werden gebildet, um nachhaltig die Erfüllung des Vorsorgezweckes zu sichern. Die Bestimmung der notwendigen Wertschwankungsreserve (= Zielgrösse) erfolgt unter Würdigung aller Aktiven (insbesondere der Vermögensanlagen) und aller Passiven (insbesondere der Entwicklung des Vorsorgekapitals und der technischen Rückstellungen) sowie des Versichertenbestandes.

- **Übrige Passiven**
  Die übrigen Verbindlichkeiten werden aufgrund des Rechnungslegungsrechts (OR 957ff) bewertet.

Technische Buchhaltung (Mitgliederkonten)

Die VE muss für jeden Aktivversicherten ein Mitgliederkonto führen.
Sie bildet die Grundlage für die Berechnung des Vorsorgekapitals der Aktivversicherten, der Vorsorgeleistungen und der Freizügigkeitsleistung.

77 Kaufmännische Buchhaltung

Kontenrahmen

Einen Kontenrahmen, der die Vorschriften von Swiss GAAP FER 26 hinsichtlich der Gliederung und des Inhaltes von Bilanz und Betriebsrechnung erfüllt, finden Sie am Schluss des Aufgabenteils.

Kontenklassen

	Klasse		Bezeichnung
Bilanz	1	A–C	Aktiven
	2	D–J	Passiven
Betriebs-rechnung	3	K–L	Zufluss aus Beiträgen, Einlagen und Eintrittsleistungen (Ertrag)
	4	M–O	Abfluss für Leistungen und Vorbezüge (Aufwand)
	5	P–S	Veränderung Vorsorgekapitalien, technischen Rückstellungen und Beitragsreserven (Ertrag und Aufwand), Ertrag aus Versicherungsleistungen und Versicherungsaufwand
	6	T	Ertrag und Aufwand aus Vermögensanlagen
	7	U–X	Übriger Ertrag und übriger Aufwand
	8	Y	Auflösung/Bildung Wertschwankungsreserve (Ertrag oder Aufwand)
	9	Z	Ertrags-/Aufwandüberschuss

Klassen 3–5: Nettoergebnis aus Versicherungsteil [K–S]
Klassen 3–6: Ergebnis vor Veränderung Wertschwankungsreserve [K–X]
Klassen 3–8: Ertrags-/Aufwandüberschuss [K–Y]

Die Buchstaben A–J und K–Z entsprechen den Gliederungseinheiten der Bilanz und Betriebsrechnung nach Swiss GAAP FER 26 (siehe Seite 135ff.).

Bilanz

Gemäss Swiss GAAP FER 26 weist die Bilanz einer VE folgende grobe Gliederung auf:

Aktiven	**Bilanz**	Passiven
Vermögensanlagen (z. B. Flüssige Mittel, Forderungen, Wertschriften, Immobilien)	Diverse Verbindlichkeiten	
	Vorsorgekapital – Sparkapital Aktive Versicherte – Deckungskapital Aktive Versicherte – Deckungskapital Rentner	
	Technische Rückstellungen	
	Wertschwankungsreserve	
	Freie Mittel [1] (= Freies Kapital)/Unterdeckung	

Erläuterungen zu wichtigen Passivkonten

Die Konten des Vorsorgekapitals zeigen die Ansprüche der Versicherten gegenüber der VE.

- Das Sparkapital zeigt die für die Aktiven Versicherten (= Beitragszahler) geäufneten Alters- bzw. Sparguthaben.
- Die Deckungskapitalien sind Rückstellungen für die zukünftigen Leistungen aus den von der PVE selber übernommenen Risiken (Tod, Invalidität, Alter).
  Ein Experte für berufliche Vorsorge berechnet periodisch das versicherungstechnisch notwendige Deckungskapital. Eine Differenz zu dem in der Bilanz ausgewiesenen Deckungskapital wird über die Betriebsrechnung (Auflösung/Bildung Deckungskapital) verbucht.

Bei kombinierten Spar-, Versicherungseinrichtungen (Beitragsprimatkassen [2]) wird ein Sparkapital für Aktive Versicherte sowie ein Deckungskapital für Rentner geführt.

Bei reinen Versicherungseinrichtungen (Leistungsprimatkassen [2]) wird ein Deckungskapital für Aktive Versicherte und ein Deckungskapital für Rentner geführt. Die Sparbeiträge sind im Deckungskapital für Aktive Versicherte enthalten.

Spareinrichtungen mit Risikoversicherung [2] haben nur ein Sparkapital.

- Die Technischen Rückstellungen decken vorsorgespezifische Risiken ab (z. B. Zunahme der Lebenserwartung, Zunahme der IV-Risiken, Teuerungsausgleich).
  Das BVG schreibt nicht vor, wofür und in welchem Umfang Technische Rückstellungen gebildet werden müssen. Dies wird dem Reglement der VE und dem Experten für berufliche Vorsorge überlassen.
- Die Wertschwankungsreserve dient zum Ausgleich von Wertschwankungen auf Aktiven und Passiven, insbesondere von möglichen Wertverlusten auf den Vermögensanlagen. Die Zielgrösse (= Sollbetrag) muss im Anhang offengelegt werden.
- Freie Mittel dürfen nur ausgewiesen werden, wenn die Zielgrösse der Wertschwankungsreserve erreicht ist.
  Eine Unterdeckung (= Verlustvortrag) darf nur ausgewiesen werden, wenn die Freien Mittel und die Wertschwankungsreserve vollständig aufgebraucht bzw. aufgelöst sind. Sie ist ein Minusposten und zeigt, um wie viel die Aktiven kleiner sind als die Passiven. Sie ist vergleichbar mit einem Verlustvortrag.

Eine korrekte und detaillierte Bilanz gemäss Swiss GAAP FER 26 finden Sie auf Seite 135.

[1] Ist in dieser Position ein Stiftungs- oder Genossenschaftskaptial enthalten, kann es separat ausgewiesen werden.
[2] Siehe letzter Teil von Abschnitt 72; Risikoträgerformen.

Betriebsrechnung

Sie muss zwingend in Staffelform dargestellt werden und weist gemäss Swiss GAAP FER 26 folgende grobe Gliederung auf (+ = Ertrag/ − = Aufwand):

Betriebsrechnung		Beispiele
+	Zufluss aus ordentlichen und übrigen Beiträgen und Einlagen	Arbeitgeber- und Arbeitnehmerbeiträge
+	Zufluss aus Eintrittsleistungen	Freizügigkeitseinlagen bei Eintritt
−	Abfluss für reglementarische Leistungen	Renten, Kapitalabfindungen
−	Abfluss für Austrittsleistungen	Freizügigkeitsleistungen bei Austritt
+/−	Auflösung/Bildung Vorsorgekapitalien, technische Rückstellungen und Beitragsreserven	Sparkapital, Deckungskapital, Arbeitgeber-Beitragsreserve
+	Ertrag aus Versicherungsleistungen	Rentenzahlung durch die Versicherung
−	Versicherungsaufwand	Versicherungsprämien
=	**Nettoergebnis aus dem Versicherungsteil**	
+/−	Nettoergebnis aus Vermögensanlage	Zinsen, Dividenden, Kurserfolge
+/−	Auflösung/Bildung Nicht-technische Rückstellungen	Gebäuderenovationen, hängige Prozesse
+/−	Sonstiger Ertrag/Sonstiger Aufwand	Erstellte Gutachten, Abschreibungen
−	Verwaltungsaufwand	Personal-A., Miet-A., Büromaterial
=	**Ertrags-/Aufwandüberschuss vor Auflösung/Bildung Wertschwankungsreserve**	
+/−	Auflösung/Bildung Wertschwankungsreserve	
=	**Ertragsüberschuss/Aufwandüberschuss** (**nach** Auflösung/Bildung Wertschwankungsreserve)	

Erläuterungen zum Ertrags-/Aufwandüberschuss
- Ein Ertragsüberschuss **vor** Auflösung/Bildung Wertschwankungsreserve ist wie folgt zu verwenden:
  1. Ausgleich einer in der Bilanz ausgewiesenen Unterdeckung
  2. Bildung Wertschwankungsreserve, bis diese die Zielgrösse erreicht hat
  3. Bildung von Freien Mitteln (= Freies Kapital)
- Ein Aufwandüberschuss **vor** Auflösung/Bildung Wertschwankungsreserve ist wie folgt zu behandeln:
  1. Verrechnung mit den freien Mitteln
  2. Verrechnung mit der vorhandenen Wertschwankungsreserve
  3. Ausweis einer Unterdeckung
- Der Ertrags- bzw. Aufwandüberschuss (**nach** Auflösung/Bildung Wertschwankungsreserve) wird dem Konto Freie Mittel (= Freies Kapital)/Unterdeckung gutgeschrieben bzw. belastet.

Fälle zur Verbuchung von Ertrags- und Aufwandüberschüssen finden Sie in den Aufgaben 7.7 und 7.8.

Eine detaillierte Betriebsrechnung gemäss Swiss GAAP FER 26 finden Sie auf Seite 136f.

VE-typisches Bruttoprinzip

Die Rechnungslegung von Vorsorgeeinrichtungen muss transparent sein, weil
- die Versicherten ein weitgehendes Auskunftsrecht haben und
- die Prüfung durch die Kontrollorgane anspruchsvoll ist.

Aus diesen Gründen verlangen die Kontrollorgane, dass die folgende Regel konsequent eingehalten wird.

VE-typisches Bruttoprinzip
Alle erfolgsunwirksamen Buchungstatsachen, welche unmittelbar die Vorsorge betreffen, müssen als Durchlaufposten in der Betriebsrechnung erfasst werden. Dadurch werden die Ursachen der Veränderungen der Vorsorgekapitalkonten offengelegt.

Vier Gruppen von Buchungstatsachen sind zu unterscheiden (mit Beispielen):

	VE-typisch	Nicht VE-typisch
Erfolgs-unwirksam	– Arbeitnehmer- und Arbeitgeberalters-sparbeiträge – Einlagen in die Arbeitgeber-Beitragsreserve – Freizügigkeitseinlagen – Rentenleistungen – Kapitalleistungen – Freizügigkeitsleistungen	– Kauf von Wertschriften – Kauf einer Liegenschaft – Aufnahme einer Hypothek – Kauf von Mobiliar – Zahlung von Lieferantenschulden
Erfolgs-wirksam	– Verzinsung des Alterssparkapitals – Verzinsung der Arbeitgeber-Beitragsreserve	– Erträge aus Wertschriften – Immobilienerfolg – Verzinsung von Hypotheken – Abschreibungen – Verwaltungsaufwand

Die Buchungstatsachen werden in der kaufmännischen Buchhaltung grundsätzlich wie folgt erfasst:

	VE-typisch	Nicht VE-typisch
Erfolgs-unwirksam	Zweimal in der Bilanz und zweimal in der Betriebsrechnung als Durchlaufposten	Zweimal in der Bilanz (wie bei andern Buchhaltungen)
Erfolgs-wirksam	Einmal in der Bilanz und einmal in der Betriebsrechnung (wie bei andern Buchhaltungen)	

In der Praxis ist das VE-typische Bruttoprinzip aus folgenden Gründen nicht immer klar ersichtlich:
- Die Buchungen liegen zeitlich auseinander.
- Beim Ertrag wird ein Gesamtbetrag verbucht (z. B. die gesamten Arbeitnehmer- und Arbeitgeberbeiträge), beim Aufwand wird dieser in verschiedene Teilbeträge aufgeteilt (z. B. die Verwendung der Beiträge für verschiedene Zwecke).
- Beim Ertrag handelt es sich um Monatsbeträge (z. B. Arbeitnehmer- und Arbeitgeberbeiträge), beim Aufwand hingegen um einen Jahresbetrag (z. B. Versicherungsprämie).

Beispiel 1 Vergleich Netto- und Bruttoverbuchung

Ausgangslage

Anhand von drei Fällen soll der Unterschied zwischen der Netto- und der Bruttoverbuchung (VE-typisches Bruttoprinzip) gezeigt werden.
Bei Vorsorgeeinrichtungen ist nur die **Bruttoverbuchung** erlaubt. Die aufgeführte Nettoverbuchung dient nur dem Verständnis und ist bei VE nicht gestattet.
Die Überweisungen erfolgen auf das Bankkonto der VE.

Buchungstatsachen

1. Das Arbeitgeberunternehmen überweist Arbeitgeber- und -nehmerbeiträge von Fr. 20 000.– zugunsten des Alterssparkapitals.
2. Ein neuer Mitarbeiter tritt in die VE ein. Die bisherige Vorsorgeeinrichtung überweist die Freizügigkeitsleistung von Fr. 32 000.–.
3. Das Arbeitgeberunternehmen überweist Fr. 40 000.– zugunsten der Arbeitgeber-Beitragsreserve.

Buchungen

		Bilanz		Betriebsrechnung	
		Aktiven	Passiven	Aufwand	Ertrag
1 Nettoverbuchung					
Bank	/ Sparkapital	20 000.–	20 000.–		
Bruttoverbuchung					
Bank	/ Beiträge	20 000.–			20 000.–
Bildung von Sparkapital	/ Sparkapital		20 000.–	20 000.–	
2 Nettoverbuchung					
Bank	/ Sparkapital	32 000.–	32 000.–		
Bruttoverbuchung					
Bank	/ Freizügigkeitseinl. bei Eintritt	32 000.–			32 000.–
Bildung von Sparkapital	/ Sparkapital		32 000.–	32 000.–	
3 Nettoverbuchung					
Bank	/ AG-Beitragsreserve	40 000.–	40 000.–		
Bruttoverbuchung					
Bank	/ Einlagen in AG-Beitragsres.	40 000.–			40 000.–
Bildung AG-Beitragsres.	/ AG-Beitragsreserve		40 000.–	40 000.–	

Natürlich gibt es auch Fälle mit Buchungen auf der Minusseite der Konten.

Beispiel 2 Ausgewählte Fälle bei einer kombinierten Spar-, Versicherungseinrichtung (Beitragsprimatkasse)

Ausgangslage

Die Personalvorsorgestiftung der Peyer AG ist eine teilautonome VE. Für die Risiken Tod und Invalidität hat sie mit einer Lebensversicherungsgesellschaft einen entsprechenden Vertrag abgeschlossen.

Buchungstatsachen Ausgewählte Geschäftsfälle

1 Frau Peter tritt in die VE der Peyer AG ein. Die bisherige VE überweist die Freizügigkeitsleistung von Fr. 21 000.–.
2 Herr Kost hat das Pensionsalter erreicht. Er lässt sich sein Altersspareguthaben von Fr. 128 000.– als Kapitalabfindung auszahlen.
3 Von der Peyer AG werden die Beiträge überwiesen (Jahresbeträge)[1]:
  a Arbeitnehmerbeiträge Fr. 190 000.–
  b Arbeitgeberbeiträge Fr. 210 000.–
4 Die Beiträge werden wie folgt verwendet (Jahresbeträge)[1]:
  a Altersspargutschriften Fr. 298 000.–
  b Überweisung der Versicherungsprämie von Fr. 75 000.– an die Versicherungsgesellschaft
  c Erhöhung der technischen Rückstellungen um Fr. 25 000.–
  d Gutschrift an den Sicherheitsfonds Fr. 2 000.–
5 Die VE überweist Fr. 30 500.– Altersrenten (Monatsbetrag).
6 Die Altersspareguthaben werden mit Fr. 80 000.– verzinst.
  .
  .
  .
10 Die Wertschwankungsreserve wird um Fr. 41 000.– erhöht.
11 Ende Jahr beträgt der Ertragsüberschuss (nach Auflösung/Bildung Wertschwankungsreserve) Fr. 32 000.–.

[1] In der Praxis sind die Gesamtbeträge der Geschäftsfälle 3 und 4 in der Regel nicht gleich gross, weil
  – ein Teil der unter 4 aufgeführten Aufwendungen auch mit Vermögenserträgen finanziert werden kann.
  – in den Beiträgen auch noch ein Betrag für die Verwaltungskosten enthalten sein kann.
  – die Beiträge und deren Verwendung nicht genau aufeinander abstimmbar sind.

Auszug aus dem Kontenplan

Klasse 1   1002 Bank KK

Klasse 2   2015 KK Sicherheitsfonds, 2400 Sparkapital (Aktive Versicherte), 2410 Deckungskapital Rentner, 2420 Technische Rückstellungen, 2500 Wertschwankungsreserve, 2601 Freie Mittel (= Freies Kapital)

Klasse 3   3000 Arbeitnehmerbeiträge, 3010 Arbeitgeberbeiträge, 3100 Freizügigkeitseinlagen bei Eintritt

Klasse 4   4000 Altersrenten, 4040 Kapitalabfindungen bei Pensionierung

Klasse 5   5000 Auflösung Sparkapital, 5001 Bildung Sparkapital, 5010 Auflösung Deckungskapital Rentner, 5011 Bildung Deckungskapital Rentner, 5021 Bildung Technische Rückstellungen, 5030 Verzinsung Sparkapital, 5200 Versicherungsprämien, 5230 Beiträge an Sicherheitsfonds

Klasse 8   8000 Auflösung Wertschwankungsreserve, 8001 Bildung Wertschwankungsreserve

Klasse 9   9000 Ertragsüberschuss, 9001 Aufwandüberschuss

Buchungen

1	1002	Bank KK	/ 3100	Freizügigkeitseinlage bei Eintritt	21 000.–
	5001	Bildung Sparkapital	/ 2400	Sparkapital	21 000.–
2	2400	Sparkapital	/ 5000	Auflösung Sparkapital	128 000.–
	4040	Kapitalabfindung bei Pensionierung	/ 1002	Bank KK	128 000.–
3 a	1002	Bank KK	/ 3000	Arbeitnehmerbeiträge	190 000.–
b	1002	Bank KK	/ 3010	Arbeitgeberbeiträge	210 000.–
4 a	5001	Bildung Sparkapital	/ 2400	Sparkapital	298 000.–
b	5200	Versicherungsprämien	/ 1002	Bank KK	75 000.–
c	5021	Bildung Technische Rückstellungen	/ 2420	Technische Rückstellungen	25 000.–
d	5230	Beiträge an Sicherheitsfonds	/ 2015	KK Sicherheitsfonds	2 000.–
5	2410	Deckungskapital Rentner	/ 5010	Auflösung Deckungskapital Rentner	30 500.– ①
	4000	Altersrenten	/ 1002	Bank KK	30 500.–
6	5030	Verzinsung Sparkapital	/ 2400	Sparkapital	80 000.–
.					
.					
.					
10	8001	Bildung Wertschwankungsreserve	/ 2500	Wertschwankungsreserve	41 000.–
11	9000	Ertragsüberschuss	/ 2601	Freie Mittel (= Freies Kapital)	32 000.–

① Wird das Deckungskapital nur Ende Jahr angepasst, entfällt diese Buchung.

Buchungsablauf

	Bilanz				Betriebsrechnung			
	Aktiven		Passiven		Aufwand		Ertrag	
	Soll	Haben	Soll	Haben	Soll	Haben	Soll	Haben
1	1002							3100
				2400	← 5001			
2			2400			4040		5000
			1002 ←					
3a	1002							3000
3b	1002							3010
4a				2400	← 5001			
4b			1002 ←		5200			
4c				2420	← 5021			
4d				2015	← 5230			
5				2410				5010
			1002 ←		4000			
6				2400	← 5030			
.								
.								
.								
10				2500	← 8001			
11				2601				

↓ Betriebsrechnung ↓

Kontenklassen	
3	+ _____
4	− _____
5	+/− _____
Nettoergebnis aus Versicherungsteil	_____
Kontenklassen	
6	+/− _____
7	+/− _____
Ergebnis vor Veränderung Wertschwankungsreserve	_____
Kontenklasse	
8	+/− _____
9000 Ertragsüberschuss	_____

↓ Schlussbilanz ↓

| Kontenklasse 1 | Kontenklasse 2 |

Bilanz gemäss Swiss GAAP FER 26 (leicht gekürzt)

Aktiven

A Vermögensanlagen
 Individuelle Gliederung möglich z. B.:
 - Flüssige Mittel und Geldmarktanlagen
 - Forderungen
 - Anlagen beim Arbeitgeber[1]
 - Darlehen an Dritte
 - Obligationen
 - Aktien
 - Anteile an Anlagestiftungen und -fonds
 - Immobilien

B Aktive Rechnungsabgrenzung

C Aktiven aus Versicherungsverträgen[2]

Passiven

D Verbindlichkeiten
 - aus Freizügigkeitsleistungen und Renten
 - gegenüber Banken und Versicherungen
 - andere Verbindlichkeiten

E Passive Rechnungsabgrenzung

F Arbeitgeber-Beitragsreserve[3]

G Nicht-technische Rückstellungen[4]

H Vorsorgekapitalien und Technische Rückstellungen[5]
 - Vorsorgekapital Aktive Versicherte
   (Sparkapital bzw. Altersguthaben für Aktive Versicherte bei Beitragsprimatkassen)
   (Deckungskapital für Aktive Versicherte bei Leistungsprimatkassen)
 - Vorsorgekapital Rentner (= Deckungskapital für Rentenbezüger)
 - Technische Rückstellungen
 - Passiven aus Versicherungsverträgen[2]

I Wertschwankungsreserve[5]

J Freie Mittel (= Freies Kapital)[6]/Unterdeckung[5]
 - Stand zu Beginn der Periode
 +/– Ertragsüberschuss/Aufwandüberschuss
 = Stand am Ende der Periode

[1] Müssen zwingend separat ausgewiesen werden.
[2] Es handelt sich um Rückkaufswerte aus Kollektivversicherungsverträgen. Sie können statt in der Bilanz auch im Anhang dargestellt werden.
[3] Vorauszahlungen des Arbeitgebers für die Finanzierung von zukünftigen Arbeitgeberbeiträgen
[4] Rückstellungen, die nicht der Erfüllung der Vorsorgepflicht dienen (z. B. Erneuerungsfonds für Liegenschaften, Prozessrückstellungen)
[5] Siehe Erläuterungen S. 128.
[6] Ist in dieser Position ein Grundkapital (z. B. Stiftungs- oder Genossenschaftskapital) enthalten, kann es separat gezeigt werden.

Betriebsrechnung gemäss Swiss GAAP FER 26 (leicht gekürzt)

Die Betriebsrechnung muss in Staffelform dargestellt werden.

+ = Ertrag, – = Aufwand; Zwischenergebnisse und Endergebnis in Kursivschrift

K	+	Ordentliche und übrige Beiträge und Einlagen	
		+ Beiträge Arbeitnehmer	
		+ Beiträge Arbeitgeber	
		– Entnahme aus Arbeitgeber-Beitragsreserve zur Beitragsfinanzierung	
		+ Beiträge von Dritten	
		+ Einmaleinlagen und Einkaufssummen	
		+ Sanierungsbeiträge	
		+ Einlagen in die Arbeitgeber-Beitragsreserve	
		+ Zuschüsse des Sicherheitsfonds	
L	+	Eintrittsleistungen	
		+ Freizügigkeitseinlagen bei Eintritt	
		+ Einzahlung WEF-Vorbezüge①/Scheidung	
K bis L	=	*Zufluss aus Beiträgen und Eintrittsleistungen*	
M	–	Reglementarische Leistungen	
		– Altersrenten	
		– Hinterlassenenrenten	
		– Invalidenrenten	
		– Übrige reglementarische Leistungen	
		– Kapitalleistungen bei Pensionierung	
		– Kapitalleistungen bei Tod und Invalidität	
N	–	Ausserreglementarische Leistungen	
O	–	Austrittsleistungen	
		– Freizügigkeitsleistung bei Austritt	
		– Vorbezüge WEF①/Scheidung	
M bis O	=	*Abfluss für Leistungen und Vorbezüge*	
P/Q	+/–	Auflösung/Bildung Vorsorgekapitalien, Technische Rückstellungen und Arbeitgeber-Beitragsreserven	
		+/– Auflösung/Bildung Vorsorgekapital Aktive Versicherte	
		+/– Auflösung/Bildung Vorsorgekapital Rentner	
		+/– Auflösung/Bildung Technische Rückstellungen	
		– Verzinsung Sparkapital	
		+/– Auflösung/Bildung Arbeitgeber-Beitragsreserven	
R	+	Ertrag aus Versicherungsleistungen	
		+ Versicherungsleistungen	
		+ Überschussanteile aus Versicherungen	
S	–	Versicherungsaufwand	
		– Versicherungsprämien②	
		– Einmaleinlagen an Versicherungen	
		– Verwendung Überschussanteile aus Versicherungen	
		– Beiträge an Sicherheitsfonds	
K bis S	=	*Netto-Ergebnis aus dem Versicherungsteil*	

① WEF = Wohneigentumsförderung
② Muss aufgeteilt werden in Spar-, Risiko- und Kostenprämien.

T	+/−	Nettoergebnis aus Vermögensanlage
		Individuelle Gliederung möglich, z. B.: ①
		+/− Zinsen auf Bank-, Postkonten und Geldmarktanlagen
		+ Zinsertrag aus Forderungen
		+ Ertrag aus Anlagen beim Arbeitgeber
		+ Zinsertrag für Aktivdarlehen
		− Zinsaufwand für Passivdarlehen
		+/− Erfolg aus Obligationen
		+/− Erfolg aus Aktien
		+/− Erfolg aus Anlagestiftungen und -fonds
		+/− Erfolg aus Immobilien
		− Aufwand für Vermögensverwaltung
U	+/−	Auflösung / Bildung Nicht-technische Rückstellungen
V	+	Sonstiger Ertrag
		+ Ertrag aus erbrachten Dienstleistungen
		+ Übrige Erträge
W	−	Sonstiger Aufwand
X	−	Verwaltungsaufwand
		− Allgemeine Verwaltung
		− Marketing- und Werbung
		− Makler- und Brokertätigkeit
		− Revisionsstelle und Experte für berufliche Vorsorge
		− Aufsichtsbehörden
K bis X		*Ertrags-/Aufwandüberschuss vor Auflösung/Bildung Wertschwankungsreserve*
Y	+/−	Auflösung / Bildung Wertschwankungsreserve
Z		*Ertrags-/Aufwandüberschuss*
		(nach Auflösung/Bildung Wertschwankungsreserve)

---

①   Sollte mit der Bilanzposition A (Vermögensanlagen) übereinstimmen.

Anhang gemäss Swiss GAAP FER (gekürzt)

Die Angaben im Anhang erhöhen die Transparenz für die Versicherten, die Revisionsstelle, den Experten für berufliche Vorsorge und die Aufsichtsbehörde.

Gliederung	Inhalt
Grundlagen und Organisation	Rechtsform und Zweck; Registrierung BVG und Sicherheitsfonds; Angabe der Reglemente; Oberstes Organ, Geschäftsführung und Zeichnungsberechtigte; Experten, Revisionsstelle, Berater, Aufsichtsbehörde; Angeschlossene Arbeitgeber
Mitglieder	Bestand und Entwicklung der Aktiven Versicherten und der Rentenbezüger
Art der Umsetzung des Zweckes	Erläuterung des Vorsorgeplanes (Beitrags-, Leistungsprimat); Finanzierung und Finanzierungsmethoden
Bewertungs- und Rechnungslegungsgrundsätze, Stetigkeit	Bestätigung, dass Swiss GAAP FER 26 angewendet wird; Buchführungs- und Bewertungsgrundsätze; Änderung von Bewertungs-, Buchführungs- und Rechnungslegungsgrundsätzen
Versicherungstechnische Risiken, Risikodeckung, Deckungsgrad	Art der Risikodeckung (autonom, teilautonom, nicht autonom), Rückversicherungen; Erläuterung von Aktiven und Passiven aus Versicherungsverträgen (z. B. Rückkaufswerte); Verzinsung der Sparguthaben im Beitragsprimat; Entwicklung (Bestand und Veränderung) des – Sparguthabens im Beitragsprimat – Deckungskapitals für Aktive Versicherte im Leistungsprimat – Deckungskapitals für Rentner; Summe der Altersguthaben nach BVG Zusammensetzung, Entwicklung und Erläuterungen der technischen Rückstellungen; Ergebnis des letzten versicherungstechnischen Gutachtens; Deckungsgrad nach Art. 44 BVV 2
Vermögensanlage	Darstellung der Vermögensanlage nach Anlagekategorien; Laufende (offene) derivative Finanzinstrumente; Erläuterung des Nettoergebnisses aus Vermögensanlage; Erläuterungen zu den – Vermögensverwaltungskosten; – Anlagen beim Arbeitgeber; Zielgrösse und Berechnung der Wertschwankungsreserve
Weitere Positionen der Bilanz und Betriebsrechnung	Erläuterungen zu weiteren Positionen der Bilanz und Beriebsrechnung

Gliederung	Inhalt
Weitere Informationen in Bezug auf die finanzielle Lage	Erläuterung der getroffenen Massnahmen zur Behebung einer Unterdeckung Verpfändung von Aktiven Solidarhaftung und Bürgschaften Laufende Rechtsverfahren
Wichtige Ereignisse nach dem Bilanzstichtag	z. B. Verlorene Prozesse; Ausserordentliche Verluste; Finanzielle Schwierigkeiten des Arbeitgebers; Eintritt einer Unterdeckung

Beispiel **Berechnung des Deckungsgrades** (Beträge in Mio. Fr.)

Ohne Wertschwankungsreserve

Total Aktiven (FER-Bilanz Ziffern A bis C)	12 560	
− Fremdkapital (FER-Bilanz Ziffern D bis G)	− 430	
= Verfügbare Aktiven (= Vorsorgevermögen, Nettovermögen)	12 130	= **103,5 %**
Vorsorgekapital und Technische Rückstellungen (FER-Bilanz Ziffer H)	11 720	= 100,0 %

Mit Wertschwankungsreserve

Total Aktiven (FER-Bilanz Ziffern A bis C)	12 560	
− Erforderliche Wertschwankungsreserve (= Zielgrösse)	− 1 320	
− Fremdkapital (FER-Bilanz Ziffern D bis G)	− 430	
= Verfügbare Aktiven	10 810	= **92,2 %**
Vorsorgekapital und Technische Rückstellungen (FER-Bilanz Ziffer H)	11 720	= 100,0 %

oder

Total Aktiven (FER-Bilanz Ziffern A bis C)		12 560	
− Fremdkapital (FER-Bilanz Ziffern D bis G)		− 430	
= Verfügbare Aktiven		12 130	= **93,0 %**
Vorsorgekapital und Technische Rückstellungen	11 720		
+ Erforderliche Wertschwankungsreserve (= Zielgrösse)	1 320	13 040	= 100,0 %

78 Technische Buchhaltung/Mitgliederkonten

Die VE ist gemäss Gesetz verpflichtet, jedem Versicherten detaillierte Auskunft über seine gesamten Forderungen zu geben. Deshalb führt sie für jeden Versicherten ein Mitgliederkonto.

Das Mitgliederkonto muss nachweisen, dass die reglementarischen Bestimmungen über Beiträge, Verzinsung, Freizügigkeit usw. erfüllt sind. Zusätzlich muss ersichtlich sein, dass das BVG-Minimum erfüllt ist. Deshalb werden auf dem Mitgliederkonto zwei Rechnungen geführt, ein Beitragskonto gemäss Reglement und ein Alterskonto gemäss BVG für den obligatorischen Teil (= Schattenrechnung).

Das Alterskonto muss wie folgt geführt werden:

BVV 2, Art. 11 Führung der individuellen Alterskonten

[1] Die Vorsorgeeinrichtung muss für jeden Versicherten ein Alterskonto führen, aus dem das Altersguthaben ersichtlich ist.

[2] Am Ende des Kalenderjahres muss sie dem individuellen Alterskonto gutschreiben:
 a den jährlichen Zins auf dem Altersguthaben nach dem Kontostand am Ende des Vorjahres
 b die unverzinsten Altersgutschriften für das abgelaufene Kalenderjahr.

[3] Tritt ein Versicherungsfall ein oder verlässt der Versicherte die Vorsorgeeinrichtung während des laufenden Jahres, so muss sie dem Alterskonto gutschreiben:
 a den Zins anteilmässig berechnet bis zum Eintritt des Versicherungsfalles oder bis zum Zeitpunkt, in dem die Freizügigkeitsleistung erbracht wird
 b die unverzinsten Altersgutschriften bis zum Eintritt des Versicherungsfalles oder bis zum Austritt des Versicherten.

[4] Tritt der Versicherte während des Jahres in die Vorsorgeeinrichtung ein, so muss sie seinem Alterskonto am Ende dieses Kalenderjahres gutschreiben:
 a das eingebrachte Altersguthaben in der Höhe des gesetzlichen Mindestschutzes
 b den Zins auf dem eingebrachten Altersguthaben von der Überweisung der Freizügigkeitsleistung an berechnet
 c die unverzinsten Altersgutschriften für den Teil des Jahres, während dem der Versicherte der Vorsorgeeinrichtung angehörte.

Umhüllende und komplementäre VE können für die Führung der Beitragskonten eine analoge Lösung treffen.

Beispiel Umhüllende Spareinrichtung mit Risikoversicherung/Beitragsprimat
(Auf ganze Fr. gerundet)

Mitgliederkonto Name: *Huber* Vorname: *Beat* Geburtsdatum: *28. 2. 1979* AHV-Nr.:
Eintrittsdatum: *1. 7. 2012* Austrittsdatum: *30. 6. 2015*

Beitragskonto gemäss Reglement

Datum	BC	Vers. Jahres-lohn	Beiträge total				Sparbeiträge				Übr. Beiträge		Zins				Sparkapital	
			AN		AG		AN		AG		AN	AG	AN		AG		AN	AG
		Fr.	%	Fr.	%	Fr.	%	Fr.	%	Fr.	Fr.	Fr.	%	Fr.	%	Fr.	Fr.	Fr.
30.06.12	1																80 000	0
31.12.12	2	83 600	7	2 926	9	3 762	6	2 508	7	2 926	418	836	1,50	600	1,50	0	83 108	2 926
31.12.13	3	83 600	7	5 852	9	7 524	6	5 016	7	5 852	836	1 672	1,50	1 247	1,50	44	89 371	8 822
31.12.14	3	85 000	7	5 950	9	7 650	6	5 100	7	5 950	850	1 700	1,75	1 564	1,75	154	96 035	14 926
30.06.15	2	87 000	8	3 480	9	3 915	7	3 045	7	3 045	435	870	1,75	840	1,75	131	99 920	18 102
30.06.15	4																–99 920	–18 102
																	0	0

BC = Buchungscode (Siehe unten)
AN = Arbeitnehmer
AG = Arbeitgeber

Alterskonto/Schattenrechnung BVG

Datum	BC	Massgeb. BVG-Jahreslohn	BVG-Koor-dinations-abzug	Koord. BVG-Jahreslohn	Alter	Alters-gutschrift		Zins		BVG-Alters-guthaben
		Fr.	Fr.	Fr.		%	Fr.	%	Fr.	Fr.
30.06.12	11									36 000
31.12.12	12	83 520	24 360	59 160	33	7	2 071	1,50	270	38 341
31.12.13	13	83 600	24 570	59 030	34	7	4 132	1,50	575	43 048
31.12.14	13	84 240	24 570	59 670	35	10	5 967	1,75	753	49 768
30.06.15	12	84 600	24 675	59 925	36	10	2 996	1,75	435	53 199
30.06.15	14									–53 199
										0

BC = Buchungscode
1 Freizügigkeitseinlage bei Eintritt
2 Reglementarische Beiträge und Verzinsung pro rata
3 Reglementarische Beiträge und Verzinsung für ein Jahr
4 Freizügigkeitsleistung nach Reglement und FZG
11 Freizügigkeitseinlage bei Eintritt
12 BVG-Altersgutschriften und Verzinsung pro rata
13 BVG-Altersgutschriften und Verzinsung für ein Jahr
14 Freizügigkeitsleistung nach BVG

Erläuterungen

- Versicherter Jahreslohn

    In diesem Beispiel entspricht der versicherte Jahreslohn dem AHV-Brutto-Jahreslohn. Bei vielen PVE sieht das Reglement einen Koordinationsabzug und/oder eine obere Begrenzung vor.

- Übrige Beiträge

    Es handelt sich um die Beiträge für die Risiken Invalidität und Tod, die Technischen Rückstellungen, den Sicherheitsfonds und an die Verwaltungskosten. Sie ergeben sich als Differenz zwischen dem Beitrag total und dem Sparbeitrag.

- Massgebender BVG-Jahreslohn

    Mit Ausnahme des Jahres 2013 handelt es sich in diesem Beispiel um die obere BVG-Lohngrenze, weil der versicherte Lohn in den Jahren 2012, 2014 und 2015 darüber liegt.

Aufgaben

Inhaltsverzeichnis Aufgaben

			Theorie	Aufgaben
1	**Filialbuchhaltung**		**11**	**147**
	1.1	Abschluss Kontokorrentfilialbuchhaltung		147
	1.2	Filialbuchhaltung nach verschiedenen Methoden		148
	1.3	Kontokorrentfilialbuchhaltung		150
	1.4	Abschluss einer Aktiengesellschaft mit Filialen		152
	1.5	Dezentralisierte Filialbuchhaltung mit Abschluss		154
	1.6	Dezentralisierte Filialbuchhaltung mit ausländischer Filiale		157
2	**Kommissionsgeschäft**		**27**	**161**
	2.1	Abgeschlossenes Einkaufskommissionsgeschäft		161
	2.2	Nicht abgeschlossenes Einkaufskommissionsgeschäft		161
	2.3	Abgeschlossenes Einkaufskommissionsgeschäft und fremde Währung		162
	2.4	Abgeschlossenes Verkaufskommissionsgeschäft		163
	2.5	Nicht abgeschlossenes Verkaufskommissionsgeschäft		164
	2.6	Abgeschlossenes Verkaufskommissionsgeschäft und fremde Währung		165
	2.7	Abgeschlossene Einkaufs- und Verkaufskommissionsgeschäfte und fremde Währung		166
	2.8	Nicht abgeschlossene Einkaufs- und Verkaufskommissionsgeschäfte und fremde Währung		167
	2.9	Jahresabschluss eines Handelsunternehmens mit Kommissionsgeschäften		169
3	**Partizipations- und Konsortialgeschäft**		**38**	**171**
	3.1	Erledigtes Partizipationsgeschäft (3 Partizipanten)/Partizipationsbuchhaltung		171
	3.2	Erledigtes Partizipationsgeschäft (2 Partizipanten)/Partizipationsbuchhaltung		172
	3.3	Erledigtes Partizipationsgeschäft (4 Partizipanten)/Partizipationsbuchhaltung		173
	3.4	Erledigtes Partizipationsgeschäft und fremde Währung/Partizipationsbuchhaltung		174
	3.5	Nicht erledigtes Partizipationsgeschäft/Partizipationsbuchhaltung		176
	3.6	Nicht erledigtes Partizipationsgeschäft (2 Abrechnungsperioden)/Partizipationsbuchhaltung		177
	3.7	Nicht erledigtes Partizipationsgeschäft und fremde Währung/Partizipationsbuchhaltung		178
	3.8	Konsortium zweier Elektrogeschäfte/Konsortialbuchhaltung		179
	3.9	Baukonsortium/Konsortialbuchhaltung		180

		Theorie	Aufgaben
3.10	Bau und Vermietung eines Geschäftshauses/Konsortialbuchhaltung		182
3.11	Bankenkonsortium/Konsortialbuchhaltung		187

4	**Factoring**	**45**	**188**
4.1	Abgeschlossenes Factoringgeschäft bei verschiedenen Factoringformen		188
4.2	Nicht abgeschlossenes Factoringgeschäft mit laufender Bevorschussung des aktuellen Forderungsbestandes bei verschiedenen Factoringformen		189
4.3	Nicht abgeschlossenes Factoring mit Bevorschussung nach Bedarf des Zedenten bei verschiedenen Factoringformen		190
4.4	Nicht abgeschlossenes echtes Factoring		192

5	**Leasing**	**52**	**194**
5.1	Lastwagen in Leasing		194
5.2	Maschine in Leasing		195
5.3	Anlage in Leasing		197
5.4	Produktionsanlage in Leasing		199
5.5	Leasing mit Anzahlung		201
5.6	Leasing mit Barwertmethode		203

6	**Derivative Finanzinstrumente**	**69**	**206**
6.1	Devisentermingeschäft (Absicherung)		206
6.2	Devisentermingeschäft (Spekulation)		207
6.3a	Devisenswap (Kassakauf/Terminverkauf, Absicherung, Zinseinsparung) Abschluss und Erfüllung erfolgen im gleichen Jahr		208
6.3b	Devisenswap (Kassakauf/Terminverkauf, Absicherung, Zinseinsparung) Abschluss und Erfüllung erfolgen nicht im gleichen Jahr		209
6.4	Devisenswap (Kassakauf/Terminverkauf, Absicherung, Zinseinsparung)		210
6.5	Devisenswap (Kassakauf/Terminverkauf, Absicherung, Festgeldanlage)		211
6.6a	Kauf Call-Option auf Aktien (Handel, Spekulation)		212
6.6b	Verkauf Call-Option auf Aktien (Handel, Spekulation)		213
6.7a	Kauf Put-Option auf Aktien (Absicherung)		215
6.7b	Verkauf Put-Option auf Aktien (Handel, Spekulation)		216

		Theorie	Aufgaben
6.8a	Kauf Call-Option auf Devisen (Spekulation)		218
6.8b	Verkauf Call-Option auf Devisen (Spekulation)		219
6.9	Kauf Call-Option auf Devisen (Absicherung)		220
6.10a	Kauf Put-Option auf Devisen (Spekulation)		221
6.10b	Verkauf Put-Option auf Devisen (Spekulation)		222
6.11	Kauf Put-Option auf Devisen (Absicherung)		223
6.12	Verkauf SMI-Futures (Absicherung)		224
6.13	Kauf Call-Option auf den SMI-Index (Handel, Spekulation)		225
6.14	Kauf Put-Option auf den SMI-Index (Absicherung)		226
7	**Vorsorgeeinrichtungen (VE)**	**114**	**227**
7.1	Vorsorgekonzept und gesetzliche Grundlagen der beruflichen Vorsorge		227
7.2	Arten von Vorsorgeeinrichtungen (VE)		227
7.3	Fragen zum BVG		228
7.4	Beiträge gemäss BVG		228
7.5	Rechnungswesen und Rechnungslegung		229
7.6	Kaufmännische Buchhaltung/Veränderung des Sparkapitals/Teilautonome VE/Kombinierte Spar-, Versicherungseinrichtung (Beitragsprimat)		230
7.7	Kaufmännische Buchhaltung/Verbuchung eines Ertragsüberschusses bei verschiedenen Ausgangssituationen		231
7.8	Kaufmännische Buchhaltung/Verbuchung eines Aufwandüberschusses bei verschiedenen Ausgangssituationen		232
7.9	Kaufmännische Buchhaltung/Autonome VE/Kombinierte Spar-, Versicherungseinrichtung (Beitragsprimat)		233
7.10	Kaufmännische Buchhaltung/Autonome VE/Reine Versicherungseinrichtung (Leistungsprimat)		234
7.11	Kaufmännische Buchhaltung/Nichtautonome VE/Kollektivversicherung		236
7.12	Kaufmännische Buchhaltung/Teilautonome VE/Spareinrichtung mit Risikoversicherung (Beitragsprimat)		237
7.13	Kaufmännische Buchhaltung/Teilautonome VE/Kombinierte Spar-, Versicherungseinrichtung (Beitragsprimat/BVG-Minimum)		239
7.14	Kaufmännische Buchhaltung/Wertschriften		242
7.15	Technische Buchhaltung/Mitgliederkonto		245

1 Filialbuchhaltung

1.1 Abschluss Kontokorrentfilialbuchhaltung

Ausgangslage

Die Hasler & Co. führt für ihre Filiale die beiden Konten Kontokorrent Filiale und Warenlieferungen an Filiale. Die Kundenguthaben der Filiale werden von der Filiale verwaltet.

Vor dem Abschluss weisen die Filialkonten folgende Umsätze auf:

	Soll	Haben
Kontokorrent Filiale	270 000.– /	225 000.–
Warenlieferungen an Filialen	20 000.– /	261 000.–

Buchungstatsachen

1	Inventarwert des Filialwarenlagers	
	a zu Einstandspreisen	28 000.–
	b zu Verkaufspreisen	41 000.–
2	Filialkassabestand	2 800.–
3	Bestand an Filialkundenguthaben	800.–
4	Soll-/Ist-Differenz	?
5	Umbuchung Saldo Konto Warenlieferungen an Filiale	?

Aufgaben

[A] Wie lauten die Buchungen?

[B] Führen Sie die Konten Kontokorrent Filiale und Warenlieferungen an Filiale. Schliessen Sie sie ab, und nehmen Sie die Wiedereröffnung vor.

[C] Was stellt die Soll-/Ist-Differenz im Kontokorrent Filiale dar?

[D] Was zeigt der Schlusssaldo des Kontos Warenlieferungen an Filiale?

Zusatzaufgaben

[E] Wie lautet die Buchung für die Buchungstatsache 4, wenn der Kassabestand unter sonst gleichen Bedingungen Fr. 3 400.– beträgt?

[F] Nennen Sie andere Bezeichnungen für das Konto Warenlieferungen an Filiale.

1.2 Filialbuchhaltung nach verschiedenen Methoden

Ausgangslage

Die Buchhandlung E. Fischer, Schaffhausen, eröffnet eine Filiale in Stein am Rhein. Mit Ausnahme des Warenvorrates zum Einstandspreis (EP) sind alle Warenwerte inklusive 2,5 % Mehrwertsteuer. Die Mehrwertsteuer wird nach der Nettomethode gebucht und nach vereinbartem Entgelt abgerechnet.[1] Alle Beträge sind auf ganze Franken gerundet bzw. zu runden.

Kontenplan für alle drei Methoden

Kasse, Bank, Forderungen aus L+L, Vorsteuer, Warenvorrat, Verbindlichkeiten aus L+L, Umsatzsteuer, Übrige kurzfristige Verbindlichkeiten, Eigenkapital, Wareneinkauf, Personalaufwand, Übriger Betriebsaufwand, Warenverkauf

Buchungstatsachen

1. Das Hauptgeschäft sendet der Filiale Ware; Einstandswert Fr. 20 500.–, Verkaufswert Fr. 25 625.–.
2. Die Filiale verkauft Ware für Fr. 11 275.– bar.
3. Die Filiale verkauft Ware für Fr. 1 589.– auf Kredit.
4. Die Filiale sendet Ware an das Hauptgeschäft zurück; Einstandswert Fr. 1 025.–, Verkaufswert Fr. 1 281.–.
5. Die Filiale bezieht direkt bei einem Lieferanten Ware; Rechnung des Lieferanten Fr. 10 250.–, Verkaufswert der Waren Fr. 12 915.–. (Im Hauptgeschäft wurde nichts gebucht.)
6. Die Filiale verkauft Ware für Fr. 14 145.– bar.
7. In der Filiale werden verschiedene Aufwendungen von Fr. 1 080.– inkl. 8 % Mehrwertsteuer bar bezahlt.
8. Lohnabrechnung für die Filialangestellte:

Bruttolohn	Fr. 5 000.–
– AHV, ALV, PK-Abzug	Fr. 580.–
Nettolohn durch die Bank überwiesen	Fr. 4 420.–

    Die AN-Beiträge werden den Sozialversicherungen gutgeschrieben.
9. Der Arbeitgeberbeitrag AHV, ALV, UV, PK für die Filialangestellte beträgt Fr. 650.–. Er wird ebenfalls den Sozialversicherungen gutgeschrieben.
10. Die Filiale zahlt auf das Bankkonto Fr. 22 000.– ein.

Abschluss

11. Filialkassenbestand Fr. 2 340.–
12. Warenbestand in der Filiale: Einstandswert Fr. 7 760.– (ohne Mehrwertsteuer), Verkaufswert Fr. 10 045.– (inkl. Mehrwertsteuer)
13. Inventardifferenz
14. Abschluss der Filialkonten

Eröffnung

15. Eröffnung der Filialkonten (nur bei Kontokorrent-Filialbuchhaltung verlangt)

[1] Siehe Carlen/Gianini/Riniker, Finanzbuchhaltung 1, Praxis der Finanzbuchhaltung, Teil 2, Kapitel 23 Mehrwertsteuer.

Aufgaben **A** Kontokorrent-Filialbuchhaltung

Zusätzliche Konten: Kontokorrent Filiale, Warenlieferungen an Filiale.
Die Filialkundenguthaben werden vom Hauptgeschäft verwaltet.
Der Warenverkehr zwischen Hauptgeschäft und Filiale erfolgt inkl. Mehrwertsteuer.

1. Wie lauten die Buchungen?
2. Führen Sie die Konten Kontokorrent Filiale und Warenlieferungen an Filiale.
3. Mit welcher Buchung wird das Warenmanko zu Einstandspreisen berücksichtigt?
4. Berechnen Sie den Filialerfolg. Die Bruttogewinnmarge beträgt 20 % vom Warenverkauf ohne Mehrwertsteuer.

B Zentralisierte Filialbuchhaltung

Folgende Konten werden parallel geführt: Kasse, Forderungen aus L+L, Warenvorrat, Wareneinkauf, Personalaufwand, Übriger Betriebsaufwand, Warenverkauf.
Der Warenverkehr zwischen Hauptgeschäft und Filiale erfolgt mehrwertsteuerfrei.

1. Wie lauten die Buchungen für die Buchungstatsachen 1 bis 13?
2. Führen Sie die Konten Wareneinkauf Filiale und Warenverkauf Filiale, und schliessen Sie sie ab.
3. Erstellen Sie die Filialerfolgsrechnung.

C Dezentralisierte Filialbuchhaltung

Der Warenverkehr zwischen dem Hauptgeschäft und der Filiale erfolgt mehrwertsteuerfrei.
Die Filialkundenguthaben werden von der Filiale verwaltet.

Zusätzliche Konten in den Buchhaltungen:

Filiale: Verbindungskonto Hauptgeschäft, Warenbezüge vom Hauptgeschäft
Hauptgeschäft: Verbindungskonto Filiale, Warenlieferungen an Filiale, Filialgewinn, Filialverlust

Filiale

1. Wie lauten die Buchungen für die Buchungstatsachen 1 bis 14?
   (Die Fälle 8 und 10 werden über das Bankkonto der Filiale abgewickelt.)
2. Führen Sie das Verbindungskonto Hauptgeschäft, und schliessen Sie es ab.
3. Erstellen Sie die Filialerfolgsrechnung.
4. Wie lautet die Erfolgsverbuchung?
5. Erstellen Sie die Filialbilanz nach Erfolgsverbuchung.

Hauptgeschäft

6. Wie lauten die Buchungen für die Buchungstatsachen 1 bis 14?
7. Führen Sie das Verbindungskonto Filiale, und schliessen Sie es ab.
8. Wie lautet die Buchung für den Filialerfolg, wenn er
   a erfolgswirksam
   b erfolgsunwirksam
      erfasst wird?

1.3 Kontokorrentfilialbuchhaltung

Ausgangslage

Das Haushaltgeschäft A. Lamborghini AG besteht aus dem Hauptgeschäft in Luzern und einer Filiale in Sursee.
Die Filialkundenguthaben werden vom Hauptgeschäft verwaltet.

Auszug aus dem Kontenplan

Kasse, Bank, Forderungen aus L+L, Kontokorrent Filiale, Warenvorrat, Mobilien, Verbindlichkeiten aus L+L, Aktienkapital, Gesetzliche Gewinnreserve, Gewinnvortrag,
Wareneinkauf, Personalaufwand, Übriger Betriebsaufwand, Abschreibungen,
Verkaufserlös Hauptgeschäft, Warenlieferungen an Filiale

Buchungstatsachen im Monat Januar (Kurzzahlen)

Eröffnung am 1.1.

1	Warenbestand im Hauptgeschäft			300
2	Warenbestand in der Filiale:			
	a	Einstandswert		120
	b	Verkaufswert		180
3	Kassenbestand in der Filiale am 1.1.			4

Geschäftsfälle

4	Einkäufe des Hauptgeschäftes auf Kredit			200
5	Lieferungen vom Hauptgeschäft an die Filiale			EP 70/VP 105
6	Direktlieferungen von Lieferanten auf Kredit an die Filiale:			
	a	Einstandswert (Ist nicht in Buchungstatsache 4 enthalten.)		10
	b	Verkaufswert		15
7	Rücksendungen von der Filiale an das Hauptgeschäft			EP 4/VP 6
8	Lohn für das Filialpersonal mit Banküberweisung bezahlt.			13
9	Miete für die Filialräume mit Banküberweisung bezahlt.			7
10	Kassenabrechnung der Filialleiterin:			
	Kassenbestand am 1.1.			4
	a	Barverkäufe	129	
	b	– Aktions- und Personalrabatte	– 9	120
				124
	c	Barauslagen für Reinigung und Büromaterial		– 3
				121
	d	Auf das Bankkonto einbezahlt		–118
	Kassenbestand am 31.1.			3
11	Verkäufe in der Filiale mit EC-Direkt-Karten. Direkte Gutschrift auf Bankkonto			23
12	Verkaufspreiserhöhungen auf verschiedenen Artikeln in der Filiale			8
13	Kreditverkäufe in der Filiale			12
14	Rechnung für neue Ladenkasse in der Filiale			5
15	Banküberweisungen von Filialkundenguthaben			4

16 a	Abschreibungen Mobiliar Hauptgeschäft	2
b	Abschreibungen Mobiliar Filiale	1

Abschluss vom 31. 1.

17	Warenbestand im Hauptgeschäft	320
18	Warenbestand in der Filiale:	
a	Einstandswert	88
b	Verkaufswert	132
19	Filialkassenbestand	3
20	Differenz Soll-/Ist-Bestand in der Filiale zulasten bzw. zugunsten des Hauptgeschäftes	?

Aufgaben A Wie lauten die Buchungen?

B Führen Sie die Konten Kontokorrent Filiale, Warenvorrat, Wareneinkauf, Warenlieferungen an Filiale

C Wie lauten die Buchungen für die Wiedereröffnung der Filialkonten?

Zusatzaufgaben

D Welche Buchungen ändern sich, wenn die Filialkundenguthaben von der Filiale verwaltet werden?

E Wie lauten die Buchungen für die Buchungstatsache 20, wenn die Filialleiterin das Manko zu folgenden Werten übernehmen muss:

1 zum Verkaufswert von 6?
2 zum Einstandswert von 4?

Die Zahlung erfolgt auf das Bankkonto.

1.4 Abschluss einer Aktiengesellschaft mit Filialen

Ausgangslage

Die Filo AG ist ein Handelsunternehmen mit einem Hauptgeschäft (HG) und folgenden zwei Filialen.

Filiale Gross (FG)
Für diese Filiale werden einige Parallelkonten geführt. Das HG beliefert die Filiale FG zu Einstandspreisen.

Filiale Klein (FK)
Für diese Filiale werden die beiden Konten Kontokorrent FK und Warenverkauf FK geführt. Das HG beliefert die FK zu Verkaufspreisen. Die Filiale FK verkauft nur gegen bar.

Saldobilanz vom 30. 11. (in Fr. 1 000.–)

Konten		Soll	Haben
Kasse, Post, Bank		5	
Kasse FG		1	
Forderungen aus L+L	60		
Forderungen aus L+L FG	35		
WB Forderungen aus L+L	– 5	90	
Kontokorrent FK		12	
Warenvorrat		60	
Warenvorrat FG		10	
Mobilien		30	
Mobilien FG		10	
Verbindlichkeiten aus L+L			91
Aktienkapital			100
Gesetzliche Gewinnreserve			15
Gewinnvortrag			4
Wareneinkauf		312	
Wareneinkauf FG		140	
Personalaufwand		70	
Personalaufwand FG		22	
Übriger Betriebsaufwand		95	
Übriger Betriebsaufwand FG		23	
Abschreibungen		–	
Abschreibungen FG		–	
Warenverkauf HG			420
Warenverkauf FG			204
Warenverkauf FK			60
Forderungsverluste		10	
Forderungsverluste FG		4	
		894	894

Buchungstatsachen im Monat Dezember

1. Warenlieferungen des HG an die Filialen:
   a. FG Einstandswert 10, Verkaufswert 14
   b. FK Einstandswert 5, Verkaufswert 7
2. Wareneinkäufe des HG auf Kredit 30
3. Direkteinkäufe der Filialen auf Kredit von Lieferanten:
   (Nicht in Buchungstatsache 2 enthalten.)
   a. FG Einstandswert 4, Verkaufswert 6
   b. FK Einstandswert 2, Verkaufswert 3
4. Verkäufe:
   a. HG 45 davon ⅔ bar
   b. FG 22 davon 5 auf Kredit
5. Einzahlungen der Filialen auf das Bankkonto:
   a. FG 14
   b. FK 10
6. Löhne durch die Bank bezahlt:
   a. HG 8
   b. FG 2
   c. FK 2
7. Gutschrift eines Lieferanten, dem die FK Ware zurückgesandt hat; Einstandswert 1, Verkaufswert 2
8. Abschreibungen auf dem Mobiliar 10 % vom Buchwert
9. Zahlungen von Kunden auf das Postkonto:
   a. HG 25
   b. FG 20
10. Zahlungen an Lieferanten durch die Bank 62
11. Die FG sendet Ware an die FK; Einstandswert 2, Verkaufswert 3
12. Ein Verkäufer der FK hat öfters in der FG gearbeitet. Sein Lohn ist bereits verbucht. Dem Arbeitsplatzwechsel ist in der Buchhaltung mit 1 Rechnung zu tragen.
13. Die WB Forderungen aus L+L soll wie im Vorjahr 10 % der Forderungen aus L+L betragen. Forderungsbestand am 1. 1.: HG 40, FG 10.
14. a. Die Kassenbestände HG und FG stimmen mit den Konten überein.
    b. Kassenbestand FK 4
15. Warenbestand laut Inventar am 31. 12.:
    a. HG Einstandswert 59, Verkaufswert 82
    b. FG Einstandswert 7, Verkaufswert 10
    c. FK Einstandswert 5, Verkaufswert 8

Aufgaben

A. Wie lauten die Buchungen?

B. Erstellen Sie eine zweistufige Erfolgsrechnung, die den Brutto- und Jahresgewinn für das Hauptgeschäft (inkl. FK), die FG und das Gesamtunternehmen ausweist.

1.5 Dezentralisierte Filialbuchhaltung mit Abschluss

Ausgangslage

Das Haushaltgeschäft F. Ferrari AG besteht aus dem Hauptgeschäft in Zug und einer Filiale in Cham.

Kontenplan der Filiale

Kasse, Forderungen aus L+L, Warenvorrat, Mobilien, Verbindlichkeiten aus L+L, Verbindungskonto Hauptgeschäft
Wareneinkauf, Personalaufwand, Übriger Betriebsaufwand, Abschreibung, Regieaufwand, Verkaufserlös
(Die Warenbezüge vom und die Rücksendungen an das Hauptgeschäft werden auf dem Konto Wareneinkauf erfasst.)

Kontenplan des Hauptgeschäftes

Kasse, Bank, Forderungen aus L+L, Verbindungskonto Filiale, Warenvorrat, Mobilien, Verbindlichkeiten aus L+L, Aktienkapital, Gesetzliche Gewinnreserve, Gewinnvortrag,
Wareneinkauf, Personalaufwand, Übriger Betriebsaufwand, Abschreibung, Lieferungen an Filiale, Verkaufserlös, Verrechneter Regieaufwand, Filialerfolg

Eröffnungsbilanz der Filiale am 1.1. (Kurzzahlen)

Kasse	4	Verbindlichkeiten aus L+L	54
Forderungen aus L+L	30	Verbindungskonto Hauptgeschäft	155
Warenvorrat	120		
Mobilien	55		
	209		209

Eröffnungsbilanz des Hauptgeschäftes am 1.1. (Kurzzahlen)

Umlaufvermögen		**Kurzfristiges Fremdkapital**	
Kasse	10	Verbindlichkeiten aus L+L	170
Bank	25		
Forderungen aus L+L	280	**Eigenkapital**	
Verbindungskonto Filiale	155	Aktienkapital	500
Warenvorrat	220	Gesetzliche Gewinnreserve	200
		Gewinnvortrag	10
Anlagevermögen			
Mobilien	190		
	880		880

Buchungstatsachen im Monat Januar (Kurzzahlen)

1	Einkäufe des Hauptgeschäftes auf Kredit	290
2	Lieferungen vom Hauptgeschäft an die Filiale	70
3	Direktlieferungen von Lieferanten auf Kredit an die Filiale (Die Rechnung geht an die Filiale.)	10
4	Rücksendungen von der Filiale an das Hauptgeschäft	4
5 a	Löhne für das Filialpersonal mit Banküberweisung bezahlt.	13
b	Löhne für das Personal des Hauptgeschäftes durch die Bank überwiesen.	32
6	Miete für die Filialräume durch die Bank bezahlt.	7
7	Kassenabrechnung der Filialleiterin: Kassenbestand am 1. 1.	4

a	Barverkäufe	129	
	Rabatte (Aktionsrabatte, Personalrabatte)	– 9	120
			124
b	Verschiedene Barauslagen für Reinigung und Büromaterial		– 3
			121
c	Auf das Bankkonto einbezahlt		–118
	Kassenbestand am 31. 1.		3

8	Verkäufe in der Filiale mit EC-Direkt-Karten. Direkte Gutschrift auf Bankkonto	23
9	Verkaufspreiserhöhungen auf verschiedenen Artikeln in der Filiale	8
10	Kreditverkäufe in der Filiale	12
11	Rechnung an das Hauptgeschäft für neue Filialladenkasse	5
12	Banküberweisungen von Filialdebitoren	4
13 a	Abschreibung Mobiliar Filiale	1
b	Abschreibung Mobiliar Hauptgeschäft	2
14	Kreditverkäufe des Hauptgeschäftes	300
15	Banküberweisungen von Hauptgeschäft-Kunden	270
16	Banküberweisungen an Hauptgeschäft-Lieferanten	120
17	Verschiedener Aufwand des Hauptgeschäftes durch die Bank bezahlt	28
18	Verrechneter Regieaufwand	7

Abschluss vom 31. 1.

19	Übertrag des Kontos Lieferungen an Filiale	?
20	Warenbestand im Hauptgeschäft	240
21	Warenbestand in der Filiale	88

Aufgaben

A Wie lauten die Buchungen in der Filiale?

B Wie lauten die Buchungen im Hauptgeschäft?

C Erstellen Sie eine Tabelle mit folgenden Erfolgsrechnungen:[1]
Filiale, Hauptgeschäft vor Verbuchung des Filialerfolgs, Gesamtunternehmen konsolidiert

---

[1] Siehe Darstellung Theorie Abschnitt 16.

D Erstellen Sie eine Tabelle mit folgenden Schlussbilanzen vor Gewinnverwendung [1]:
Filiale, Hauptgeschäft vor Verbuchung des Filialerfolgs (nicht konsolidiert), Gesamtunternehmen konsolidiert (ohne Zwischentitel).

E Wie lautet die Buchung für den Filialerfolg in der Filiale?

F Erstellen Sie die Filialschlussbilanz II.

G Wie lautet die erfolgswirksame Buchung im Hauptgeschäft für den Filialerfolg?

H Erstellen Sie die nicht konsolidierte Erfolgsrechnung des Hauptgeschäftes nach Verbuchung des Filialerfolgs.

I Erstellen Sie die nicht konsolidierte Schlussbilanz I des Hauptgeschäftes nach Verbuchung des Filialerfolgs.

---

[1] Siehe Darstellung Theorie Abschnitt 16.

1.6 Dezentralisierte Filialbuchhaltung mit ausländischer Filiale

Ausgangslage

Die Elvis GmbH in Schaffhausen verkauft unter anderem Waren in Frankreich über eine Filiale in Dijon (Filiale in D). Das Hauptgeschäft beliefert die Filiale zu Einstandspreisen. Die Fakturen an die Filiale werden in Euro (EUR) ausgestellt. Die Filiale kann auch selbstständig Waren in Frankreich einkaufen.

Der Verkehr zwischen dem Hauptgeschäft und der Filiale wickelt sich über Verbindungskonten ab. Das Verbindungskonto in der Buchhaltung des Hauptgeschäftes wird als Vierspalten-Fremdwährungskonto geführt. Die Kursdifferenz wird (ausser bei Buchungstatsache 9) gesamthaft am Monatsende verbucht.

Die Beträge sind auf ganze Kurzzahlen zu runden.

Devisenkurse für EUR:
Buchkurs 1.10
Bilanzkurs 1.05

Probebilanz des Hauptgeschäftes am 30.11. (Kurzzahlen)

Konten	EUR Soll	EUR Haben	CHF Soll	CHF Haben
Bank			1 355	1 300
Forderungen aus L+L			1 040	990
Filiale in D	460	320	518	343
Warenvorrat			180	
Mobilien			90	
Verbindlichkeiten aus L+L			870	910
Stammkapital				300
Gesetzliche Gewinnreserve				90
Wareneinkauf			1 050	10
Lieferungen an Filiale				480
Personalaufwand			220	
Übriger Betriebsaufwand			210	
Abschreibungen			–	
Währungskursdifferenzen			–	
Verrechneter Regieaufwand				–
Warenverkauf			80	1 190
Filialerfolg			–	
			5 613	5 613

Probebilanz der Filiale am 30.11. (Kurzzahlen)

Konten	EUR Soll	EUR Haben
Bank	550	520
Forderungen aus L+L	480	440
Warenvorrat	80	
Mobilien	10	
Verbindlichkeiten aus L+L	60	70
Hauptgeschäft	320	460
Wareneinkauf	70	20
Warenbezüge vom Hauptgeschäft	300	
Personalaufwand	60	
Übriger Betriebsaufwand	50	
Abschreibungen	–	
Regieaufwand	–	
Warenverkauf	40	510
	2 020	2 020

Buchungstatsachen im Monat Dezember

1	Kreditwareneinkäufe des Hauptgeschäftes	CHF 98
2	Direkte Wareneinkäufe auf Kredit der Filiale in Frankreich	EUR 30
3	Das Hauptgeschäft liefert Ware an die Filiale.	EUR 20
4	Das Hauptgeschäft erhält eine Rechnung der Interieur SA, Dijon, für die Neumöblierung der Filiale.	EUR 60
5	Kreditverkäufe des Hauptgeschäftes in der Schweiz	CHF 115
6	Kreditverkäufe der Filiale	EUR 50
7	Überweisungen von Hauptgeschäftkunden auf das Bankkonto des Hauptgeschäftes	CHF 98
8	Überweisungen von Filialkunden auf das Bankkonto der Filiale	EUR 45
9a	Das Hauptgeschäft bezahlt die Rechnung der Interieur SA, Dijon, mit 2% Skontoabzug durch die Bank (siehe Buchungstatsache 4).	CHF 64
b	Kursdifferenz sofort verbuchen.	
10	Das Hauptgeschäft belastet der Filiale für Verwaltungs- und Zinsaufwand (Umrechnung zum Bilanzkurs).	CHF 32
11	Abschreibung auf den Mobilien des Hauptgeschäfts	CHF 30
12	Abschreibung auf den Mobilien der Filiale	EUR 10
13	Bankzahlung der Dezemberlöhne im Hauptgeschäft	CHF 24
14	Bankzahlung der Dezemberlöhne in der Filiale	EUR 5
15	Übertrag des Kontos Warenbezüge vom Hauptgeschäft und des Kontos Lieferungen an Filiale	
16	Warenbestand laut Inventar im Hauptgeschäft	CHF 160
17	Warenbestand laut Inventar in der Filiale	EUR 90

Aufgaben **A** Buchhaltung der Filiale (in EUR)

1. Wie lauten die Buchungen?
2. Führen Sie das Konto Hauptgeschäft.
3. Erstellen Sie die Erfolgsrechnung.
4. Verbuchen Sie den Filialerfolg.
5. Schliessen Sie das Konto Hauptgeschäft ab.
6. Erstellen Sie die Schlussbilanz nach Verbuchung des Filialerfolgs.

B Buchhaltung des Hauptgeschäfts (in CHF)

1. Wie lauten die Buchungen?
2. Führen Sie das Konto Filiale als Vierspalten-Fremdwährungskonto.
3. Verbuchen Sie den Filialerfolg erfolgswirksam (Umrechnung zum Bilanzkurs).
4. Schliessen Sie das Konto Filiale in D ab, und verbuchen Sie die Kursdifferenz.
5. Erstellen Sie die nicht konsolidierte Erfolgsrechnung nach Verbuchung des Filialerfolgs.
6. Erstellen Sie die nicht konsolidierte Schlussbilanz I nach Verbuchung des Filialerfolgs (mit Zwischentitel gemäss OR 959a).

C Konsolidierte Jahresrechnungen (in CHF)

1. Erstellen Sie eine Tabelle mit folgenden Erfolgsrechnungen:
   – Filiale (Umrechnung zum Bilanzkurs)
   – Hauptgeschäft vor Verbuchung des Filialerfolgs
   – Gesamtunternehmen konsolidiert
2. Erstellen Sie eine Tabelle mit folgenden Schlussbilanzen I (ohne Zwischentitel):
   – Filiale (Umrechnung zum Bilanzkurs)
   – Hauptgeschäft vor Verbuchung des Filialerfolgs (nicht konsolidiert)
   – Gesamtunternehmen konsolidiert

Beträge auf ganze Kurzahlen runden.

2 Kommissionsgeschäft

2.1 Abgeschlossenes Einkaufskommissionsgeschäft

Ausgangslage

Kommittent T beauftragt Kommissionär S Waren einzukaufen. S erhält 3 % Provision von den aufgelaufenen Kosten. Der Zahlungsverkehr wickelt sich durch die Bank ab.

Buchungstatsachen

1. S kauft für T Waren auf Kredit für Fr. 7 000.–.
2. S erhält die Rechnung des Spediteurs für die eingekaufte Ware von Fr. 500.–.
3. S nimmt Waren aus seinen eigenen Beständen zum Einstandswert von Fr. 3 000.– (Selbsteintritt).
4. T erhält die Rechnung für die Transportversicherung von Fr. 200.–.
5. S erstellt die Abrechnung und sendet sie mit den Waren an T.
6. T begleicht seine Schuld.

Aufgaben A
1. Wie lauten die Buchungen bei S?
2. Führen Sie die Konten Kommissionswareneinkauf für T, Kommissionswarenverkauf an T und Kontokorrent T.

B Wie lauten die Buchungen bei T?

Zusatzaufgaben

C Haftet der Kommissionär Dritten gegenüber im Namen des Auftraggebers oder im eigenen Namen?

D Welche Entschädigungen kann der Kommissionär vom Kommittenten verlangen?

E Nennen Sie die Buchungen bei S und T, wenn die Mehrwertsteuer von 8 % zu berücksichtigen ist. Die Vor- und Umsatzsteuer wird nach vereinbartem Entgelt abgerechnet und ist nach der Nettomethode zu verbuchen.[1]
Die Beträge bei den Buchungstatsachen sind ohne Mehrwertsteuer.

2.2 Nicht abgeschlossenes Einkaufskommissionsgeschäft

Ausgangslage

Mitte Dezember beauftragt Kommittent T Kommissionär S Waren einzukaufen.
S erhält 4 % Provision von den aufgelaufenen Ausgaben.
Der Zahlungsverkehr wickelt sich durch die Bank ab.

---

[1] Siehe Carlen/Gianini/Riniker, Finanzbuchhaltung 1, Praxis der Finanzbuchhaltung, Teil 2, Kapitel 23 Mehrwertsteuer.

Buchungstatsachen

1. T leistet einen Vorschuss von Fr. 8000.–.
2. S kauft für T Waren für Fr. 25 000.– auf Kredit.
3. S bezahlt die Transportversicherung und die Fracht von Fr. 900.–.
4. Abschluss am 31. 12.: (Es wurde noch keine Abrechnung erstellt.)
   a. S erfasst die Provision transitorisch.
   b. S aktiviert die bereits getätigten Ausgaben.
   c. Abschluss der Konten

Aufgaben [A]
1. Wie lauten die Buchungen bei S?
2. Führen Sie die Konten Kommissionswareneinkauf für T, Kommissionswarenverkauf an T, Kommissionswarenbestand und Kontokorrent T.

[B] Wie lauten die Buchungen bei T?

Zusatzaufgabe

[C]
1. Wohin wird der Saldo vom Konto Kommissionswareneinkauf beim nicht abgeschlossenen Einkaufskommissionsgeschäft beim Jahresabschluss übertragen?
2. Was bedeutet der Schlussbestand im Konto Kommissionswarenbestand?
3. Warum muss der Kommissionär drei Konten führen?

2.3 Abgeschlossenes Einkaufskommissionsgeschäft und fremde Währung

Ausgangslage

Importeur X beauftragt Kommissionär Y in New York Rollerblades einzukaufen. Der Kommissionär erhält 5 % Kommission von den aufgelaufenen Kosten. Der Importeur erfasst die fremde Währung in einem Vierspalten-Fremdwährungskonto.
Der Zahlungsverkehr wickelt sich durch die Bank ab.

Folgende Konten stehen zur Verfügung:
Kommittent X, Kommissionswareneinkauf für X, Kommissionswarenverkauf an X, Kommissionär Y

Buchungstatsachen

1. Wareneinkauf auf Kredit durch Kommissionär Y; Rechnung des Lieferanten USD 18 600.–
2. Zahlung der Frachtspesen bis ins eigene Lager in New York USD 160.–
3. Weiterleitung der Kommissionswaren an den Kommittenten. Bezahlte Frachtkosten bis an Bord des Schiffes USD 240.–
4. Kommittent X überweist dem Spediteur beim Empfang der Waren CHF 2900.–.
5. Einkaufsabrechnung des Kommissionärs Y:

	Warenpreis	USD 18 600.–
+	Frachtspesen	USD 400.–
+	5 % Provision	USD 950.–
	Guthaben	USD 19 950.–

6 Kommittent X erhält die Einkaufsabrechnung, Umrechnungskurs 1.02.

7 Kommittent X überweist USD 19 950.–, Tageskurs –.98.

Aufgaben **A** Wie lauten die Buchungen beim Kommissionär Y?

B Wie lauten die Buchungen beim Importeur (Kommittent X)?

2.4 Abgeschlossenes Verkaufskommissionsgeschäft

Ausgangslage

Kommittent T beauftragt Kommissionär S Waren zu verkaufen. S erhält 10 % Provision vom gesamten Verkaufserlös. Für die Übernahme des Kreditrisikos erhält S zudem eine Delkredereprovision (= Zahlungsausfallprovision) von 2 % auf den Kreditverkäufen. Der Zahlungsverkehr wickelt sich durch die Bank ab.

Buchungstatsachen

1 T sendet S Waren zum Einstandswert von Fr. 20 000.–. T nimmt keine Umbuchung für die Ware in Konsignation vor.

2 T erhält die Rechnung für die Versandfracht von Fr. 600.–.

3 S erhält die Rechnung von Fr. 500.– für Versandspesen für die Auslieferungen an Kunden.

4 S hat alle Waren für total Fr. 30 000.– (Fr. 10 000.– gegen bar, Fr. 20 000.– auf Kredit) verkauft.

5 S verrechnet seine Kommissionen, erstellt die Abrechnung und stellt sie T zu.

6 S begleicht seine Schuld.

Aufgaben **A** 1 Wie lauten die Buchungen bei S?

2 Führen Sie die Konten Kommissionswarenverkauf für T, Kommissionswareneinkauf von T und Kontokorrent T.

B 1 Wie lauten die Buchungen bei T?

2 Führen Sie die Konten Kommissionswarenverkauf durch S und Kontokorrent S.

Zusatzaufgaben

C 1 Was zeigt der Saldo des Kontos Kommissionswarenverkauf durch S?

2 Wie lautet die Abschlussbuchung bei T?

3 Ordnen Sie das Konto Kommissionswarenverkauf durch S den zutreffenden Kontenklassen des Kontenrahmens für KMU zu.

4 Wie gross ist der Bruttoerfolg des Verkaufskommittenten?

D Wie buchen der Verkaufskommissionär und der Verkaufskommittent folgende Geschäftsfälle?

1 Kunden von Kommissionär S begleichen ihre Rechnungen von Fr. 8 000.– für erhaltene Kommissionswaren.

2 Ein Kunde ersucht um Nachlass. Kommissionär S und Kommittent T sind einverstanden und verzichten auf Fr. 400.–.
Kommissionär S hat das Zahlungsausfallrisiko
   a übernommen.
   b nicht übernommen.

E Nennen Sie die Buchungen bei S und T, wenn die Mehrwertsteuer von 8 % zu berücksichtigen ist. Die Vor- und Umsatzsteuer wird nach vereinbartem Entgelt abgerechnet und ist nach der Nettomethode zu verbuchen.
Die Beträge bei den Buchungstatsachen sind ohne Mehrwertsteuer.

2.5 Nicht abgeschlossenes Verkaufskommissionsgeschäft

Ausgangslage

Mitte Dezember beauftragt Kommittent T Kommissionär S Waren zu verkaufen. S erhält 12 % Provision vom Verkaufserlös. Der Zahlungsverkehr wickelt sich durch die Bank ab.

Buchungstatsachen

1 T sendet S Waren zum Einstandswert von Fr. 38 000.–. T nimmt keine Umbuchung für die Kommissionswaren vor.
2 T zahlt Versandfrachten von Fr. 1 500.–.
3 S zahlt Spesen von Fr. 900.– für die Auslieferung an Kunden.
4 S verkauft die Hälfte der Waren für Fr. 28 500.– auf Kredit.
5 Für den Jahresabschluss verrechnet S seine Kommission, erstellt die Zwischenabrechnung und stellt sie T zu.
6 S überweist den bis zum Abschluss erzielten Nettoerlös.
7 S und T nehmen die Abschlussbuchungen vor.

Aufgaben **A** 1 Wie lauten die Buchungen bei S?
2 Führen Sie die Konten Kommissionswarenverkauf für T, Kommissionswareneinkauf von T und Kontokorrent T.

B 1 Wie lauten die Buchungen bei T?
2 Führen Sie die Konten Konsignationswarenverkauf durch S, Konsignationswarenbestand und Kontokorrent S.

Zusatzaufgabe

C 1 Warum bucht der Kommissionär den Eingang von Kommissionswaren nicht?
2 Wer weist den Konsignationswarenbestand, der sich beim Kommissionär befindet, in seiner Bilanz aus?
3 Warum können Zinszahlungen vereinbart werden?
4 Wer trägt laut OR 430/1 das Kreditrisiko beim Verkaufskommissionsgeschäft?
5 Welche Entschädigung kann der Verkaufskommissionär verlangen, wenn er das Kreditrisiko übernimmt (OR 430/2)?

2.6 Abgeschlossenes Verkaufskommissionsgeschäft und fremde Währung

Ausgangslage

Exporteur X beauftragt Kommissionär Y in Norddeutschland Bioartikel zu verkaufen. Y erhält dafür 8 % Kommission auf den Verkäufen sowie eine Entschädigung von 4 % für die Übernahme des Zahlungsausfallrisikos.

Für das Kommissionsgeschäft stehen folgende Konten zur Verfügung:
Kommittent X, Kommissionswarenverkauf für X, Kommissionswareneinkauf von X, Kommissionär Y, Konsignationswarenverkauf durch Y, Konsignationswarenbestand
Der Exporteur erfasst die fremde Währung in einem Vierspalten-Fremdwährungskonto.
Der Zahlungsverkehr wickelt sich durch die Bank ab.

Buchungstatsachen

1 Kommittent X sendet Waren zum Einstandswert von CHF 5 900.–. X nimmt eine Umbuchung für die Waren in Konsignation vor.
2 X bezahlt für Versandspesen CHF 150.–.
3 Kommissionär Y bezahlt EUR 70.– Empfangsspesen.
4 Y verkauft alle Waren für EUR 5 250.– auf Kredit.
5 a Kommissionär Y leistet eine Teilzahlung von EUR 1 000.–.
  b Kommittent X erhält die Gutschriftsanzeige seiner Bank; Tageskurs 1.09.
6 Kommissionär Y bezahlt Versandspesen für Kundenlieferungen EUR 50.–.
7 a Konsignationsabrechnung des Kommissionärs Y:

Verkaufserlös		EUR 5 250.–
– Spesen	EUR 120.–	
– Verkaufsprovision	EUR 420.–	
– Delkredereprovision	EUR 210.–	
		EUR 4 500.–
– Teilzahlung	EUR 1 000.–	
Restschuld		EUR 3 500.–

  b Kommittent X verbucht die erhaltene Abrechnung zum Kurs 1.10.
8 a Kommissionär Y überweist die Restschuld.
  b Kommittent X erhält die Gutschriftsanzeige seiner Bank; Tageskurs 1.08.
9 Abschluss der Konsignationswarenkonten beim Exporteur

Aufgaben **A** Wie lauten die Buchungen beim Kommissionär Y?

B 1 Wie lauten die Buchungen beim Exporteur (Kommittent X)?
2 Führen Sie die Konten Konsignationswarenverkauf durch Y und Kommissionär Y.

2.7 Abgeschlossene Einkaufs- und Verkaufskommissionsgeschäfte und fremde Währung

Ausgangslage

Lang, Luzern, ist Einkaufskommissionär für die Göltz GmbH, Graz (Abkürzung GG). Die GG vergütet Lang 3 % Kommission vom Kaufpreis und von den Spesen. Die Forderungen gegenüber der GG in Euro (EUR) werden in einem Vierspalten-Fremdwährungskonto verbucht. Der Buchkurs beträgt 1.20.

Lang ist zudem Verkaufskommittent der Myota Ltd., Morioka (Abkürzung MM). Er gewährt der MM 15 % Kommission vom Bruttoverkaufspreis. Das Kommissionsgeschäft mit MM bucht Lang nur in Schweizer Franken.
Der Buchkurs für den Japanischen Yen (JPY) beträgt 1.–.

Die Kursdifferenzen sind laufend zu erfassen.

Auszug aus dem Kontenplan

Kommissionswareneinkauf für GG, Kommissionswarenverkauf an GG, Kontokorrent GG, Konsignationswarenverkauf durch MM, Versandspesen für Ware in Konsignation, Kontokorrent MM, Währungskursdifferenzen

Buchungstatsachen

1. a Lang sendet der MM Waren zum Einstandswert von Fr. 54 500.–. Lang nimmt keine Umbuchung für die Waren in Konsignation vor.
   b Er überweist die Versandspesen von Fr. 2 500.– durch die Bank.
2. a Für die GG kauft Lang Waren für Fr. 34 000.– auf Kredit ein.
   b Er zahlt die Empfangsfracht von Fr. 800.– mit Banküberweisung.
   c Lang überweist durch die Post Fr. 1 200.– für die Spedition der Waren nach Österreich.
3. Die MM hat für JPY 4 100 000.– Waren verkauft. Sie erstellt für diesen Teilverkauf die Kommissionsabrechnung, wobei sie noch JPY 45 000.– Frachtspesen verrechnet.
   a Lang erfasst den Endbetrag der Kommissionsabrechnung zum Buchkurs.
   b Die MM überweist den Betrag durch die Bank (Tageskurs –.98).
   c Kursdifferenz
4. a Lang erstellt die Einkaufskommissionsabrechnung inkl. Provision und belastet der GG die gesamte Forderung in EUR.
   b Die GG überweist den Betrag auf das Bankkonto von Lang (Tageskurs 1.23).
   c Kursdifferenz
5. Die MM hat für JPY 5 300 000.– die restlichen Waren verkauft. Sie erstellt die Kommissionsabrechnung und berücksichtigt noch die aufgelaufenen Frachtspesen von JPY 85 000.–.
   a Lang erfasst den Endbetrag der Kommissionsabrechnung zum Buchkurs.
   b MM überweist den Betrag durch die Bank (Tageskurs 1.01).
   c Kursdifferenz
6. Abschluss der Konten

Aufgaben A Wie lauten die Buchungen bei Lang?

B Führen Sie die Konten aus dem Kontenplan.

2.8 Nicht abgeschlossene Einkaufs- und Verkaufskommissionsgeschäfte und fremde Währung

Ausgangslage

Die Import- und Export AG tätigt einerseits Warengeschäfte auf eigene Rechnung und tritt anderseits als Einkaufs- und Verkaufskommissionärin auf. Sie kauft für die Protech, Philadelphia, Waren in der Schweiz und lässt sie nach Amerika senden. Für die Ellis Inc., East London, verkauft sie technische Apparate in der Schweiz. Die Abrechnung mit den beiden Kommittenten erfolgt in Schweizer Franken. Die Kundenguthaben Deutschland und die Lieferantenschulden USA werden in Vierspalten-Fremdwährungskonten erfasst.

Die Konten der Import- und Export AG weisen am 20.12.20_6 folgende Umsätze auf:

Konten		Fremde Währungen Soll	Fremde Währungen Haben	Schweizer Franken Soll	Schweizer Franken Haben
Liquide Mittel				1 188 580	1 073 300
Forderungen aus L+L Schweiz				1 179 200	925 700
Forderungen aus L+L Deutschland	EUR	936 923	767 067	1 218 000	986 500
WB Forderungen aus L+L					10 000
Warenvorrat				390 000	
Aktive Rechnungsabgrenzung				–	
Mobilien				90 000	
Verbindlichkeiten aus L+L Schweiz				493 000	629 200
Verbindlichkeiten aus L+L USA	USD	44 775	56 103	43 750	55 550
Passive Rechnungsabgrenzung					–
Aktienkapital					600 000
Gesetzliche Gewinnreserve					55 000
Warenverkauf				34 000	1 097 800
Forderungsverluste				5 900	
Wareneinkauf				591 680	31 840
Personalaufwand				160 000	
Übriger Betriebsaufwand				85 800	
Abschreibungen				–	
Währungskursdifferenzen				–	–
Zinsertrag					1 300
Kommissionsgeschäfte:					
Kommissionswareneinkauf für Protech				54 500	
Kommissionswarenverkauf an Protech					59 440
Kommissionswarenbestand				–	
Kommittent Protech				59 440	51 320
Kommissionswarenverkauf für Ellis Inc.					95 200
Kommissionswareneinkauf von Ellis Inc.				78 300	
Kommittent Ellis Inc.				78 300	78 300
				5 750 450	5 750 450

Buchungstatsachen   21.–30. 12.

1 Die Protech hat Fr. 15 000.– (Fr. 8 120.– zur Begleichung der Einkaufsrechnung vom 10. 11. und Fr. 6 880.– als Vorschuss für den Einkauf unter Buchungstatsache 2) auf das Bankkonto überwiesen.

2 Wareneinkauf auf Kredit für den Kommittenten Protech für Fr. 9 200.– und Übergabe der Waren an den Spediteur zur Weiterleitung nach den USA. Die Abrechnung wird erst im neuen Jahr erstellt und die erarbeitete Provision nicht aktiviert.

3 Die Import- und Export AG sendet Ellis Inc. die Abrechnung für den bereits erfolgten Verkauf von Kommissionswaren:

Verkaufserlös		Fr. 15 200.–	(Bereits verbucht.)
– Spesen	Fr. 700.–		(Bereits verbucht.)
– Provision	Fr. 456.–	Fr. 1 156.–	
Schuld		Fr. 14 044.–	(Ist noch zu erfassen.)

4 Erhalt einer neuen Sendung von 100 Apparaten als Kommissionswaren von Ellis Inc. Für Zoll, Fracht und verschiedene Gebühren werden dem Spediteur Fr. 680.– durch die Bank überwiesen.

5 Kreditverkauf von 8 Apparaten aus der Sendung von Buchungstatsache 4 für Fr. 1 216.–. Die Abrechnung wird erst im neuen Jahr erstellt und die erarbeitete Provision nicht aktiviert.

Buchungstatsachen   31. 12. (Jahresabschluss)

6 Bilanzkurse: 1 USD = 1.00; 1 EUR = 1.25
Die Kundenguthaben Deutschland dürfen nicht mit den Kundenguthaben Schweiz verrechnet werden. Es gibt auch keine Verrechnung der Lieferantenschulden USA mit den Lieferantenschulden Schweiz.

7 Wareninventar:
 a Warenvorrat ohne Kommissionsware Fr. 296 000.–
 b Verkaufskommissionswarenvorrat: 92 Apparate zum Verkaufspreis von je Fr. 152.–

8 Abschreibung: 15 % vom Buchwert der Mobilien

9 Erhöhung der Wertberichtigung Forderungen aus L+L um Fr. 5 000.–

10 a Aktivierung des Kommissionswareneinkaufes für P von Buchungstatsache 2
 b Umbuchung Buchungstatsachen 4 und 5 auf die Abgrenzungskonten

Aufgaben A Wie lauten die Buchungen vom 21.–30. 12.?

B Wie lauten die Buchungen vom 31. 12.?

C Führen Sie die Konten (ohne Kommissionswarenbestand) für die beiden Kommissionsgeschäfte, und schliessen Sie sie ab.

D Erstellen Sie die Schlussbilanz I und die Erfolgsrechnung für interne Zwecke.

Zusatzaufgaben

E Zeigen Sie in übersichtlicher Weise, wie sich die Forderungen gegenüber der Protech bzw. die Schuld gegenüber Ellis Inc. zusammensetzt.

F Warum erscheint der Bestand an Verkaufskommissionswaren nicht in der Bilanz?

2.9 Jahresabschluss eines Handelsunternehmens mit Kommissionsgeschäften

Ausgangslage

Die Kummer AG, Kloten, tätigt neben dem ordentlichen Warenhandel auch Kommissionsgeschäfte. Sie ist Einkaufskommissionärin für die Curto & Co., Chur, und Verkaufskommittentin der Balmer AG, Basel. Die Lieferantenschulden USD[1] und NOK[1] werden als Vierspalten-Fremdwährungskonten geführt.

Saldenbilanz vom 31.12.

Konten		Fremde Währungen Soll	Fremde Währungen Haben	Schweizer Franken Soll	Schweizer Franken Haben
Flüssige Mittel				11 300	
Forderungen aus L+L				41 700	
Kontokorrent Balmer				3 000	
Kontokorrent Curto				10 000	
Aktive Rechnungsabgrenzung				–	
Warenvorrat				163 000	
Konsignationswarenbestand				13 000	
Einkaufskommissionswarenbestand [2]				–	
Mobilien				20 000	
Verbindlichkeiten aus L+L USD	USD	8 800			8 400
Verbindlichkeiten aus L+L NOK	NOK	27 008			3 600
Andere kurzfristige Verbindlichkeiten					23 500
Aktienkapital					150 000
Gesetzliche Gewinnreserve					24 000
Gewinnvortrag					2 500
Warenverkauf					479 100
Konsignationswarenverkauf durch Balmer					56 000
Kommissionswarenverkauf an Curto					120 000
Wareneinkauf				233 700	
Kommissionswareneinkauf für Curto				125 000	
Personalaufwand				180 000	
Mietaufwand				21 400	
Vertriebsaufwand				10 100	
Übriger Betriebsaufwand				33 900	
Abschreibung				–	
Währungskursdifferenzen				1 000	
				867 100	867 100

[1] USD = Amerikanischer Dollar, NOK = Norwegische Krone
[2] Noch nicht abgerechneter Kommissionswareneinkauf für Curto.

Buchungstatsachen

1. Bilanzkurs: Verbindlichkeiten aus L+L USD: 0.925
   Verbindlichkeiten aus L+L NOK: 12.60
   Die Bewertungsdifferenzen sind auf dem Konto Währungskursdifferenzen zu erfassen.
2. a Der Warenbestand laut Inventar in Kloten beträgt Fr. 168 600.– zu Einstandspreisen.
   b Der Konsignationswarenbestand in Basel beträgt Fr. 29 000.– zu Verkaufspreisen und Fr. 17 500.– zu Einstandspreisen.
3. a Die Kummer AG grenzt für das noch laufende Kommissionsgeschäft mit der Curto & Co. die Provision von Fr. 800.– ab.
   b Der Einkaufskommissionswarenbestand für Curto & Co. beträgt Fr. 20 000.–.
4. Eine noch geschuldete Verkaufsprovision von Fr. 600.– ist dem fest angestellten Vertreter Fichter gutzuschreiben.
5. Von den verbuchten Mietausgaben betreffen Fr. 2 600.– das nächste Jahr.
6. Die Abschreibungen auf den Mobilien betragen 25 % vom Buchwert.

Aufgaben

A Wie lauten die Nachtragsbuchungen?

B Berechnen Sie den Bilanzgewinn.

3 Partizipations- und Konsortialgeschäft

3.1 Erledigtes Partizipationsgeschäft (3 Partizipanten)/Partizipationsbuchhaltung

Ausgangslage

R, S und T führen auf gemeinsame Rechnung Warengeschäfte durch. R besorgt den Einkauf und erhält eine Einkaufsprovision von 5 %. S übernimmt den Verkauf und erhält eine Verkaufsprovision von 4 %. T ist nur finanziell beteiligt.
R und S führen je ein Konto Partizipationsware und je ein Kontokorrentkonto für die Partner.
T führt nur je ein Kontokorrentkonto für die Partner.
Zusätzlich führen alle Partizipanten ein Konto Partizipationsertrag.
Der Gewinn wird nach Köpfen verteilt. Der Zahlungsverkehr wickelt sich durch die Bank ab.

Buchungstatsachen

1 S und T überweisen an R je Fr. 10 000.– als Vorschuss.
2 a R zahlt für eingekaufte Partizipationswaren Fr. 27 500.– und für Fracht Fr. 500.–.
  b R belastet der Partizipation seine Einkaufsprovision.
3 R stellt die Waren S zu.
4 a S verkauft alle Partizipationswaren für Fr. 40 000.–.
  b S belastet der Partizipation seine Verkaufsprovision.
5 Abrechnung:
  a Gewinnermittlung, -verteilung und -verbuchung
  b S überweist die an R und T geschuldeten Beträge gemäss Abrechnung über die Ausgleichszahlungen. [1]
  c Ausgleich der Kontokorrentkonten

Aufgaben

A 1 Wie lauten die Buchungen bei R?
   2 Führen Sie die Konten Partizipationsware, Kontokorrent S und Kontokorrent T.

B 1 Wie lauten die Buchungen bei S?
   2 Führen Sie die Konten Partizipationsware, Kontokorrent R und Kontokorrent T.
   3 Bestimmen Sie den Erfolg der Partizipationsgemeinschaft mit einer Erfolgsrechnung.
   4 Bestimmen Sie die Ausgleichszahlungen mit einer Abrechnung. [1]

C Wie lauten die Buchungen bei T?

Zusatzaufgabe

D 1 Nennen Sie die Buchungen bei R, S und T, wenn die Mehrwertsteuer von 8 % zu berücksichtigen ist (auf eine Dezimale runden). Die Vor- und Umsatzsteuer wird nach vereinnahmtem Entgelt abgerechnet und ist nach der Nettomethode zu verbuchen. [2] Die Beträge bei den Buchungstatsachen sind ohne Mehrwertsteuer.
   2 Bestimmen Sie den Erfolg und die Ausgleichszahlungen mit einer Abrechnung.

[1] Siehe Darstellung Theorie Abschnitt 34, Beispiel 1.
[2] Siehe Carlen/Gianini/Riniker, Finanzbuchhaltung 1, Praxis der Finanzbuchhaltung, Teil 2, Kapitel 23 Mehrwertsteuer.

3.2 Erledigtes Partizipationsgeschäft (2 Partizipanten)/Partizipationsbuchhaltung

Ausgangslage

X und Y führen auf gemeinsame Rechnung ein Warengeschäft durch. X kauft ein und verkauft, während Y nur verkauft.
Der Gewinn wird halbiert. Der Zahlungsverkehr wickelt sich durch die Bank ab.
Für das Partizipationsgeschäft führt jeder Partizipant in seiner Buchhaltung folgende Konten: Partizipationsware, Kontokorrent für den Partner, Partizipationsertrag

Buchungstatsachen (Kurzzahlen)

1. X kauft Partizipationswaren auf Kredit für 300.
2. X stellt Y Waren zum Einstandswert von 200 zu.
3. X verkauft seine Waren auf Kredit für 140.
4. Y verkauft seine Waren auf Kredit für 280.
5. Abrechnung:
   a. Gewinnermittlung, -verteilung und -verbuchung
      (Bei beiden Partizipanten ist der eigene vertragliche Gewinnanteil dem Konto Partizipationsware zu belasten.)
   b. Die Salden der Partizipationswarenkonten sind auf die Kontokorrentkonten zu übertragen.
   c. Ausgleichszahlung

Aufgaben [A]
1. Wie lauten die Buchungen bei X?
2. Führen Sie die Konten Partizipationsware und Kontokorrent Y.

[B]
1. Wie lauten die Buchungen bei Y?
2. Führen Sie die Konten Partizipationsware, Kontokorrent X.

[C]
1. Ermitteln Sie den Erfolg der Partizipationsgemeinschaft mit einer Erfolgsrechnung.
2. Bestimmen Sie die Ausgleichszahlung mit einer Abrechnung.

Zusatzaufgabe

[D]
1. Nennen Sie die Buchungen bei X und Y, wenn die Mehrwertsteuer von 8 % zu berücksichtigen ist (auf eine Dezimale runden). Die Vor- und Umsatzsteuer wird nach vereinbartem Entgelt abgerechnet und ist nach der Nettomethode zu verbuchen.
   Die Beträge bei den Buchungstatsachen sind ohne Mehrwertsteuer.
2. Bestimmen Sie den Erfolg und die Ausgleichszahlungen mit einer Abrechnung.

3.3 Erledigtes Partizipationsgeschäft (4 Partizipanten)/Partizipationsbuchhaltung

Ausgangslage

Die vier Partizipanten M, N, O und P führen auf gemeinsame Rechnung ein Importgeschäft durch. Aus dem Vertragsinhalt:

Partizipant	Tätigkeit	Anspruch	Gewinn-beteiligung
M	Einkauf	2 % Provision auf den Einkäufen	30 %
N	Einkauf, Verkauf und Gesamtabrechnung	2 % Provision auf den Einkäufen 4 % Provision auf den Verkäufen	30 %
O	Spedition	Entschädigung für Transportkosten	20 %
P	Finanzierung	Zins für Vorfinanzierung	20 %

Der Zahlungsverkehr wickelt sich durch die Bank ab. Jeder Partizipant führt für alle Partner zusammen ein Kontokorrentkonto (z. B. bei M: Kontokorrent N, O und P).
M und N führen zusätzlich ein Partizipationskonto (z. B. bei M: Partizipation mit N, O und P).
Die Zins-, Provisions-, Transporterträge und die Gewinnanteile sind auf dem Konto Partizipationsertrag zu erfassen. In den folgenden Buchungstatsachen (mit Kurzzahlen) sind die Provisionsansprüche nicht ausdrücklich erwähnt. Sie sind laufend zu berechnen und zu erfassen.

Buchungstatsachen

1. P leistet M einen Vorschuss von 400.
2. M kauft Waren in Deutschland für 450 ein und bezahlt diese sofort.
3. O transportiert die Waren in die Schweiz und verrechnet der Partizipationsgemeinschaft 3. Er sendet die Rechnung an N.
4. M liefert Waren für 300 an N. Die restlichen Waren von 150 werden später auf Anweisung von N direkt an die Kunden geliefert (siehe Buchungstatsache 11).
5. O übernimmt den Transport, verrechnet 1 und stellt N die Rechnung zu.
6. N verkauft Waren auf Kredit für 250.
7. Der Transport zum Käufer geht zulasten der Partizipationsgemeinschaft. O verrechnet 2 und schickt die Rechnung an N.
8. P überweist N einen Vorschuss von 100.
9. N kauft Waren für 200 auf Kredit ein.
10. N sendet mangelhafte Ware zurück und erhält eine Gutschrift von 50.
11. N verkauft alle Waren (inklusiv restliche Waren bei M) gegen Banküberweisung für 500.
12. O belastet die Partizipationsgemeinschaft für den Transport mit 7 und sendet N die Rechnung.
13. P belastet der Partizipation den Zins von 5 und schickt N die Rechnung.
14. Abrechnung:
    a Gewinnermittlung, -verteilung und -verbuchung
    b Ausgleichszahlungen von N

Aufgaben A Wie lauten die Buchungen bei M, N, O und P?

B 1 Bestimmen Sie den Erfolg mit einer Erfolgsrechnung.
   2 Bestimmen Sie die Ausgleichszahlungen mit einer Abrechnung.

3.4 Erledigtes Partizipationsgeschäft und fremde Währung/ Partizipationsbuchhaltung

Ausgangslage

Die Partizipanten Chivers, Amerongen und Baretti tätigen auf gemeinsame Rechnung ein Getreidegeschäft. Vereinbarungen und Konten:

Partizipant	Tätigkeit	Entschädigung	Gewinn-beteiligung	Konten
Chivers, Chicago	Einkauf und Verkauf	Jeder erhält 10 % Provision auf den Brutto-verkäufen. A und B erhalten 4 % Zins p. a. auf den Vorschüssen.	1/3	Partization mit A und B Kontokorrent A und B
Amerongen, Amsterdam	Verkauf und Finanzierung		1/3	Partization mit B und C Kontokorrent B und C
Baretti, Basel	Verkauf, Finanzierung und Gesamt-abrechnung		1/3	Partization mit A und C Kontokorrent A und C

Um den Erfolg zu ermitteln, teilen die Partizipanten einander die Salden mit.
Der Zahlungsverkehr wickelt sich durch die Bank ab.
Die Gesamtabrechnung durch Baretti erfolgt in CHF.

Es gelten folgende Umrechnungskurse:
EUR 1 = CHF   1.24000
USD 1 = CHF   1.03000
EUR 1 = USD   1.20388

Die Beträge sind auf ganze USD, EUR und CHF zu runden.

Buchungstatsachen

1. Chivers erwirbt an der Chicagoer Börse Getreide für USD 360 000.–. Er schickt Getreide für USD 150 000.– nach Amsterdam und für USD 100 000.– nach Basel. Der Rest bleibt in Chicago.

2. Die europäischen Partizipanten überweisen an Chivers folgende Vorschüsse[1]:
   Amerongen   USD 190 000.– (= EUR 157 823.–)
   Baretti   USD 170 000.– (= CHF 175 100.–)

3. a Chivers verkauft das zurückbehaltene Getreide für USD 150 000.– auf Kredit.
   b Er bezahlt für Spesen (Transport, Lager usw.) USD 14 000.–.
   c Ein Kunde von Chivers, der USD 3 000.– schuldet, erhält einen Nachlass von 50 %. Davon übernimmt Chivers USD 700.– persönlich. (Darin ist auch die Provisionskürzung enthalten.) Der Rest geht zulasten der Partizipationsgemeinschaft.

[1] Annahme: Tageskurse = angegebene Umrechnungskurse

4 a Amerongen verkauft seine ganze Partie für EUR 182 000.– auf Kredit.
   b Er zahlt für Spesen (Zoll, Lager usw.) EUR 4 600.–.
   c Die Transportversicherung überweist für den Verlust durch Havarie im Hafen
      von Amsterdam EUR 800.–.
5 a Baretti verkauft Getreide für CHF 160 000.– auf Kredit.
   b Einen nicht verkauften Rest übernimmt Baretti mit dem Einverständnis der beiden anderen
      auf eigene Rechnung zum Einstandswert von CHF 13 000.– (nicht provisionsberechtigt).
   c Er belastet die Partizipationsgemeinschaft für bezahlte Spesen mit CHF 1 000.–.
   d Ein Kunde von Baretti erhält wegen mangelhafter Lieferung einen Preisnachlass
      von CHF 500.–, der von Baretti übernommen wird, da er den Mangel verschuldet hat.
6   Zinsgutschrift für 3 Monate für Amerongen und Baretti
7   Gutschrift der Verkaufsprovision
8   Abrechnung:
   a Gewinnermittlung, -verteilung und -verbuchung
      (Bei jedem Partizipanten ist der vertragliche Gewinnanteil dem Partizipationskonto
      zu belasten, z.B. bei C: Partizipation mit A und B.)
   b Die Saldi der Partizipationskonten sind auf die Kontokorrentkonten umzubuchen.
   c Ausgleichszahlungen zum Tageskurs von Chivers an
      – Amerongen   USD 32 838.–: EUR 1.– = USD 1.1820
      – Baretti   USD 53 803.–: USD 1.– = CHF 1.0410
   d Kursdifferenz

Aufgaben **A** 1 Wie lauten die Buchungen bei Chivers, Amerongen und Baretti?
         (Sie erfassen die Provisionen, Zinsen, Gewinnanteile und Währungskursdifferenzen
         auf den Konten Provisionsertrag, Zinsertrag, Partizipationsertrag und Währungskurs-
         differenzen.)
       2 Führen Sie bei den Partizipanten jeweils das Partizipations- und Kontokorrentkonto.

B 1 Erstellen Sie für die Partizipationsgemeinschaft die Erfolgsrechnung in CHF.
     2 Bestimmen Sie die Gewinnanteile und die Ausgleichszahlungen in CHF mit einer
        Abrechnung.
        Rechnen Sie sodann die Ausgleichszahlungen zum USD-Kurs 1.03 um.

3.5 Nicht erledigtes Partizipationsgeschäft/Partizipationsbuchhaltung

Ausgangslage

F, G und H führen auf gemeinsame Rechnung Warengeschäfte durch. F besorgt den Einkauf und erhält eine Einkaufsprovision von 5 %. G übernimmt den Verkauf und erhält eine Verkaufsprovision von 4 %. H ist nur finanziell beteiligt.
F und G führen je ein Konto Partizipationsware und für die beiden Partner zusammen ein Kontokorrentkonto. H führt nur ein Kontokorrentkonto für die Partner.
Der Gewinn wird nach Köpfen verteilt. Der Zahlungsverkehr wickelt sich durch die Bank ab.

Buchungstatsachen

1 G und H überweisen je einen Vorschuss von Fr. 5 000.– an F.

2 a F zahlt für die eingekauften Partizipationswaren Fr. 14 800.– und für Frachtspesen Fr. 500.– mit Banküberweisung.

  b F belastet seine Einkaufsprovision.

3 F stellt G die Ware zu.

4 G verkauft ⅔ der Partizipationswaren für Fr. 20 000.– und belastet seine Verkaufsprovision. Der Betrag wird auf das Bankkonto von G überwiesen.

5 Zwischenabrechnung am 31. 12.:

  a G aktiviert den Partizipationswarenbestand.

  b Gewinnermittlung, -verteilung und -verbuchung
    Die Abschlussbuchungen sind nicht verlangt.

Aufgaben A Wie lauten die Buchungen bei F, G und H?

B Erstellen Sie für die Partizipationsgemeinschaft

1 die Erfolgsrechnung.

2 eine Zwischenabrechnung, welche die Forderungen und Schulden der Partizipanten zeigt.

Zusatzaufgabe

C 1 Nennen Sie die Buchungen bei F, G und H, wenn die Mehrwertsteuer von 8 % zu berücksichtigen ist. Die Vor- und Umsatzsteuer wird nach vereinnahmtem Entgelt abgerechnet und ist nach der Nettomethode zu verbuchen.
Die Beträge bei den Buchungstatsachen sind ohne Mehrwertsteuer.

2 Berechnen Sie die Guthaben von F und H sowie die Schuld von G gegenüber der Partizipationsgemeinschaft.

3.6 Nicht erledigtes Partizipationsgeschäft (2 Abrechnungsperioden)/ Partizipationsbuchhaltung

Ausgangslage

Seit Mitte 20_1 führen X und Y ein Geschäft auf gemeinsame Rechnung durch. X besorgt den Einkauf und Y den Verkauf. Die Hälfte der eingekauften Ware ist verkauft.
Die Buchungstatsachen 1 bis 6 sind bereits erfasst. Die Konten bei X und Y zeigen vor dem Buchhaltungsabschluss 20_1 folgende Eintragungen (Buchungen 1–6):

	Partizipation mit Y				Partizipation mit X		
2 Wareneinkauf von X	16 000	16 400	4 Warenlieferung von X an Y		16 400		
3 Frachtspesen von X	400		6 Versandspesen von Y		300	13 500	5 Warenverkauf von Y

	Kontokorrent Y				Kontokorrent X		
4 Warenlieferung an Y	16 400	9 000	1 Vorschuss von Y an X		9 000	16 400	4 Warenlieferung von X

Buchungstatsachen   31.12.20_1

7 Zwischenabrechnung:
 a Y aktiviert den Warenbestand.
 b Der bereits erzielte Gewinn wird halbiert.
8 Abschluss der Konten

Aufgaben A Wie lauten die Buchungen bei Y?
 B Erstellen Sie die Erfolgsrechnung für die Partizipationsgemeinschaft für 20_1.

Buchungstatsachen   20_2

9 Wiedereröffnung
10 Y verkauft die restlichen Waren für Fr. 13 700.– gegen Banküberweisung und zahlt durch die Post Fr. 300.– Versandspesen zulasten der einfachen Gesellschaft.
11 Abrechnung:
 a Gewinnermittlung, -verteilung und -verbuchung
 b Y leistet die Ausgleichszahlung.

Aufgaben A Wie lauten die Buchungen bei Y?
 B Erstellen Sie die Erfolgsrechnung für die Partizipationsgemeinschaft für 20_2.
 C Wie lauten die Buchungen bei X für die Buchungstatsachen 7–11?

3.7 Nicht erledigtes Partizipationsgeschäft und fremde Währung/Partizipationsbuchhaltung

Ausgangslage

Die Import SA, Yverdon, besitzt für die Schweiz das alleinige Vertriebsrecht für ein Produkt der kanadischen Gesellschaft Wellis, Waterton. Sie verkauft das Produkt zusammen mit den Partizipanten Sager, Zürich, und Tremp, Thun, auf gemeinsame Rechnung in der Schweiz. Sie ist Partizipationsführerin.
Die Import SA trägt das Kursrisiko alleine und übernimmt die gesamten Lagerkosten.
Der Partizipationserfolg wird wie folgt verteilt:
Import SA 50 %, Sager und Tremp je 25 %.

Konten aus der Eröffnungsbilanz der Import SA vom 1.1.20_6 (in Fr. 1 000.–):

Flüssige Mittel	90
Kontokorrent Sager (Sollsaldo) ①	38
Kontokorrent Tremp (Sollsaldo) ①	24
Partizipationswarenvorrat (ruhendes Konto)	160
Kontokorrent Wellis (Habensaldo) ②	101

Weitere Konten:
Partizipationsware, Partizipationsertrag, Währungskursdifferenzen

Das Konto Kontokorrent Wellis wird als Vierspalten-Fremdwährungskonto geführt.
Eröffnungs- und Buchkurs 1.01

Buchungstatsachen   1.1.–31.12.; zum Teil Sammelposten

1. Ausgleich der Kontokorrente Ende Januar durch Banküberweisung
2. Lieferung von Partizipationswaren zu Verkaufspreisen an Sager 460 und Tremp 290. Sie verkaufen die Waren auf Kredit.
3. Barverkäufe der Import SA 114
4. Zahlungen an die Import SA von Sager 360 und Tremp 220.
5. Lieferant Wellis fakturierte während des Jahres Waren für CAD 500.
6. Überweisungen der Import SA zugunsten des kanadischen Lieferanten CAD 520 (Tageskurs 1.05)
7. Einstandswert der verkauften Partizipationsware 504 (Vergleiche Buchungstatsache 5; nur Bestandeskorrektur erfassen)
8. Gewinnermittlung, -verteilung und -verbuchung
9. In der Schlussbilanz ist die Lieferantenschuld zum Abschlusskurs 0.95 zu bewerten.

Aufgaben   A   Wie lauten die Buchungen (ohne Eröffnungs- und Abschlussbuchungen) bei der Import SA?
             B   Führen Sie die Konten, und schliessen Sie sie ab.

① = Sollüberschuss
② = Habenüberschuss

3.8 Konsortium zweier Elektrogeschäfte/Konsortialbuchhaltung

Ausgangslage

Die Elektrogeschäfte Dachs & Co. und Luchs AG schliessen sich zu einem Konsortium zusammen. Sie führen gemeinsam die ihnen übertragenen Installationen in einem Neubau der Genossenschaft Immob aus.

Der Auftrag wird gemäss interner Vereinbarung zu $2/3$ von der Dachs & Co. und zu $1/3$ von der Luchs AG ausgeführt. Der Erfolg ist im gleichen Verhältnis zu teilen.

Die Dachs & Co. leitet das Konsortium und besorgt die Verwaltungsarbeit (Konsortialbuchhaltung, Lohnabrechnung usw.).

Auszug aus den Kontenplänen

Konsortium: Gewerbebank, Kontokorrent Genossenschaft Immob, Kontokorrent Dachs & Co., Kontokorrent Luchs AG, Verbindlichkeiten aus L+L, Materialaufwand, Personalaufwand, Übriger Betriebsaufwand, Zinsaufwand, Konsortialertrag

Dachs & Co.: Kontokorrent Konsortium, Bank D, Verbindlichkeiten aus L+L, Verrechneter Materialaufwand, Verrechneter Personalaufwand, Verrechneter Verwaltungsaufwand, Ertrag aus Konsortium

Luchs AG: Kontokorrent Konsortium, Bank L, Verrechneter Materialaufwand, Verrechneter Personalaufwand, Ertrag aus Konsortium

Buchungstatsachen

1. Das Konsortium eröffnet bei der Gewerbebank ein Konto. Die Kreditlimite beträgt 150.
2. Die Dachs & Co. belastet das Konsortium für
    a. Material 20 (Die Dachs & Co. hat die Rechnung für den Materialkauf noch nicht erfasst.)
    b. Löhne 180.
3. Die Konsortiumsmitglieder belasten das Konsortium für die zu Einstandspreisen aus den eigenen Lagern entnommenen Materialien: Dachs & Co. 17; Luchs AG 6.
4. Gemäss Vereinbarung vergütet die Gewerbebank der Dachs & Co. 15 und der Luchs AG 5 auf deren Bankkonto.
5. a. Die Luchs AG stellt dem Konsortium Löhne von 90 in Rechnung.
    b. Das Konsortium überweist den Betrag durch die Gewerbebank.
6. Das Konsortium erhält Lieferantenrechnungen für Materialien für 31.
7. Rechnungen für verschiedene Aufwände von 5
8. Die Dachs & Co. belastet das Konsortium für Geschäftsführung und Verwaltungsarbeit mit 12.
9. a. Das Konsortium erstellt die Schlussabrechnung und belastet der Genossenschaft Immob 389.
    b. Die Genossenschaft Immob leistet die Zahlung an die Gewerbebank.
10. Die Gewerbebank belastet dem Konsortium den Zins von 1.
11. Gewinnermittlung, -verteilung und -verbuchung
12. a. Das Konsortium begleicht die Lieferantenrechnungen und die Rechnungen für verschiedene Aufwände (Vergleiche Buchungstatsachen 6 und 7).
    b. Das Konto bei der Gewerbebank wird aufgelöst.

Aufgaben A 1 Wie lauten die Buchungen beim Konsortium?
2 Führen Sie die Bestandeskonten des Konsortiums.
3 Erstellen Sie die Erfolgsrechnung des Konsortiums.

B Wie lauten die Buchungen bei der Dachs & Co.?

C Wie lauten die Buchungen bei der Luchs AG?

Zusatzaufgabe

D Das Konsortium hat eine eigene Mehrwertsteuernummer. Es erfasst die Mehrwertsteuer von 8 % nach der Nettomethode und rechnet nach vereinbartem Entgelt ab.
Die Beträge bei den Buchungstatsachen sind ohne Mehrwertsteuer.
Nennen Sie nur die Buchungen für die Vor- und Umsatzsteuer (auf eine Dezimale runden)
– beim Konsortium (zusätzlich die Buchung für die Banküberweisung der Mehrwertsteuer),
– bei der Dachs & Co. und
– bei der Luchs AG.

3.9 Baukonsortium/Konsortialbuchhaltung

Ausgangslage

Die beiden Bauunternehmen Fischer AG und Gloor SA schliessen sich zu einem Baukonsortium zusammen. Sie erstellen gemeinsam ein Fabrikgebäude.
Der Fischer AG obliegt die Bauleitung. Sie erhält dafür 2 % vom Bruttoumsatz (Bausumme).
Die Gloor SA besorgt die Verwaltungsarbeit (Buchhaltung, Lohnabrechnung usw.).
Sie bezieht dafür 1 % vom Bruttoumsatz.
Die beiden Vertragspartner vermieten dem Konsortium ihre Stahlgerüste, Werkzeuge und Maschinen. Sie erhalten dafür eine Entschädigung.
Nach Bauende ist der Erfolg je zur Hälfte zu verteilen und die Buchhaltung des Konsortiums aufzulösen.
Der Zahlungsverkehr wickelt sich durch die Kantobank ab.

Für das Konsortium wird eine selbstständige Buchhaltung geführt, die folgende Konten umfasst: Bank, Kontokorrent Bauherr, Kontokorrent Fischer AG, Kontokorrent Gloor SA, Baumaterialaufwand, Lohnaufwand, Sozialversicherungsaufwand, Mietaufwand, Übriger Betriebsaufwand, Zinsaufwand, Ertrag aus Arbeiten, Zinsertrag

Buchungstatsachen   Sammelposten

1 Das Konsortium eröffnet bei der Kantobank ein Kontokorrent. Die Bank legt eine Kreditlimite von Fr. 4 000 000.– fest.

2 Baumaterial für Fr. 1 870 000.– wird bezahlt.

3 Bruttolöhne Fr. 1 750 000.–
– Arbeitnehmerbeiträge Fr.   138 000.–
Nettolöhne Fr. 1 612 000.–

Überweisung der Nettolöhne und Arbeitnehmerbeiträge sowie der Arbeitgeberbeiträge von Fr. 140 230.–

4	Gutschrift für die Miete der Stahlgerüste, Werkzeuge und Maschinen an die Fischer AG Fr. 100 000.– und Gloor SA Fr. 150 000.–	
5	Verschiedene Auslagen für Reparaturen Fr. 35 500.–	
6	Teilzahlung des Bauherrn Fr. 3 000 000.–	
7	Gutschrift für die – Bauleitung der Fischer AG Fr. 100 000.– – Verwaltungsarbeit der Gloor SA Fr. 50 000.–	
8	Die Fischer AG bezieht Fr. 300 000.– und die Gloor SA Fr. 190 000.– von der Kantobank.	
9	Abrechnung für den Bauherrn: Bausumme Fr. 5 000 000.– – Teilzahlung Fr. 3 000 000.– Guthaben Konsortium Fr. 2 000 000.–	
10	Zahlung des Bauherrn	
11	Für mutmassliche Garantiearbeiten wird eine Versicherung abgeschlossen. Die Prämie von Fr. 2 500.– wird überwiesen.	
12	Auszug aus dem Kontokorrent der Kantobank:	

	Soll	Haben
Sollzins	19 200.–	
Habenzins		830.–
Kommissionen/Spesen	2 400.–	

13	Gewinnermittlung, -verteilung und -verbuchung
14	Das Bankkonto ist aufzuheben.

Aufgaben **A** Wie lauten die Buchungen des Konsortiums?

B Erstellen Sie die Erfolgsrechnung des Konsortiums.

Zusatzaufgabe Nicht erledigtes Geschäft beim Jahresabschluss

Annahme: Bis Ende Jahr beträgt der Bruttoumsatz des Konsortiums Fr. 3 000 000.–.
Es wird mit einem Gewinn von 10 % des Bruttoumsatzes gerechnet.

C Wie bucht die Gloor SA
1 ihren provisorischen Gewinnanteil beim Abschluss?
2 die Wiedereröffnung?
3 ihren endgültigen Gewinnanteil im nächsten Jahr (siehe Buchungstatsache 13)?

3.10 Bau und Vermietung eines Geschäftshauses/Konsortialbuchhaltung

Ausgangslage

Der Einzelunternehmer R. Raab, Architekt, und die Seeger GmbH, Kücheneinbau und Schreinerei, sowie die Tiller AG, Heizungs- und Sanitärinstallationen, beschliessen, miteinander das Grundstück «Im Moos» zu erwerben und mit einem Geschäftshaus zu überbauen.
Die Liegenschaft wird anschliessend vermietet.
Die Gesamtkosten inklusiv Boden betragen gemäss Kostenvoranschlag 5,25 Mio. Franken.

Die Planung und Bauleitung wird dem Architekten R. Raab übertragen.
Die Kücheneinbau- und Schreinerarbeiten werden von der Seeger GmbH ausgeführt.
Die Heizungs- und Sanitärarbeiten übernimmt die Tiller AG.
Weitere Arbeiten (z. B. Aushub, Maurerarbeiten, Elektroinstallationen) werden an Dritte (Nicht-Konsortiumsmitglieder) vergeben.
Die Tiller AG führt für das Konsortium eine eigene, selbstständige Buchhaltung.
Alle Ausgaben und Aufwendungen für die Liegenschaft werden aktiviert.
Die Mehrwertsteuer ist nicht zu berücksichtigen.

Folgende Konten stehen zur Verfügung:

Aktiven	Bank (Kontokorrent), Forderungen gegenüber Mieter, Übrige Forderungen, Aktivierte Mietzinsen, Aktive Rechnungsabgrenzung (ARA), Nebenkostenabrechnung, Heizölvorrat, Liegenschaft
Passiven	Verbindlichkeiten aus L+L, Übrige kurzfristige Verbindlichkeiten, Passive Rechnungsabgrenzung (PRA), Rückstellungen, Baukredit, Hypothekarschulden, Kontokorrent R (R. Raab), Kontokorrent S (Seeger GmbH), Kontokorrent T (Tiller AG)
Aufwand	Hypothekarzinsaufwand, Übriger Liegenschaftsaufwand
Ertrag	Theoretischer Mietertrag, Verluste aus nicht vermieteten Räumen (Ertragsminderung), Übriger Liegenschaftsertrag

Buchungstatsachen   Kauf Grundstück Anfang 20_0 und
Beginn der Überbauung Ende 20_2

1 Das Konsortium kauft das Grundstück für Fr. 675 000.– zuzüglich Fr. 27 000.– Gebühren. Jedes Konsortiumsmitglied bezahlt daran einen Drittel aus seinem Vermögen direkt an den Grundstücksverkäufer.

2 Die Bank setzt während der Bauphase eine Kreditlimite von Fr. 2 700 000.– auf dem Baukreditkonto fest.

Aufgabe [A] Nennen Sie die Buchungen des Konsortiums.

Buchungstatsachen   Bauabrechnung bis Ende 20_1 (Sammelbeträge)

3	R. Raab stellt dem Konsortium eine Rechnung von Fr. 412 200.– für die Planung und Bauleitung zu.
4	Das Konsortium erhält die Rechnungen der Seeger GmbH für Kücheneinrichtungen sowie Kücheneinbau- und Schreinerarbeiten von Fr. 653 600.–.
5	Die Tiller AG stellt dem Konsortium Fr. 273 600.– für ausgeführte Arbeiten in Rechnung.
6a	Die Hochbau AG stellt dem Konsortium eine Rechnung von Fr. 2 520 000.– für die Maurerarbeiten zu. Der Betrag wird der Hochbau AG gutgeschrieben. (Verwenden Sie das Abrechnungskonto Hochbau AG.)
b	Zulasten des Baukreditkontos werden Fr. 2 385 000.– an die Hochbau AG überwiesen.
c	Die Differenz wird vom Konsortium bestritten. Der Betrag wird vorsichtshalber zurückgestellt und das Abrechnungskonto Hochbau AG aufgelöst.
7	Das Konsortium erhält weitere Rechnungen für diverse Arbeiten von Dritten (z. B. für Bodenbeläge, Elektroinstallationen, Baureinigung) über Fr. 95 400.–.
8	Die Seeger GmbH bezahlte Anschlussgebühren (Strom, Wasser usw.) und stellt dem Konsortium eine Rechnung von Fr. 28 600.– zu.
9	Die Bank belastet den Baukreditzins von Fr. 78 300.–.
10	Am Jahresende 20_1 weisen die Kontokorrentkonten der Konsortiumsmitglieder folgende Habensalden aus:

Kontokorrent R	Fr.	646 200.–
Kontokorrent S	Fr.	916 200.–
Kontokorrent T	Fr.	507 600.–
Total	Fr.	2 070 000.– = Eigenkapital bzw. Reinvermögen des Konsortiums

Die Einlagen der Gesellschafter sollen gleich hoch sein, nämlich je ⅓.
Die Differenzen sind den Kontokorrentkonten gutzuschreiben oder zu belasten.
R. Raab und die Tiller AG überweisen die Differenzen direkt an die Seeger GmbH.

Aufgabe **B**   Nennen Sie die Buchungen des Konsortiums.

Ausgangslage

Die Bauarbeiten gingen im April 20_2 zu Ende.
Aufgrund von weiteren Zahlungen, Rechnungen usw. zeigt die Bilanz des Konsortiums am 30. April 20_2 folgendes Bild:

Liegenschaft	5 100 000	Verbindlichkeiten aus L + L	34 500
		Rückstellungen	135 000
		Baukredit	2 685 000
		Kontokorrent R	771 000
		Kontokorrent S	742 500
		Kontokorrent T	732 000
	5 100 000		5 100 000

Buchungstatsachen   Konsolidierung Baukredit Ende April 20_2

11   Der Bund überwies Mitte April eine einmalige Subvention von Fr. 112 500.– auf das Baukreditkonto. Dieser Betrag wurde noch nicht in der Buchhaltung erfasst.

12 a   Die Konsolidierung des Baukredites erfolgt durch zwei grundpfandgesicherte Darlehen von total Fr. 2 700 000.–.

Bedingungen 1. Hypothek:
- Betrag: Fr. 1 800 000.–
- Zinssatz: 3 %
- Zinstermine: 30. April und 31. Oktober
- Amortisation: keine

Bedingungen 2. Hypothek:
- Betrag: Fr. 900 000.–
- Zinssatz: 3,50 %
- Zinstermine: 30. April und 31. Oktober
- Amortisation: 2 % der ursprünglichen 2. Hypothek an jedem Zinstermin

b   Eine allfällige Differenz zum benützten Baukredit wird auf ein Bankkontokorrent übertragen.

Aufgabe C   Nennen Sie die Buchungen des Konsortiums.

Ausgangslage

Die Liegenschaft ist ab 1. Mai 20_2 zur Vermietung bereit.
Das Konsortium verbucht die Mieten wie folgt: Die theoretisch möglichen Mieterträge (d.h. die Mieterträge bei Vollvermietung) werden aktiviert. Die Mietzinsen für die vermieteten und nicht vermieteten Räume werden sodann dem Konto Aktivierte Mietzinsen gutgeschrieben.

Die Mietzinsen sind ohne Nebenkosten. Laut Mietverträge gehören die Buchungstatsachen 14–16 in die Nebenkostenabrechnung.
Der Zahlungsverkehr wickelt sich über das Bankkontokorrent des Konsortiums ab.

Buchungstatsachen   Liegenschaftsrechnung 1. Mai bis 31. Dezember 20_2

13 a Die theoretisch möglichen Mieterträge (ohne Nebenkosten) betragen Fr. 168 700.–.

  b Die ausgestellten Rechnungen für die vertraglich vereinbarten Mietzinsen (ohne Nebenkosten) für die vermieteten Räume lauten auf Fr. 120 600.–.

  c Die nicht vermieteten Räume sind als Ertragsminderung zu erfassen.

  d Die Mietzinsüberweisungen (ohne Nebenkosten) betragen Fr. 94 400.–.

14 Der Heizöleinkauf auf Kredit beträgt Fr. 52 500.–.

15 Lohnabrechnung für den Hauswart im Nebenamt:
Bruttolohnsumme   Fr. 7 000.–,
Arbeitnehmerbeitrag   Fr.   525.–, Arbeitgeberbeitrag   Fr. 564.–
Der Nettolohn wird ausbezahlt und die Sozialversicherungsbeiträge werden gutgeschrieben.

16 Die Seeger GmbH bezahlte über ihr Bankkonto für Kehricht, Abwasserreinigung, Strom für die Heizung usw. und stellt dem Konsortium Fr. 15 900.– in Rechnung.

17 Die Mieter leisten Akontozahlungen für die Nebenkosten von Fr. 43 300.–.
(Die definitive Nebenkostenabrechnung kann erst am Ende der ersten Abrechnungsperiode, nämlich am 30. April 20_3 erstellt werden.)

18 Die Zahlungen im Zusammenhang mit den Hypotheken werden fristgerecht geleistet.
(Vergleichen Sie die Buchungstatsache 12a.)

19 Jeder Mieter muss ein Mietzinsdepot leisten. Der Betrag wird auf einem auf den Namen des Mieters lautendes Sparkonto bei der Raiffbank hinterlegt.
Das Konsortium liess in der Wohnung des Mieters H. Honey einen Schaden beheben, für den der Mieter verantwortlich ist. Sie hat die Reparaturkosten bereits als Aufwand verbucht. Mit der Zustimmung beider Parteien überweist die Raiffbank ab dem Sparkonto von H. Honey Fr. 3 300.– auf das Bankkontokorrent des Konsortiums.

20 Mitte Dezember trifft das Konsortium mit der Hochbau AG wegen der bestrittenen Forderung (Vergleichen Sie die Buchungstatsache 6.) eine gütliche Einigung.
Das Konsortium überweist Fr. 49 000.–. Damit ist die Angelegenheit bereinigt.
Der Forderungsverzicht der Hochbau AG darf nicht erfolgswirksam behandelt werden.

21 Die Hypothekarzinsen sind auf den 31. Dezember abzugrenzen.
(Vergleichen Sie die Buchungstatsache 12a.)

22 Der Heizölvorrat beträgt Ende Dezember Fr. 32 100.–.

Aufgabe D Nennen Sie die Buchungen des Konsortiums.

Zusatzaufgabe

E Nennen Sie die Buchungen beim Konsortiumsmitglied Seeger GmbH für die folgenden vier Geschäftsfälle und verwenden Sie folgende Konten:
Bank, Kontokorrent Konsortium, Verbindlichkeiten aus L+L, Einkauf Kücheneinrichtungen, Verrechnete Kücheneinrichtungen, Verrechneter übriger Aufwand, Ertrag aus Arbeiten

1. Banküberweisung für den Kauf der Liegenschaft inkl. Gebühr von Fr. 234 000.–
2. a Krediteinkauf von Kücheneinrichtungen Fr. 480 500.–.
   Die Kücheneinrichtungen werden dem Konsortium zum Einkaufspreis weiterverrechnet, d.h. in Rechnung gestellt.
   b Rechnung an das Konsortium für Kücheneinbau- und Schreinerarbeiten von Fr. 173 100.–
3. Rechnung an das Konsortium für bezahlte Abschlussgebühren von Fr. 28 600.–
4. Ausgleichszahlungen von R. Raab und Tiller AG gemäss Abrechnung.
   (Siehe Buchungstatsache 10.)

3.11 Bankenkonsortium/Konsortialbuchhaltung

Ausgangslage

Das Bankenkonsortium K+V übernimmt die Obligationsanleihe der Elektrovolt von 10 000 (Kurzzahlen) fest zu 98 %. Die federführende Kreditbank und die Vereinsbank platzieren die Obligationen gemeinsam zu pari.

Die Banken vereinbaren:
- Jedes Bankenkonsortiumsmitglied erhält 1 % Provision von seinem liberierten Anleihensbetrag.
- Der Emissionserfolg wird halbiert.
- Die Konsortialbuchhaltung führt die Kreditbank.

Variante I: Erledigtes Emissionsgeschäft

Buchungstatsachen

1. Die federführende Kreditbank schreibt der Elektrovolt für die ganze Anleihe 9 800 gut. Das Syndikat schreibt seinerseits 9 800 der Kreditbank gut.
2. Bei der Kreditbank werden 6 000 und bei der Vereinsbank 4 000 gezeichnet und liberiert.
3. Die beiden Banken belasten dem Bankenkonsortium den Provisionsanteil.
4. Abrechnung:
   a Gewinnermittlung, -verteilung und -verbuchung
   b Die Vereinsbank leistet die Ausgleichszahlung direkt an die Kreditbank.

Aufgaben
- A Wie lauten die Buchungen des Bankenkonsortiums?
- B Führen Sie folgende Konten: Übernommene Anleihe E, Kontokorrent Kreditbank und Kontokorrent Vereinsbank
- C Wie gross ist der Erfolg für die Kreditbank?

Variante II: Nicht erledigtes Emissionsgeschäft beim Jahresabschluss

Buchungstatsachen

1. Die federführende Kreditbank schreibt der Elektrovolt für die ganze Anleihe 9 800 gut. Das Bankenkonsortium schreibt seinerseits 9 800 der Kreditbank gut.
2. Bei der Kreditbank werden nur 5 200 und bei der Vereinsbank 3 000 gezeichnet und liberiert.
3. Die beiden Banken belasten dem Bankenkonsortium den Provisionsanteil.
4. Zwischenabrechnung:
   a Das Bankenkonsortium aktiviert den ganzen Betrag der noch nicht liberierten Anleihe zu 98 %.
   b Gewinnermittlung, -verteilung und -verbuchung
5. Abschluss der Konten

Aufgaben
- D Wie lauten die Buchungen des Bankenkonsortiums?
- E Führen Sie folgende Konten: Übernommene Anleihe E, Kontokorrent Kreditbank, Kontokorrent Vereinsbank und Wertschriftenbestand
- F Wie gross ist der Erfolg für die Kreditbank bis zum Jahresabschluss?

4 Factoring

4.1 Abgeschlossenes Factoringgeschäft bei verschiedenen Factoringformen

Ausgangslage

Die Rubber Soul SA produziert und handelt mit Dichtungen aller Art. Um die Buchhaltung zu entlasten, werden die Kundenguthaben zur Weiterbearbeitung global an die Factoring SA abgetreten. Die Kreditverkäufe sind bereits bei der Rubber Soul SA mit folgender Buchung erfasst:
Forderungen aus L+L / Verkaufserlös Fr. 40 000.–
Beim echten und unechten Factoring führt der Zedent zusätzlich zum Konto Forderung gegenüber Factor auch noch das Konto Kontokorrent Factor.
Der Zahlungsverkehr wickelt sich durch die Bank ab.
Der Factoringvertrag wird auf Ende des 1. Quartals aufgelöst.

Zur Verfügung stehende Konten:
Bank, Forderungen aus L+L, Forderungen gegenüber Factor, Kontokorrent Factor, Factoringgebühren, Zinsaufwand

Buchungstatsachen   Sammelbuchungen 1. Quartal

1   Abtretung der Kundenrechnungen an den Factor
2   Bevorschussung durch die Factoring SA; 90 % des Forderungsbetrages
3   Factoringgebühr
    – bei Übernahme des Delkredererisikos Fr. 1 120.–
    – ohne Übernahme des Delkredererisikos Fr. 650.–
4   Für eine abgetretene Forderung von Fr. 1 400.– hat die Factoring SA den Kunden Friedli erfolglos betrieben.
    (Beim unechten Factoring erfolgt eine Rückzedierung der Forderung.)
5   Zins für den Vorschuss Fr. 540.–
6   a Zahlungseingänge bei der Factoring SA Fr. 38 600.–
    b (Rest-)Überweisung des Factors

Aufgaben **A** Nennen Sie die Buchungen beim Zedenten beim

1   Maturity Factoring (Basis- und Garantiefunktion, keine Finanzierungsfunktion)
2   Echten Factoring (Basis-, Garantie- und Finanzierungsfunktion)
3   Unechten Factoring (Basis- und Finanzierungsfunktion, keine Garantiefunktion).

B Warum muss der Vorschuss auf dem Konto Kontokorrent Factor und nicht auf dem Konto Forderung gegenüber Factor erfasst werden?

4.2 Nicht abgeschlossenes Factoringgeschäft mit laufender Bevorschussung des aktuellen Forderungsbestandes bei verschiedenen Factoringformen

Ausgangslage

Anfang September tritt die Zahnärztegemeinschaft Hohl, Zahn und Blei zum ersten Mal ihre Kundenguthaben an die Factor GmbH ab. Die Forderungen werden von nun an jeweils monatlich abgetreten. Während des Monats werden die Kundenrechnungen bei der Zahnärztegemeinschaft laufend mit folgender Buchung erfasst: Forderungen aus L+L / Honorarertrag.

Beim echten und unechten Factoring wird der aktuelle Forderungsbestand laufend von der Factor GmbH zu 80 % bevorschusst. Die Factoringgebühren betragen bei Übernahme des Delkredererisikos 5 %, ohne Übernahme des Delkredererisikos 3 % des Forderungsbetrages.

Der Zahlungsverkehr wickelt sich durch die Bank ab.

Buchungstatsachen

Monat September

1. Abtretung der Augustforderungen von Fr. 120 000.– an die Factor GmbH
2. Bevorschussung durch die Factor GmbH
3. Factoringgebühr
4. Zins für den Vorschuss Fr. 500.–
5a. Zahlungseingänge bei der Factor GmbH Fr. 68 000.–
  b. Überweisung an die Hohl, Zahn und Blei

Monat Oktober

6. Abtretung der Septemberforderungen von Fr. 150 000.– an die Factor GmbH
7. Bevorschussung durch die Factor GmbH
8. Factoringgebühr
9. Zins für den Vorschuss Fr. 800.–
10. Für eine Forderung von Fr. 10 000.– hat die Factor GmbH einen Kunden erfolglos betrieben.
11a. Zahlungseingänge bei der Factor GmbH Fr. 130 000.–
  b. Überweisung an die Hohl, Zahn und Blei

Aufgabe Nennen Sie die Buchungen beim Zedenten Hohl, Zahn und Blei und führen Sie die Konten Forderung gegenüber Factor und Kontokorrent Factor bei folgenden Factoringformen:

1. Maturity Factoring
2. Echtes Factoring
3. Unechtes Factoring

4.3 Nicht abgeschlossenes Factoring mit Bevorschussung nach Bedarf des Zedenten bei verschiedenen Factoringformen

Ausgangslage

Die Bücom AG, Büromaschinen und Computer Service, will den Verwaltungsapparat möglichst klein halten. Deshalb schliesst sie mit der Tutto-Factor AG einen Factoringvertrag ab und vereinbart mit ihr Folgendes:

- Factoringgebühren
    - ohne Übernahme des Delkredererisikos 2 % der abgetretenen Forderungen
    - mit Übernahme des Delkredererisikos 3 % der abgetretenen Forderungen
- Die Factoringgebühren werden Ende Monat in Rechnung gestellt und von den Zahlungseingängen im Folgemonat abgezogen.
- Die abgetretenen Forderungen werden nach Bedarf des Zedenten bis zu maximal 80 % bevorschusst.
- Bei Gutschriften an Kunden (z. B. für nachträgliche Rabatte), Skontoabzügen von Kunden und Forderungsverlusten wird weder die Factoringgebühr noch die Delkredereprovision zurückerstattet.
- Der Zins für die Bevorschussung entspricht dem Zinssatz der Kantonalbank für Blanko-Kontokorrentkredite. Er wird kontokorrentmässig berechnet und jeweils Ende Monat dem Kontokorrentkonto belastet.

Der Vertrag tritt auf den 1. April 20_8 in Kraft.
(Je nach Factoringform gelten nur die entsprechenden Teile des Vertrages. Weitere Vereinbarungen und Angaben finden Sie bei den Aufgaben.)

Zur Verfügung stehende Konten:
Bank, Forderungen aus L+L, Forderung gegenüber Tutto-Factor AG, Kontokorrent Tutto-Factor AG, Factoringgebühren, Forderungsverluste, Skonti und Rabatte an Kunden, Zinsaufwand, Erlös aus Serviceleistungen

Buchungstatsachen (Kurzzahlen, zum Teil Sammelbuchungen)

April 20_8

1	Von der Bücom AG im April ausgestellte Kundenrechnungen 3 200	
2	Abtretung der April-Kundenrechnungen an die Tutto-Factor AG	
3	Von der Bücom AG beanspruchte Vorschüsse im April 2 400	
4	Eingegangene Kundenzahlungen bei der Tutto-Factor AG im April 400	
5	Belastung der Gebühren für den Monat April	
6	Zins für den Monat April 7	

Mai 20_8

	7	Von der Bücom AG im Mai ausgestellte Kundenrechnungen 2 900
	8	Abtretung der Mai-Kundenrechnungen an die Tutto-Factor AG
	9	Von der Bücom beanspruchte Vorschüsse im Mai 800
	10 a	Eingegangene Kundenzahlungen bei der Tutto-Factor AG im Mai 3 130 und Überweisung des Überschusses
	b	Skontoabzüge von Kunden 23
	11	Kunde Schnyder hat eine Faktura von 200 beanstandet.
	a	Er erhält auf dem Fakturabetrag einen Mängelrabatt von 40 und
	b	zahlt an die Tutto-Factor AG 160.
	12	Kunde Gallatti wurde von der Tutto-Factor AG erfolglos betrieben. Die Forderung von 120 ist vollständig verloren.
	13	Belastung der Gebühren für den Monat Mai
	14	Zins für den Monat Mai 5

Aufgaben A 1 Nennen Sie die Buchungen beim Zedenten Bücom AG beim Maturity-Factoring.
Die Zahlungseingänge werden laufend auf das Bankkonto der Bücom AG überwiesen.

2 Führen Sie das Konto Forderung gegenüber Tutto-Factor AG.

B 1 Nennen Sie die Buchungen beim Zedenten Bücom AG beim Echten Factoring.

Anmerkung:
Die Tutto-Factor AG führt für die Bücom AG ein Kontokorrentkonto, auf dem die Vorschüsse, Gebühren und Zinsen belastet und die eingehenden Zahlungen und die Forderungsverluste gutgeschrieben werden.
Überschreiten die Gutschriften die Belastungen, wird der Haben-Überschuss (= Habensaldo) an die Bücom AG überwiesen.

2 Führen Sie die Konten Forderung gegenüber Tutto-Factor AG und Kontokorrent Tutto-Factor AG.

C 1 Nennen Sie die Buchungen beim Zedenten Bücom AG beim Unechten Factoring.

Mit Ausnahme der Forderungsverluste gelten die gleichen Bedingungen wie bei Aufgabe B 1; siehe Anmerkung oben.
Forderungen, welche verloren sind, werden vom Factor an den Zedenten zurückzediert.

2 Führen Sie die Konten Forderung gegenüber Tutto-Factor AG und Kontokorrent Tutto-Factor AG.

4.4 Nicht abgeschlossenes echtes Factoring

Ausgangslage

Die Help GmbH ist eine Supportgesellschaft eines EDV-Herstellers. Um die Verwaltungsarbeit klein zu halten, schliesst die Help GmbH mit der All-Factor AG folgenden Factoringvertrag per 1.1.20_1 ab:

1. Die Help GmbH tritt sämtliche Kundenforderungen zwecks Weiterbearbeitung an die All-Factor AG ab und muss periodisch eine Liste der neuen Forderungen (= Guthabenverzeichnis) sowie eine Kopie der Kundenrechnungen der All-Factor AG zustellen.
2. Die All-Factor AG überwacht die Zahlungsfristen, mahnt bei Bedarf, leitet Betreibungen ein und überweist die Kundenzahlungen auf das Bankkonto der Help GmbH.
3. Bestreitet ein Help GmbH-Kunde eine Forderung (z. B. wegen mangelhafter Leistung oder weil es eine Garantieleistung der Help GmbH ist), ist die All-Factor AG berechtigt, diese Kundenforderung an die Help GmbH zurückzugeben. Die durch die All-Factor bereits belasteten Kosten werden nicht zurückvergütet.
4. Die All-Factor AG überprüft die Bonität von bestimmten Kunden und legt für diese eine Kreditlimite fest. Bis zu dieser Limite übernimmt sie auch das Delkredererisiko.
5. Die All-Factor AG ist bereit, die durch sie geprüften Forderungen bis zu 80 % oder bis maximal CHF 200 000.– zu bevorschussen. Die Help GmbH kann im Rahmen dieser Limite jederzeit den Vorschuss beziehen und auf ihr Bankkonto überweisen lassen. Hat die Help GmbH einen Vorschuss beansprucht, werden Zahlungseingänge von Help GmbH-Kunden bei der All-Factor AG mit dem laufenden Saldo des Vorschusskontos verrechnet.
   Das Vorschusskonto bei der All-Factor AG wird quartalsweise abgeschlossen.
   (Die Zinsberechnung erfolgt kontokorrentmässig.)
6. Die All-Factor AG hat Anspruch auf
   – Delkredereprovision (1 % der Bonitätskreditlimite).
   – Factoringgebühr (0,5 % der abgetretenen Forderungen, mindestens aber CHF 12.– je übernomme Rechnung).
   – Mahn- und Betreibungskosten (je Mahnung CHF 5.– und effektive Betreibungskosten).
   – Zins für die Bevorschussung (4 % p. a.).
   Diese Kosten werden dem Vorschusskonto belastet.

Auszug aus dem Kontenplan der Help GmbH

Bank, Forderungen aus L + L, Forderung gegenüber Factor, Garantierückstellungen, Kontokorrent Factor (= Vorschusskonto [p]),
Ertrag aus Dienstleistungen, Ertragsminderungen (Skonto, Rabatt, Delkredereprovision, Forderungsverluste, Mahn- und Betreibungskosten), Eigenleistungen für Garantieleistungen, Finanzaufwand, Factoringgebühren, Lohnaufwand, Materialaufwand

Buchungstatsachen — Ausgewählte Geschäftsfälle im 1. Quartal

06.01.	Die von der Help GmbH ausgestellten Kundenrechnungen für erbrachte Supportleistungen betragen CHF 160 000.–. Zustellung des Verzeichnisses und der Rechnungskopien an die All-Factor AG.	
08.01.	Abrechnung der All-Factor AG:	

              Übernommene Forderungen   CHF 160 000.–
– Delkredereprovision (1 % von CHF 120 000.–[Annahme])   CHF   1 200.–
– Factoringgebühr (0,5 % von CHF 160 000.–)   CHF   800.–
              Nettoguthaben   CHF 158 000.–

20.01.	Auf Anweisung der Help GmbH überweist die All-Factor AG einen Vorschuss von CHF 100 000.– auf das Bankkonto der Help GmbH.	
25.01.	Die Gutschrift der All-Factor AG für diverse Zahlungseingänge von Help GmbH-Kunden beträgt CHF 24 000.–. Die Kunden haben total CHF 500.– Skonto abgezogen.	
07.02.	Die All-Factor AG sendet der Help GmbH eine eingereichte Kundenrechnung von CHF 8 000.– zurück. Grund: Der Kunde Wiedmann hat die erhaltene Rechnung für verrechnetes Material CHF 1 500.– und verrechnete Arbeit CHF 6 500.– beanstandet. Die Abklärung ergibt, dass die erbrachte Leistung der Help GmbH (inkl. Material) nicht dem Kunden Wiedmann in Rechnung zu stellen war, sondern als Garantieleistung der Help GmbH zu behandeln ist. Die Help GmbH hatte bereits Rückstellungen für Garantieleistungen gebildet, die nun verwendet werden.	
16.02.	Weitere von der Help GmbH ausgestellten Kundenrechnungen CHF 205 000.–. Zustellung des Verzeichnisses und der Rechnungskopien an die All-Factor AG.	
18.02.	Abrechnung der All-Factor AG:	

              Übernommene Forderungen   CHF 205 000.–
– Delkredereprovision (1 % von CHF 184 000.–[Annahme])   CHF   1 840.–
– Factoringgebühr (0,5 % von CHF 205 000.–)   CHF   1 025.–
              Nettoguthaben   CHF 202 135.–

19.02.	Gutschrift der All-Factor AG für diverse Zahlungseingänge CHF 112 000.–. Dieser Betrag wird soweit als möglich mit dem Vorschusskonto verrechnet. Die verbleibende Differenz wird sofort überwiesen. Die Skontoabzüge von Help GmbH-Kunden betragen CHF 2 400.–. Eine Kundenforderung von CHF 3 000.–, die in der Bonitätskreditlimite eingeschlossen war, ist definitiv verloren.	
20.02.	Überweisung Vorschuss durch die All-Factor AG von CHF 130 000.– auf das Bankkonto der Help GmbH.	
16.03.	Aus diversen Gründen konnte die Help GmbH keine Kundenrechnungen ausstellen.	
20.03.	Die Help GmbH lässt sich einen weiteren Vorschuss von CHF 30 000.– überweisen.	
26.03.	Gutschrift der All-Factor AG für diverse Zahlungseingänge CHF 170 000.–.	
31.03.	Die All-Factor belastet Folgendes: – Mahn- und Betreibungskosten CHF 400.– – Quartalszins CHF 230.–	

Aufgaben **A** Nennen Sie die Buchungen der Help GmbH.

         B Führen Sie die Konten Forderung gegenüber Factor und Kontokorrent Factor und schliessen Sie sie ab.

5 Leasing

5.1 Lastwagen in Leasing

Ausgangslage

Die Transport AG least einen Kleinlastwagen unter folgenden Bedingungen:

Barpreis	Fr. 200 000.– (ohne Übernahmepreis)
Vertragsdauer	01.01.20_1–31.12.20_3
Leasingdauer	3 Jahre
Nutzungsdauer	5 Jahre
Abschreibung	Degressiv, jährlich 30 % vom Buchwert
Abschlussgebühr	Fr. 2 000.–
Leasingraten	3 Jahresraten zu Fr. 78 000.– (Vergleiche Tabelle; Zinsbeträge auf Fr. 100.– aufgerundet)
Übernahmepreis bei Vertragsablauf	Fr. 4 000.– (= Kaufoption)
Zinssatz	8,25 %

Daten	Leasingrate (Annuität)	Amortisations-anteil $\boxed{K}$	Zinsanteil $\boxed{Z}$	Barwert der zukünftigen Leasingraten
01.01.20_1	–	–	–	200 000.–
31.12.20_1	78 000.–	61 500.–	16 500.–	138 500.–
31.12.20_2	78 000.–	66 500.–	11 500.–	72 000.–
31.12.20_3	78 000.–	72 000.–	6 000.–	0.–
	234 000.–	200 000.–	34 000.–	

Auszug aus dem Kontenplan

Liquide Mittel, Geleaster Lastwagen, Lastwagen, Leasingverbindlichkeiten, Leasingaufwand, Abschreibung, Zinsaufwand

Buchungstatsachen

01.01.20_1	Vertragsabschluss und Übergabe Lastwagen Zahlung Abschlussgebühr (erfolgswirksam erfassen)
31.12.20_1	Zahlung 1. Jahresleasingrate
31.12.20_2	Zahlung 2. Jahresleasingrate
31.12.20_3	Zahlung 3. Jahresleasingrate Kaufoption wird ausgeübt. Erwerb und Zahlung des Lastwagens zum Übernahmepreis

Aufgaben A   Variante I: Erfassung als mietähnlicher Vorgang

1. Wie lauten die Buchungen beim Leasingnehmer am
   01.01.20_1? 31.12.20_2?
   31.12.20_1? 31.12.20_3?

2. Welcher Betrag muss laut OR 959c/2 Ziffer 6 im Anhang der Jahresrechnung aufgeführt werden am
   31.12.20_1?
   31.12.20_2?

B   Variante II: Erfassung als kaufähnlicher Vorgang

Bilanziert wird der Barpreis ohne Übernahmepreis.
Wie lauten die Buchungen (inklusiv Abschreibungsbuchungen) für den Leasingnehmer am
01.01.20_1? 31.12.20_2?
31.12.20_1? 31.12.20_3?

5.2 Maschine in Leasing

Ausgangslage

Die Foto AG least eine Entwicklungsmaschine unter folgenden Bedingungen (Kurzzahlen):

Barpreis	232 (ohne Übernahmepreis)
Vertragsbeginn	01.01.20_1
Leasingdauer	4 Jahre
Nutzungsdauer	4 Jahre
Abschreibung	Linear, jährlich 25 % vom Barpreis
Abschlussgebühr	3
Leasingraten	4 Jahresraten zu 73,2 zahlbar jeweils Ende Jahr
Übernahmepreis bei Vertragsablauf	3
Zinssatz	10 %

Daten	Leasingrate (Annuität)	Amortisations-anteil $\boxed{K}$	Zinsanteil $\boxed{z}$	Barwert der zukünftigen Leasingraten
01.01.20_1	–	–	–	232,0
31.12.20_1	73,2	50,0	23,2	182,0
31.12.20_2	73,2	55,0	18,2	127,0
31.12.20_3	73,2	60,5	12,7	66,5
31.12.20_4	73,2	66,5	6,7	0
	292,8	232,0	60,8	

Buchungstatsachen

01.01.20_1	Vertragsabschluss und Übergabe Leasingobjekt
	Zahlung Abschlussgebühr (erfolgswirksam erfassen)
31.12.20_1	Zahlung 1. Leasingrate
31.12.20_2	Zahlung 2. Leasingrate
31.12.20_3	Zahlung 3. Leasingrate
31.12.20_4	Zahlung 4. Leasingrate
	Rückgabe Leasingobjekt; Kaufoption wird nicht ausgeübt.

Aufgaben

A Variante I: Erfassung als mietähnlicher Vorgang

1. Wie lauten die Buchungen beim Leasingnehmer am
   01.01.20_1?   31.12.20_4?
   31.12.20_1?

2. Welcher Betrag muss laut OR 959c/2 Ziffer 6 im Anhang der Jahresrechnung aufgeführt werden am
   31.12.20_1?   31.12.20_3?

B Variante II: Erfassung als kaufähnlicher Vorgang

Wie lauten die Buchungen für den Leasingnehmer am
01.01.20_1? (Bilanziert wird der Barpreis ohne Übernahmepreis, da die Ausübung der Kaufoption nicht sicher ist.)
31.12.20_1?
31.12.20_4?
Die Amortisations- und Zinsanteile sind einzeln zu buchen.
Die Jahresabschreibung ist ebenfalls zu erfassen.

Zusatzaufgaben

C Nennen Sie die Buchungen beim Leasingnehmer für das Jahr 20_1 für die beiden Buchungsvarianten, wenn die Mehrwertsteuer von 8 % zu berücksichtigen ist (auf eine Dezimale runden). Alle Beträge in der Ausgangslage sind ohne Mehrwertsteuer. Die Vorsteuer wird nach vereinnahmten Entgelt abgerechnet und ist nach der Nettomethode zu verbuchen. [1]

1. Bilanzneutraler Vorgang
2. Bilanzwirksamer Vorgang

D 1. Nennen Sie die Buchungen beim Leasinggeber für die Jahre 20_1 und 20_4 für
   – den Barkauf (Kaufpreis 232 = Zahlung an Lieferant Leasingobjekt)
   – die erhaltene Abschlussgebühr (Konto Ertrag Abschlussgebühren verwenden)
   – die jährlichen Leasingraten (Konto Leasingertrag verwenden)
   – die Jahresabschreibung (progressiv, entsprechend den steigenden Amortisationsanteilen; indirekte Abschreibungsmethode)
   – den Refinanzierungsaufwand 18,6 für 20_1; 5,3 für 20_4;
     (= 8 % vom jährlich benützten Kapital)
   – die Auflösung der kumulierten Abschreibungen.
   Die Kaufoption wird nicht ausgeübt.

2. Führen Sie die Konten Verleaste Maschine und Wertberichtigung Verleaste Maschine fortlaufend (d.h. ohne Zwischenabschluss) für die vier Jahre.

---

[1] Siehe Carlen/Gianini/Riniker, Finanzbuchhaltung 1, Praxis der Finanzbuchhaltung, Teil 2, Kapitel 23 Mehrwertsteuer.

5.3 Anlage in Leasing

Ausgangslage

Die Simi AG least eine Produktionsanlage unter folgenden Bedingungen (Kurzzahlen):

Barpreis	394 (ohne Übernahmepreis)
Leasingdauer	5 Jahre (01.01.20_1 bis 31.12.20_5)
Nutzungsdauer	6 Jahre
Abschreibung	Linear über die Nutzungsdauer
Abschlussgebühr	6
Leasingraten	5 Jahresraten, zahlbar jeweils Ende Jahr
Übernahmepreis bei Vertragsablauf	8
Zinssatz	7,5 %

Aufgaben

A Berechnen Sie die Leasingrate mit folgender Annuitätenformel [1].
(Den Zinsbetrag [= z] im ersten Jahr mit zwei Dezimalstellen einsetzen. Erst das Endergebnis auf eine Dezimale runden.)

$$A = z + \frac{K \cdot \left(1 + \frac{p}{100} - 1\right)}{\left(1 + \frac{p}{100}\right)^n - 1}$$

A = Annuität
z = Jahreszins vom zu tilgenden Kapital
K = zu tilgendes Kapital (= Barwert der zukünftigen Leasingraten)
p = Zinssatz
n = Laufzeit in Jahren

B Ergänzen Sie die Tabelle (auf eine Dezimale runden).

Daten	Leasingrate (Annuität)	Amortisations-anteil K	Zinsanteil z	Barwert der zukünftigen Leasingraten
01.01.20_1	–	–	–	394
31.12.20_1				
31.12.20_2				
31.12.20_3				
31.12.20_4				
31.12.20_5				
	487,0	394,0	93,0	

[1] Ergibt nachschüssige Jahresraten.

Ausgangslage

Die Simi AG erfasst das Leasinggeschäft als kaufähnlicher Vorgang. Bilanziert wird der Barpreis und der Übernahmepreis der Produktionsanlage, da die Absicht besteht, die Kaufoption auszuüben.

Buchungstatsachen

01.01.20_1	Vertragsabschluss und Übergabe geleaste Anlage
	Zu erfassen sind:
	– Barpreis
	– Übernahmepreis
	– Zahlung und Aktivierung Abschlussgebühr
31.12.20_1	Zahlung 1. Leasingrate
	Jahresabschreibung
31.12.20_3	Zahlung 3. Leasingrate
	Jahresabschreibung
31.12.20_5	Zahlung 5. Leasingrate
	Jahresabschreibung
	Zahlung Übernahmepreis
	Restwert umbuchen

Aufgabe C

1 Nennen Sie die Buchungen für den Leasingnehmer an folgenden Daten:
   01.01.20_1   31.12.20_3
   31.12.20_1   31.12.20_5

2 Führen Sie die Konten Anlagen in Leasing und Leasingverbindlichkeiten fortlaufend (d.h. ohne Zwischenabschluss) für die fünf Jahre sowie für das fünfte Jahr das Konto Anlagen (ohne Anfangsbestand).

Zusatzaufgaben

D Annahme: Das Leasingobjekt wird nicht aktiviert und die Abschlussgebühr der Erfolgsrechnung belastet. Die Kaufoption wird ausgeübt und der Übernahmepreis bezahlt.

1 Nennen Sie die Buchungen beim Leasingnehmer am
   01.01.20_1   31.12.20_3
   31.12.20_1   31.12.20_5.

2 Welcher Betrag ist am 31.12.20_2 im Anhang der Jahresrechnung aufzuführen?

E Vergleich zweier Erfassungsvarianten beim Leasinggeber:
Folgendes ist bekannt:
– Der Kaufpreis von 394 wird dem Hersteller der Produktionsanlage bar bezahlt.
– Die erhaltene Abschlussgebühr wird dem Konto Ertrag Abschlussgebühr gutgeschrieben.
– Die Abschreibung erfolgt direkt und progressiv, entsprechend den steigenden Amortisationsanteilen.
– Der Refinanzierungszinsaufwand beträgt für 20_1: 19,7; für 20_3: 12,7; für 20_5: 4,5.
– Die Kaufoption wird ausgeübt und dem Konto Ertrag Übernahmepreis gutgeschrieben.

Nennen Sie die Buchungen beim Leasinggeber am
   01.01.20_1   31.12.20_3
   31.12.20_1   31.12.20_5,

wenn er das Leasinggeschäft wie folgt erfasst:

1 Als verleaste Produktionsanlagen
2 Als langfristige Forderungen

5.4 Produktionsanlage in Leasing

Ausgangslage

Bilanzneutrale Erfassung für die externe Rechnung

Die Technica SA, ein Unternehmen für technische Produkte, least im Rahmen einer Kapazitätserweiterung eine neue Produktionsanlage.

Leasingbedingungen:

Anschaffungswert	Fr. 900 000.–
Vertragsbeginn	01.01.20_1
Leasingdauer	6 Jahre
Nutzungsdauer	8 Jahre
Abschlussgebühr	0,5 % vom Anschaffungswert
Leasingraten	72 Monatsraten zu Fr. 15 491.–, zahlbar jeweils Anfang Monat
Übernahmepreis bei Vertragsablauf	1 % vom Anschaffungswert

Aufgaben

A Führen Sie das Konto Leasingaufwand mit Text für das Jahr 20_1.

B Welche Zusatzinformation(en) ist (sind) gemäss Obligationenrecht in der externen Jahresrechnung Ende 20_1 nötig?

C Nennen Sie die Buchungen, wenn die Technica SA Ende 20_6 die Kaufoption ausüben würde.

Ausgangslage

Bilanzierung des Leasinggeschäftes für die interne Rechnung

Zu Beginn des Jahres 20_3 übernimmt ein diplomierter Fachmann im Finanz- und Rechnungswesen den Finanzbereich der Technica SA.

Er setzt durch, dass für die
- externe Rechnung die bisherige Erfassung der Produktionsanlage im Leasing weitergeführt wird.
- interne Rechnung Ende 20_3 die geleaste Anlage als kaufähnlicher Vorgang erfasst wird.

Er erlässt folgende Weisungen: Für die
- externe Jahresrechnung werden nur die Leasingraten als Aufwand erfasst.
- interne Jahresrechnung gilt:
  - Aktivieren der geleasten Anlage zum Anschaffungswert (ohne Abschlussgebühr) unter Abzug der linearen Abschreibung, die sich aus der Nutzungsdauer von 8 Jahren ergibt (Kaufoption nicht berücksichtigen).
  - Passivieren des Barwertes der zukünftigen Leasingraten.

Die von der Leasinggesellschaft berechneten Werte für die ersten drei Jahre:

Daten	Leasingrate① (Annuität)	Amortisations-anteil②	Zinsanteil②	Barwert der zukünftigen Leasingraten
01.01.20_1	–	–	–	900 000.–
31.12.20_1	185 892.–	128 073.–	57 819.–	771 927.–
31.12.20_2	185 892.–	132 024.–	53 868.–	639 903.–
31.12.20_3	185 892.–	142 363.–	43 529.–	497 540.–

Aufgaben D Bestimmen und berechnen Sie für die interne Rechnung die Anfangsbestände für das Jahr 20_3 folgender Konten: Anlagen in Leasing, Leasingverbindlichkeiten und Stille Reserven auf Anlagen in Leasing.

E Wie lauten die Buchungen für die interne Rechnung für das Jahr 20_3 für die

1 Jahresabschreibung?
2 Umbuchung für den bereits erfassten Jahresleasingaufwand von Fr. 185 892.–?

F Führen Sie für die interne Rechnung für das Jahr 20_3 folgende Konten, und schliessen Sie sie ab: Anlagen in Leasing, Leasingverbindlichkeiten, Stille Reserven auf Anlagen in Leasing, Leasingaufwand, Abschreibung auf Anlagen in Leasing, Zinsaufwand für Anlagen in Leasing.

Zusatzaufgabe

G Nennen Sie die Buchungen für die Zahlungen der Monatsraten und für die Monatsabschreibungen im Januar und Februar 20_4, unter der Bedingung, dass die internen Weisungen auch für die externe Jahresrechnung gelten.

Die von der Leasinggesellschaft berechneten Werte für die ersten drei Monate 20_4:

Daten	Leasingrate③ (Annuität)	Amortisations-anteil	Zinsanteil	Barwert der zukünftigen Leasingraten
01.01.20_4	15 491.–	12 355.–	3 136.–	485 185.–
01.02.20_4	15 491.–	12 433.–	3 058.–	472 752.–
01.03.20_4	15 491.–	12 511.–	2 980.–	460 241.–

① Vorschüssige Monatsraten kumuliert für ein Jahr
② Kumuliert für ein Jahr
③ Vorschüssige Monatsraten

5.5 Leasing mit Anzahlung

Ausgangslage

Die Gerard SA least eine Komplettbearbeitungsmaschine (Bohr-, Fräs- und Schleifmaschine) zwecks Serienfertigung von Werkstücken. Der Zahlungsverkehr wickelt sich durch die Bank ab. Der Abschluss der Jahresrechnungen erfolgt jeweils am 31.12.
Folgendes ist zu diesem Finanzierungsleasing bekannt:

Barpreis	Fr. 424 800.– (enthält auch Übernahmepreis)
Leasingdauer	5 Jahre
Nutzungsdauer	5 Jahre
Abschreibung	20 % vom Barpreis inkl. Übernahmepreis; linear und indirekt
Vertragsbeginn	1. Juli 20_1
1. Leasingrate (= Anzahlung[1])	Fr. 31 600.–, bei Vertragsbeginn
2. bis 60. Leasingrate	Fr. 7 450.–, vorschüssig je Monat
Übernahmepreis am Ende der Laufzeit	Fr. 3 000.–, zahlbar Ende Leasingdauer
Zinssatz	4,8 %

Aufgaben A Ergänzen Sie die fehlenden Beträge in der Leasingtabelle.
(auf Fr. 10.– gerundet; summarische Beträge ab 20_2)

Nummer der Leasingrate	Daten bzw. Jahre	Zahlung der Leasingraten	Amortisationsanteil	Zinsanteil	Barwert Leasingverbindlichkeiten
1	20_1 01.07.				424 800
	01.07.	31 600	31 600	0	393 200
2	01.08.	7 450	5 880	1 570	387 320
3	01.09.	7 450	5 900	1 550	381 420
4	01.10.	7 450	5 920	1 530	375 500
5	01.11.	7 450	5 950	1 500	369 550
6	01.12.	7 450	5 970	1 480	363 580
7–18	20_2	89 400	73 550	15 850	290 030
19–30	20_3	89 400		12 240	
31–42	20_4	89 400	80 950		
43–54	20_5	89 400		4 480	
55–60	20_6 01.01.–01.06.	44 700			
Total		471 150	421 800		

[1] Die Höhe der Anzahlung wird durch die Bonität des Unternehmens und evtl. durch die Qualität der Geschäftsleitung bestimmt. Es besteht auch die Möglichkeit, dass der Leasingnehmer die Anzahlung selber festlegen kann. (Eine generelle Regelung gibt es in der Praxis nicht.)

B Nennen Sie die Buchungen für den Juli 20_1.

01. 07. – Übernahme der geleasten Maschine (Die Leasingverbindlichkeiten sind in kurz- und langfristige Verbindlichkeiten aufzuteilen.)
– Zahlung der 1. Leasingrate (= Anzahlung)

31. 07. Abschreibung

C Nennen Sie die Buchungen für den August 20_1.

01. 08. – Zahlung der 2. Leasingrate, aufgeteilt in Amortisations- und Zinsanteil

31. 08. – Abschreibung

D Welcher Betrag wird in der Bilanz vom 31. 12. 20_1 bei folgenden Bilanzpositionen ausgewiesen?
– Geleaste Maschine
– Wertberichtigung Geleaste Maschine
– Kurzfristige Leasingverbindlichkeiten
– Langfristige Leasingverbindlichkeiten

E Nennen Sie alle Buchungen für die sechs Monate des Jahres 20_6.
(Verwenden Sie die summarischen Beträge.)
Die Kaufoption wird ausgeübt.

F Wie lautet die Buchung am 30. 06. 20_6, wenn die Kaufoption nicht ausgeübt würde?

5.6 Leasing mit Barwertmethode

Ausgangslage

Die Lada AG hat folgenden Leasingvertrag abgeschlossen:

Leasinggegenstand	Produktionsanlage
Barpreis	Fr. 600 000.– [1]
Nutzungsdauer	6 Jahre
Abschreibung	Linear 16 $\frac{2}{3}$ %

Leasingbedingungen

Vertragsbeginn	1. Januar 20_1
Jährliche Leasingraten	Fr. 156 000.– (nachschüssig, Ende Jahr)
Abschlussgebühr	Fr. 12 000.–
Leasingdauer	5 Jahre
Übernahmepreis am Ende der Leasingdauer	Fr. 13 855.– (= Kaufoption)
Zinssatz	10 %

Aufgaben [A] Vervollständigen Sie die drei Tabellen. Die Frankenbeträge in den ersten beiden Tabellen sind mit der Kapitalwert-Methode zu ermitteln (Beträge auf Franken runden).

1   Barwert der Leasingraten und des Übernahmepreises sowie Amortisation je Jahr
(Die Rentenbarwert- und Barwertfaktoren sind bereits in der Tabelle eingetragen.)

Zeit	Anzahl der Jahresraten Fr. 156 000.–	Barwert der Leasingraten		+	Barwert des Übernahmepreises		=	Barwert der Leasingverbindlichkeiten, inkl. Übernahmepreis	Amortisation je Jahr
		Rentenbarwertfaktor [2] der Jahresrate	Barwert in Franken		Barwertfaktor [2]	Barwert in Franken			
Bei Vertragsbeginn		3,791			0,621				
Nach 1 Jahr		3,170			0,683				
Nach 2 Jahren		2,487			0,751				
Nach 3 Jahren		1,736			0,826				
Nach 4 Jahren		0,909			0,909				
Bei Vertragsende nach 5 Jahren		0			1				

[1]   Der Barpreis entspricht dem Barwert der Leasingraten plus Barwert des Übernahmepreises bei Vertragsbeginn.
[2]   Berechnung vergleiche Theorie Abschnitt 54, Beispiel 3.

2 Leasingraten (Amortisations- und Zinsanteil)

Zeit	Leasingraten je Jahr (Annuitäten)	Amortisationsanteil je Jahr	Zinsanteil je Jahr
Ende 1. Jahr			
Ende 2. Jahr			
Ende 3. Jahr			
Ende 4. Jahr			
Ende 5. Jahr			
Total 1.–5. Jahr			

Total Leasingraten	
+ Abschlussgebühr	
+ Übernahmepreis	
Total Zahlungen	

3 Jahresabschreibung und Buchwerte des Leasingobjektes in der Finanzbuchhaltung

Zeit	Anschaffungswert	Jahresabschreibung	Kumulierte Abschreibungen	Buchwerte, Restwerte
Vertragsbeginn		–	–	
Ende 1. Jahr				
Ende 2. Jahr				
Ende 3. Jahr				
Ende 4. Jahr				
Ende 5. Jahr				
Ende 6. Jahr				

B Ermitteln Sie die Beträge, die als Aufwand im 3. Jahr ausgewiesen werden, wenn das Leasing wie folgt erfasst wird:
- 1 Als mietähnlicher Vorgang
- 2 Als kaufähnlicher Vorgang

C Wie hoch sind die im 3. Jahr gebildeten stillen Reserven, wenn bilanzneutral gebucht wird?

D Wie lauten die Buchungen im 1. und 2. Jahr, wenn das Leasing als bilanzwirksamer Vorgang erfasst wird? Die Abschlussgebühr wird nicht aktiviert.

E
- 1 Wie lauten die Buchungen im 5. Jahr (nach Ablauf der Vertragsdauer), wenn die Lada AG die Kaufoption ausübt?
- 2 Führen Sie für das 5. Jahr die Konten Maschine in Leasing, Maschine, Leasingverbindlichkeiten, Abschreibung und Zinsaufwand.

6 Derivative Finanzinstrumente

6.1 Devisentermingeschäft (Absicherung)

Ausgangslage

Die Securo AG liefert Ende Juli Fertigfabrikate nach Spanien und fakturiert EUR 281 250.–. Die Kreditfrist beträgt drei Monate. Um das Währungsrisiko auszuschalten, verkauft die Securo AG der Hausbank die Euro auf Termin. Die Kundenguthaben in Euro werden bei der Securo AG in einem Vierspalten-Fremdwährungskonto erfasst. Die Securo AG hat ein Euro-Bankkonto.

Zur Verfügung stehende Konten:
Bank EUR, Bank CHF, Forderungen aus L+L EUR, Verkaufserlös

Buchungstatsachen

30.07.	Verkauf auf Kredit; Fakturawert EUR 281 250.–
30.07.	Abschluss des Terminkontraktes; Valuta 31.10., Terminkurs 1.10
30.10.	Euro-Überweisung des spanischen Kunden auf das EUR-Bankkonto der Securo AG
31.10.	Erfüllung des Terminkontraktes

Aufgaben A Nennen Sie die Buchungen bei der Securo AG.

B Nennen Sie die Buchungen, wenn die Securo AG das Währungsrisiko nicht absichert. Sie erfasst die Rechnung zum Kurs von 1.12 und die Banküberweisung zum Tageskurs von 1.08. Die Securo AG hat kein EUR-Bankkonto.

6.2 Devisentermingeschäft (Spekulation)

Ausgangslage

Die Helag AG verkauft der Look AG USD 300 000.– auf Termin (Leerverkauf) und hofft, dass der USD-Kurs fällt. Die Helag AG hat ein USD-Bankkonto.

Zur Verfügung stehende Konten:
Bank CHF, Bank USD, Kurzfristige Finanzanlagen, Währungsrückstellung, Währungsgewinne, Währungsverluste

Buchungstatsachen

20_1

30.10.	Terminkontrakt USD 300 000.–, Valuta 31.03., Terminkurs 0.94	
31.12.	Abschluss Die Bewertung erfolgt zum aktuellen Wert. USD Terminkurs, Valuta 31.03., Geld 0.95 / Brief 0.99	

20_2

01.01.	Eröffnung	
31.03.	USD Kassakurse Geld 0.97 / Brief 1.–	
	a	Kassakauf der Helag AG USD 300 000.–
	b	Vertragserfüllung Terminkontrakt vom 30.10.
	c	Kassaverkauf der Look AG USD 300 000.–
	d	Währungserfolg

Aufgaben

A Nennen Sie die Buchungen beim
1 Verkäufer (Helag AG).
2 Käufer (Look AG).

B Weisen Sie den Finanzerfolg nach beim
1 Verkäufer.
2 Käufer.

6.3a Devisenswap (Kassakauf/Terminverkauf, Absicherung, Zinseinsparung)
Abschluss und Erfüllung erfolgen im gleichen Jahr (20_6)

Ausgangslage
Bei der Industrie AG ist am 31.03.20_6 Folgendes über das Fremdwährungsbankkonto bekannt:

	Bank EUR	
Kurs	EUR	CHF
1.20	200 000	240 000

Um den hohen Kreditzins von 10 % auf der Bankschuld EUR einzusparen, kauft die Industrie AG EUR 200 000.– gegen Schweizerfranken und verkauft sie gleich wieder auf Termin (6 Monate) = Devisenswap. Durch den Terminverkauf wird das Wechselkursrisiko abgesichert.

Folgende Devisenkurse sind bekannt:
Kassakurs   1.253
Terminkurs   1.239

Zur Verfügung stehende Konten:
Bank EUR, Bank CHF, Finanzaufwand

Buchungstatsachen

31.03.	Abschluss Swapgeschäft
	a Kassakauf EUR 200 000.–
	b Verkauf EUR 200 000.– auf Termin; Valuta 30.09.
	c Absicherungskosten
30.09.	Erfüllung Terminkontrakt

Aufgaben **A** Nennen Sie die Buchungen bei der Industrie AG.

B Berechnen Sie den Finanzerfolg in zwei Schritten.
1 Devisenkurserfolg = Differenz zwischen Kassakauf und Terminverkauf von Devisen
2 Zinserfolg = Differenz zwischen Zinseinsparung auf dem EUR-Fremdwährungsbankkonto und dem Zinsausfall auf einer alternativen sechsmonatigen Festgeldanlage in CHF für 1,3 % p. a. (Verwenden Sie für die EUR-Zinseinsparung einen durchschnittlichen Umrechnungskurs von 1.24.)

Zusatzaufgabe

C Berechnen Sie den Finanzerfolg, wenn die Industrie AG diesen Swap von EUR 200 000.– nicht vornimmt und stattdessen die Festgeldanlage in CHF tätigt.

6.3 b Devisenswap (Kassakauf/Terminverkauf, Absicherung, Zinseinsparung)

Abschluss (20_6) und Erfüllung (20_7) erfolgen nicht im gleichen Jahr

Ausgangslage

Bei der Industrie AG ist Folgendes über das Fremdwährungsbankkonto bekannt:

		Bank EUR	
Datum	Kurs	EUR	CHF
20_6 30.09.	1.20	200 000	240 000

Um den hohen Kreditzins von 10 % auf der Bankschuld EUR einzusparen, kauft die Industrie AG EUR 200 000.– gegen Schweizerfranken und verkauft sie gleich wieder auf den Termin 31.03.20_7 = Devisenswap. Durch den Terminverkauf wird das Wechselkursrisiko abgesichert.

Folgende Devisenkurse sind beim Abschluss des Swapgeschäftes am 30.09.20_6 bekannt:
Kassakurs 1.253
Terminkurs 1.239

Folgender Devisenkurs gilt bei der Bewertung des Swapgeschäftes am 31.12.20_6:
Terminkurs 1.220

Zur Verfügung stehende Konten:
Bank EUR, Bank CHF, Kurzfristige Finanzanlagen, Finanzaufwand, Währungsgewinne, Währungsverluste

Buchungstatsachen

20_6

30.09. Abschluss Swapgeschäft
 a Kassakauf EUR 200 000.–
 b Verkauf EUR 200 000.– auf Termin; Valuta 31.03.20_7
 c Absicherungskosten

31.12. Bewertung
 a – Bank EUR (bzw. Ausgleich EUR-Bankkonto)
 b – Termingeschäft (bzw. Bildung kurzfristige Finanzanlagen)
 c Abschluss (nur Konten: Bank EUR und Kurzfristige Finanzanlagen)

20_7

01.01. Eröffnung
31.03. a Erfüllung Terminkontrakt
 b Auflösung kurzfristige Finanzanlagen

Aufgaben A Nennen Sie die Buchungen bei der Industrie AG.

B Führen Sie das Fremdwährungsbankkonto für die Zeit vom 30.09.20_6 bis 31.03.20_7.

6.4 Devisenswap (Kassakauf/Terminverkauf, Absicherung, Zinseinsparung)

Ausgangslage

Bei der Maschinenbau AG ist am 31.03. über die beiden Fremdwährungskonten Folgendes bekannt:

	Bank GBP	
Kurs	GBP	CHF
1.30	500 000	650 000

	Forderungen aus L+L GBP	
Kurs	GBP	CHF
1.30	600 000	780 000

Der Betrag im Konto Forderungen aus L+L GBP stammt aus einer Lieferung, welche am 27.09. fällig wird. Dieser Fremdwährungsbetrag wurde bis heute nicht abgesichert.

Das CHF-Bankkonto weist am 31.03. ein Guthaben von CHF 1 100 000.– aus.

Am 31.03. gelten folgende GBP-Devisenkurse:
Kassakurse   Geld   1.3002   Brief   1.3024
Terminkurse 6 Monate Geld   1.2720   Brief   1.2831

Am 31.03. gelten folgende Zinskonditionen:
Sollzins auf GBP-Bankkonto   12 % p. a.
Habenzins auf Festgeld in CHF   2,65 % p. a.

Die Maschinenbau AG will den hohen Sollzins auf dem GBP-Bankkonto einsparen und das GBP-Kundenguthaben zum Teil gegen einen möglichen GBP-Kursrückgang absichern. Deshalb beschliesst sie am 31.03. folgende Transaktionen:
Kassakauf von GBP 500 000.– gegen CHF und gleichzeitiger Verkauf auf Termin (6 Monate)

Buchungstatsachen

31.03.	Abschluss Swapgeschäft
	a Kassakauf GBP 500 000.–
	b Verkauf GBP 500 000.– auf Termin; Valuta 30.09.
	c Absicherungskosten
27.09.	Kundenzahlung GBP 600 000.– auf das GBP-Bankkonto (Zum Kurs 1.30 umrechnen.)
30.09.	Erfüllung Terminkontrakt

Aufgaben

A Nennen Sie die Buchungen bei der Maschinenbau AG.

B Führen Sie die beiden Fremdwährungskonten.

C Berechnen Sie den Finanzerfolg in zwei Schritten.
   1 Devisenkurserfolg
   2 Zinserfolg (Rechnen Sie für die GBP-Zinseinsparung mit einem Durchschnittsdevisenkurs von 1.30 und berücksichtigen Sie die alternative Festgeldanlage.)

Zusatzaufgabe

D Berechnen Sie den Finanzerfolg, wenn die Maschinenbau AG diesen Swap von GBP 500 000.– nicht vornimmt und stattdessen die Festgeldanlage in CHF tätigt.

6.5 Devisenswap (Kassakauf/Terminverkauf, Absicherung, Festgeldanlage)

Ausgangslage

Die Carlo AG verfügt über CHF 370 000.– flüssige Mittel, die sie drei Monate fest anlegen will. Sie entscheidet sich für eine Festgeldanlage in USD, Zinssatz 3,8 % p. a.
Bei der Bank tätigt sie den Kassakauf und sichert das Währungsrisiko mit einem Termingeschäft ab.

Die Bankspesen bleiben unberücksichtigt.
Die Fremdwährungstransaktionen werden in den Vierspalten-Fremdwährungskonten Bank USD und Kurzfristige Finanzanlagen USD erfasst.

Buchungstatsachen

30.06. a Kassakauf USD 350 000.–, Kurs 0.939

b Festgeldanlage bei der Kreditbank, Luxembourg

Kapital	USD 350 000.–
Zins 3,8 %, 90 Tage	USD 3 325.–
Rückzahlung	USD 353 325.–

c Terminverkauf USD 353 325.–, Valuta 30.09., Kurs 0.936

30.09.   Rückzahlung Festgeldanlage

30.09.   Erfüllung Terminkontrakt

Aufgaben **A** Nennen Sie die Buchungen bei der Carlo AG.

B Berechnen Sie den Finanzerfolg aus dem Swap-Geschäft und der Festgeldanlage in USD.

Zusatzaufgabe

C Wie gross wäre der Finanzerfolg, wenn die Carlo AG die Fr. 328 650.–
1   auf dem CHF-Bankkonto stehen lässt (Zinssatz: 0,1 % p. a.)?
2   in eine Festgeldanlage in Schweizerfranken investiert (Zinssatz: 2,15 % p. a.)?
(Für den Vergleich ist die Differenz von CHF 41 350.– [370 000.– – 328 650.–] nicht zu beachten.)

6.6 a Kauf Call-Option auf Aktien (Handel, Spekulation)

Ausgangslage

Die Stierli AG erwartet, dass der Kurs der S-Aktien steigen wird. Deshalb kauft sie am 25.11.20_1 durch die Bank an der Eurex:

10 Call-Optionskontrakte	
Basiswert je Kontrakt	10 S-Aktien
Verfall	Februar 20_2
Ausübungspreis (Basispreis)	CHF 1 050.–
Optionsprämie (Optionspreis)	CHF 30.–
Total Optionsprämie	10 Kontrakte · 10 Optionen · CHF 30.– = CHF 3 000.–
Kontraktvolumen	10 Kontrakte · 10 Aktien · CHF 1 050.– = CHF 105 000.–

Gebühren und Bankkommissionen bleiben unberücksichtigt.
Das Konto Kurzfristige Finanzanlagen wird zu Kurswerten geführt.

Buchungstatsachen

20_1

25.11. Bankbelastung der Optionsprämie für 10 Call-Optionskontrakte

31.12. Abschluss
Bewertung zum Marktwert:
Börsenkurs einer Call-Option Februar 20_2 CHF 35.–

20_2

01.01. Eröffnung

15.02. a Ausübung aller 10 Call-Optionskontrakte

b Verkauf 100 S-Aktien zum Kurs von CHF 1 150.–

c Kurserfolg

Aufgaben A Nennen Sie die Buchungen bei der Stierli AG.

B Weisen Sie den Finanzerfolg nach.

6.6 b Verkauf Call-Option auf Aktien (Handel, Spekulation)

Ausgangslage

Die Berna AG erwartet, dass der Kurs der S-Aktien fallen wird. Deshalb verkauft (schreibt) sie am 25.11.20_1 durch die Bank an der Eurex:

10 Call-Optionskontrakte	
Basiswert je Kontrakt	10 S-Aktien
Verfall	Februar 20_2
Ausübungspreis (Basispreis)	CHF 1 050.–
Optionsprämie (Optionspreis)	CHF 30.–
Total Optionsprämie	10 Kontrakte · 10 Optionen · CHF 30.– = CHF 3 000.–
Kontraktvolumen	10 Kontrakte · 10 Aktien · CHF 1 050.– = CHF 105 000.–

Da die Berna AG die S-Aktien leer verkauft, muss sie eine Sicherheitsmarge von CHF 8 000.– auf das Margenkonto (Sperrkonto) bei der Bank einzahlen.
Gebühren und Bankkommissionen bleiben unberücksichtigt.
Das Konto Kurzfristige Finanzanlagen wird zu Kurswerten geführt.

Variante I: Optionsprämie passivieren
          Bewertung beim Abschluss zum Börsenkurs der Option
          (= Glattstellungsbewertung)
          Glattstellung der Option

Buchungstatsachen

20_1

25.11. a Bankgutschrift der Optionsprämie für 10 Call-Optionskontrakte
      b Übertrag der Sicherheitsmarge vom Kontokorrent auf das Margenkonto

31.12. Abschluss
        Bewertung zum Marktwert:
        Börsenkurs einer Call-Option Februar 20_2 CHF 110.–

20_2

01.01. Eröffnung

02.02. a Glattstellung aller 10 Call-Optionskontrakte zum Börsenkurs von
        CHF 143.– je Call-Option
     b Auflösung Margenkonto

Aufgaben A Nennen Sie die Buchungen bei der Berna AG.
              B Weisen Sie den Finanzerfolg nach.

Variante II: Optionsprämie als Ertrag erfassen
   Bewertung beim Abschluss aufgrund des Börsenkurses des Basiswertes
   (= Ausübungsbewertung)
   Ausübung der Option

Buchungstatsachen

20_1

25.11. a Bankgutschrift der Optionsprämie für 10 Call-Optionskontrakte
       b Übertrag der Sicherheitsmarge vom Kontokorrent auf das Margenkonto
31.12.   Abschluss
          Bewertung zum Marktwert:
          Börsenkurs einer S-Aktie CHF 1 140.–

20_2

01.01.   Eröffnung
15.02.   Ausübung aller 10 Call-Optionskontrakte durch den Käufer
       a Kassakauf 100 S-Aktien zum Kurs von CHF 1 190.–
       b Lieferung 100 S-Aktien und Zahlung durch den Käufer
       c Kurserfolg
       d Auflösung Margenkonto

Aufgaben C Nennen Sie die Buchungen bei der Berna AG.

D Weisen Sie den Finanzerfolg nach.

6.7a Kauf Put-Option auf Aktien (Absicherung)

Ausgangslage

Die Takeoff AG erwartet, dass der Kurs der Z-Namenaktie sinken wird. Um die erwarteten Kursverluste abzusichern, kauft sie am 11.11.20_1 durch die Bank an der Eurex.

100 Put-Optionskontrakte	
Basiswert je Kontrakt	10 Z-Namenaktien
Verfall	Februar 20_2
Ausübungspreis (Basispreis)	CHF 1 200.–
Optionsprämie (Optionspreis)	CHF 30.–
Total Optionsprämie	100 Kontrakte · 10 Optionen · CHF 30.– = CHF 30 000.–
Kontraktvolumen	100 Kontrakte · 10 Aktien · CHF 1 200.– = CHF 1 200 000.–

Die Takeoff AG hat die 1000 Z-Namenaktien zum Kaufkurs von CHF 1 150.– (Buchwert CHF 1 150 000.–) erfasst.
Gebühren und Bankkommissionen bleiben unberücksichtigt.
Die Konten Kurzfristige Finanzanlagen und Wertschriftenbestand werden zu Kurswerten geführt.

Buchungstatsachen

20_1

11.11.	Bankbelastung der Optionsprämie für 100 Put-Optionskontrakte
31.12.	Abschluss Bewertung zum Marktwert: – Börsenkurs einer Put-Option Februar 20_2 CHF 20.– – Börsenkurs einer Z-Namenaktie CHF 1 185.–

20_2

01.01.	Eröffnung
15.02.	Ausübung aller 100 Optionskontrakte, Börsenkurs Z-Namenaktie CHF 1 140.–

Aufgaben

A Nennen Sie die Buchungen bei der Takeoff AG.

B Weisen Sie den Finanzerfolg nach.

Zusatzaufgabe

C Wie gross wäre der Erfolg am 15.02. ohne Absicherung mit Put-Optionen?

6.7 b Verkauf Put-Option auf Aktien (Handel, Spekulation)

Ausgangslage

Die Gämbly AG erwartet, dass der Kurs der R-Namenaktie steigen wird. Deshalb verkauft (schreibt) sie am 11. 11. 20_1 durch die Bank an der Eurex:

100 Put-Optionskontrakte	
Basiswert je Kontrakt	10 R-Namenaktien
Verfall	Februar 20_2
Ausübungspreis (Basispreis)	CHF 2 600.–
Optionsprämie (Optionspreis)	CHF 60.–
Total Optionsprämie	100 Kontrakte · 10 Optionen · CHF 60.– = CHF 60 000.–
Kontraktvolumen	100 Kontrakte · 10 Aktien · CHF 2 600.– = CHF 2 600 000.–

Die Gämbly AG leistet eine Sicherheitsmarge von CHF 320 000.– auf das Margenkonto (Sperrkonto) bei der Bank. Gebühren und Bankkommissionen bleiben unberücksichtigt.

Variante I: Optionsprämie passivieren
          Bewertung beim Abschluss zum Börsenkurs der Option
          (= Glattstellungsbewertung)
          Glattstellung der Option

Buchungstatsachen

20_1

11.11. a Bankgutschrift der Optionsprämie für 100 Put-Optionskontrakte
       b Übertrag der Sicherheitsmarge vom Kontokorrent auf das Margenkonto

31. 12. Abschluss
       Bewertung zum Marktwert:
       Börsenkurs einer Put-Option CHF 80.–

20_2

01. 01. Eröffnung

02. 02. a Glattstellung aller Optionskontrakte zu einem Börsenkurs von CHF 240.– je Put-Option
       b Auflösung Margenkonto

Aufgaben A Nennen Sie die Buchungen bei der Gämbly AG.

B Weisen Sie den Finanzerfolg nach.

Zusatzaufgabe

C Wie gross ist der Finanzerfolg, wenn die Glattstellung am 02. 02. zu einem Börsenkurs von CHF 25.– je Put-Option erfolgt?

Variante II: Optionsprämie als Ertrag erfassen
Bewertung beim Abschluss aufgrund des Börsenkurses des Basiswertes
(= Ausübungsbewertung)
Ausübung der Option

Buchungstatsachen

20_1

11.11. a Bankgutschrift der Optionsprämie für 100 Put-Optionskontrakte und Zahlung durch den Käufer

b Übertrag der Sicherheitsmarge vom Kontokorrent auf das Margenkonto

31.12. Abschluss
Bewertung zum Marktwert:
Börsenkurs einer R-Namenaktie CHF 2560.–

20_2

01.01. Eröffnung

15.02. a Ausübung der 100 Optionskontrakte durch den Käufer und Zahlung durch den Verkäufer

b Wegen Liquiditätsproblemen verkauft die Gämbly AG alle aus dem Optionskontrakt erworbenen Aktien zum Kurs von CHF 2240.–.

c Auflösung Margenkonto

Aufgaben D Nennen Sie die Buchungen bei der Gämbly AG.

E Weisen Sie den Finanzerfolg nach.

Zusatzaufgaben

F Welche Buchung muss die Gämbly AG am 31.12.20_1 vornehmen, wenn der Börsenkurs der R-Namenaktie CHF 2680.– beträgt?

G Wie gross ist der Finanzerfolg, wenn der Börsenkurs der R-Namenaktien am 15.02. CHF 2800.– beträgt und die Optionen nicht ausgeübt werden?

6.8a Kauf Call-Option auf Devisen (Spekulation)

Ausgangslage

Die Optus AG erwartet, dass der Kurs des Euros steigen wird. Deshalb kauft sie am 10.11.20_8 von der Investbank AG eine Call-Option auf Euro (OTC-Option)[1] zu folgenden Bedingungen:

Call EUR/CHF	
Basiswert	EUR 800 000.–
Verfalltag	30. April 20_9
Ausübungspreis (Strike)	CHF 1.08 je EUR
Optionsprämie	CHF 0.018 je EUR
Total Optionsprämie	CHF 14 400.–
Ausübungsmodus	Europäisch, Barabgeltung

Buchungstatsachen

20_8

10.11.	Bankbelastung der Optionsprämie (Die Option wird aktiviert.)
31.12.	Abschluss Bewertung nach dem Niederstwertprinzip. Der EUR-Terminkurs April beträgt CHF 1.12.

20_9

01.01.	Eröffnung
30.04.	Ausübung der Option; Erhalt der Barabgeltung zum Tageskurs von CHF 1.14

Aufgaben

- **A** Nennen Sie die Buchungen bei der Optus AG.
- **B** Weisen Sie den Finanzerfolg nach.

Zusatzaufgaben

- **C** Bei welchem Tageskurs ist am 30.04. die Gewinnschwelle erreicht?
- **D** Ab welchem Tageskurs am 30.04. lohnt sich die Ausübung nicht?

[1] Devisenoptionen sind fast ausschliesslich Over the Counter-Optionen.

6.8b Verkauf Call-Option auf Devisen (Spekulation)

Ausgangslage

Die Investbank AG erwartet, dass der Kurs des Euros gleich bleibt oder sinken wird. Deshalb verkauft sie am 10.11.20_8 an die Optus AG eine Call-Option auf Euro (OTC-Option) zu folgenden Bedingungen:

Call EUR/CHF	
Basiswert	EUR 800 000.–
Verfalltag	30. April 20_9
Ausübungspreis (Strike)	CHF 1.08 je EUR
Optionsprämie	CHF 0.018 je EUR
Total Optionsprämie	CHF 14 400.–
Ausübungsmodus	Europäisch, Barabgeltung

Buchungstatsachen

20_8

10.11. Die Prämie wird passiviert und dem Kontokorrent Optus AG belastet.

31.12. Abschluss
Bewertung nach dem Niederstwertprinzip.
Der EUR-Terminkurs April beträgt CHF 1.12.

20_9

01.01. Eröffnung

30.04. Ausübung der Option; Zahlung der Barabgeltung zum Tageskurs von CHF 1.14

Aufgaben

A Nennen Sie die Buchungen bei der Investbank AG.

B Weisen Sie den Finanzerfolg nach.

Zusatzaufgabe

C Wie gross wäre der Finanzerfolg am 30.04. bei einem Tageskurs von CHF 1.065?

6.9 Kauf Call-Option auf Devisen (Absicherung)

Ausgangslage

Die Jorik AG erhält am 18. März eine Rechnung aus England für ein gekauftes Patent von GBP 600 000.–, zahlbar Ende August. Um das Risiko eines steigenden GBP-Kurses abzusichern, kauft sie am gleichen Tag von ihrer Bank eine Call-Option auf GBP zu folgenden Bedingungen:

Call GBP/CHF	
Basiswert	GBP 600 000.–
Verfalltag	31. August
Ausübungspreis (Strike)	CHF 1.38 je GBP
Optionsprämie	CHF 0.021 je GBP
Total Optionsprämie	CHF 12 600.–
Ausübungsmodus	Europäisch, Lieferung

Buchungstatsachen

18.03.	Erhalt der Faktura
18.03.	Kauf Call-Option; Bankbelastung der Optionsprämie
31.08.	Beschaffung und Banküberweisung von GBP 600 000.–

Zur Verfügung stehende Konten:
Bank CHF, Bank GBP, Patente, Verbindlichkeiten aus L + L GBP

Aufgaben

A Nennen Sie die Buchungen bei der Jorik AG, wenn der GBP-Tageskurs am 31.08. CHF 1.45 beträgt und die Jorik AG die Option ausübt.

B Nennen Sie die Buchungen bei der Jorik AG, wenn der GBP-Tageskurs am 31.08. CHF 1.36 beträgt und die Jorik AG die Option nicht ausübt.

C Nennen Sie die Buchungen bei der Jorik AG, wenn sie das Kursrisiko nicht mit einer Call-Option absichert.
Die GBP-Tageskurse betragen am 18.03.: CHF 1.39 und am 31.08.: CHF 1.45.
Die Jorik AG hat kein GBP-Konto bei ihrer Bank.

D Wie gross sind die Anschaffungskosten für das Patent bei den drei Situationen **A**–**C**?

6.10 a Kauf Put-Option auf Devisen (Spekulation)

Ausgangslage

Die Privan AG erwartet, dass der Kurs des USD fallen wird. Deshalb kauft sie am 31.10.20_8 von der Cambara SA eine Put-Option auf USD (OTC-Option)[1] zu folgenden Bedingungen:

Put USD/CHF	
Basiswert	USD 200 000.–
Verfalltag	31. Januar 20_9
Ausübungspreis (Strike)	CHF 0.94 je USD
Optionsprämie	CHF 0.011 je USD
Total Optionsprämie	CHF 2 200.–
Ausübungsmodus	Europäisch, Barabgeltung

Buchungstatsachen

20_8

31.10.	Bankbelastung der Optionsprämie (Die Option wird aktiviert.)
31.12.	Abschluss Bewertung nach dem Niederstwertprinzip. Der USD-Terminkurs Januar beträgt CHF 0.965.

20_9

01.01.	Eröffnung
31.01.	Ausübung der Option; Erhalt der Barabgeltung zum Tageskurs von CHF 0.932

Aufgaben A Nennen Sie die Buchungen bei der Privan AG.

B Weisen Sie den Finanzerfolg nach.

Zusatzaufgaben

C Bei welchem Tageskurs am 31.01. ist die Gewinnschwelle erreicht?

D Ab welchem Tageskurs am 31.01. lohnt sich die Ausübung nicht?

---

[1] Devisenoptionen sind fast ausschliesslich Over the Counter-Optionen.

6.10 b Verkauf Put-Option auf Devisen (Spekulation)

Ausgangslage

Die Cambara SA erwartet, dass der Kurs des USD gleich bleibt oder steigen wird. Deshalb verkauft sie am 31. 10. 20_8 an die Privan AG eine Put-Option auf USD (OTC-Option) zu folgenden Bedingungen:

Put USD/CHF	
Basiswert	USD 200 000.–
Verfalltag	31. Januar 20_9
Ausübungspreis (Strike)	CHF 0.94 je USD
Optionsprämie	CHF 0.011 je USD
Total Optionsprämie	CHF 2 200.–
Ausübungsmodus	Europäisch, Barabgeltung

Buchungstatsachen

20_8

31. 10.	Bankgutschrift der Optionsprämie (Die Prämie wird passiviert.)
31. 12.	Abschluss Bewertung nach dem Niederstwertprinzip. Der USD-Terminkurs Januar beträgt CHF 0.965.

20_9

01. 01.	Eröffnung
31. 01.	Ausübung der Option; Zahlung der Barabgeltung zum Tageskurs von CHF 0.932

Aufgaben A Nennen Sie die Buchungen bei der Cambara SA.
B Weisen Sie den Finanzerfolg nach.

Zusatzaufgabe

C Wie gross wäre der Finanzerfolg am 31. 01. bei einem Tageskurs von CHF 0.95?

6.11 Kauf Put-Option auf Devisen (Absicherung)

Ausgangslage

Die Verosta AG liefert am 25. Mai Handelswaren nach Portugal und fakturiert EUR 300 000.–, zahlbar am 25. Juli. Um das Risiko eines fallenden Euro-Kurses abzusichern, kauft sie am gleichen Tag von ihrer Bank eine Put-Option auf Euro zu folgenden Bedingungen:

Put EUR/CHF	
Basiswert	EUR 300 000.–
Verfalltag	31. Juli
Ausübungspreis (Strike)	CHF 1.125 je EUR
Optionsprämie	CHF 0.016 je EUR
Total Optionsprämie	CHF 4 800.–
Ausübungsmodus	Europäisch, Lieferung

Buchungstatsachen

25.05.	Faktura
25.05.	Kauf Put-Option; Bankbelastung der Optionsprämie
31.07.	Banküberweisung und Verkauf von EUR 300 000.–

Zur Verfügung stehende Konten:
Bank CHF, Bank EUR, Forderungen aus L+L EUR, Handelsertrag

Aufgaben

A Nennen Sie die Buchungen bei der Verosta AG, wenn der EUR-Tageskurs am 31.07. CHF 1.06 beträgt und die Verosta AG die Option ausübt.

B Nennen Sie die Buchungen bei der Verosta AG, wenn der EUR-Tageskurs am 31.07. CHF 1.16 beträgt und die Verosta AG die Option nicht ausübt.

C Nennen Sie die Buchungen bei der Verosta AG, wenn sie das Kursrisiko nicht mit einer Put-Option absichert.
Die EUR-Tageskurse betragen am 25.05.: CHF 1.132 und am 31.07.: CHF 1.16.
Die Verosta AG hat kein EUR-Konto bei ihrer Bank.

D Wie gross ist der Handelsertrag bei den drei Situationen **A**–**C**?

6.12 Verkauf SMI-Futures (Absicherung)

Ausgangslage

Am 01.04.20_1 hat die Filu AG verschiedene kotierte Schweizer Aktien zum Kurswert von CHF 400 000.– gekauft.
Am 31.12.20_1 haben diese Wertschriften einen Kurswert von CHF 440 000.–, und der Swiss Market Index (SMI) steht auf 6 900 Punkten.
Die Filu AG befürchtet einen allgemeinen Kursrückgang und damit einen Verlust der bisherigen Buchgewinne. Um sich gegen dieses Risiko abzusichern, entschliesst sie sich, die ganze Position mit dem Verkauf von SMI-Futures abzusichern.

Das Konto Wertschriftenbestand wird zu Kurswerten geführt.
Gebühren und Bankkommissionen bleiben unberücksichtigt.

Buchungstatsachen

20_1

01.04.	Aktienkauf
31.12.	Abschluss Die Bewertung der Wertschriften erfolgt zum Marktwert.

20_2

01.01.		Eröffnung
03.01.		Absicherung des Buchgewinns von CHF 40 000.–:
	a	Terminverkauf 8 SMI Financial Futures-Kontrakte auf Ende April zum Kurs von 6 900 Punkten
	b	Übertrag der Sicherheitsmarge (Einschussmarge bei Vertragsabschluss) von CHF 2 500.– je Kontrakt vom Kontokorrent auf das Margenkonto
15.03.	a	Verkauf aller Wertschriften zum Gesamtpreis von CHF 395 000.–
	b	Glattstellung durch Kauf auf Ende April 8 SMI Financial Futures-Kontrakte zum Kurs von 6 000 Punkten und Realisierung des Gewinns mit SMI-Futures. Ein Indexpunkt entspricht CHF 10.–.
	c	Rückerstattung der geleisteten Sicherheitsmarge

Aufgaben

A Nennen Sie die Buchungen bei der Filu AG.

B Weisen Sie den Finanzerfolg 20_2 nach.

Zusatzaufgabe

C Weisen Sie nach, wie die 8 Kontrakte vom 03.01. berechnet wurden, wenn der Beta-Faktor des abzusichernden Wertschriftenportefeuilles 1,2 beträgt.

6.13 Kauf Call-Option auf den SMI-Index (Handel, Spekulation)

Ausgangslage

Die Finale AG erwartet, dass die Schweizer Aktienkurse in den nächsten Monaten steigen werden. Deshalb kauft sie am 20.11.20_1 durch die Bank an der Eurex:

25 Call-Optionskontrakte	
Basiswert je Kontrakt	CHF 10.– je Indexpunkt des SMI
Verfall	März 20_2
Ausübungspreis (Basispreis)	Index 7 000 Punkte
Optionsprämie (Optionspreis)	CHF 400.–
Total Optionsprämie	25 Kontrakte · 10 Optionen · CHF 400.– = CHF 100 000.–
Kontraktvolumen	25 Kontrakte · 7 000 Punkte · CHF 10.– = CHF 1 750 000.–

Gebühren und Bankkommissionen bleiben unberücksichtigt.

Buchungstatsachen

20_1
20.11. Bankbelastung der Optionsprämie für 25 SMI Call-Optionskontrakte
31.12. Abschluss
Da der SMI gesunken ist, beträgt der Börsenkurs einer Call-Option CHF 340.–.

20_2
01.01. Eröffnung

Variante I: Verkauf vor dem Verfalltag
15.02. Die Finale AG verkauft alle Optionen an der Eurex zum Kurs von CHF 430.– je Option.

Variante II: Ausübung am Verfalltag (Barausgleich)
17.03. Der SMI-Indexstand beträgt bei Verfall 7 600 Punkte. Alle Optionen werden ausgeübt.

Aufgaben A Nennen Sie die Buchungen bei der Finale AG.
(Die Varianten I und II sind unabhängig voneinander zu lösen.)

B Weisen Sie für beide Varianten den Finanzerfolg nach.

6.14 Kauf Put-Option auf den SMI-Index (Absicherung)

Ausgangslage

Die Orsa AG erwartet, dass die Schweizer Aktienkurse in den nächsten Monaten sinken werden. Sie besitzt Aktien von verschiedenen Schweizer Unternehmen im Gesamtanschaffungswert von CHF 2 250 000.–. Dieser Wert ist auch der Buchwert. Um sich gegen das Kursrisiko abzusichern, kauft sie am 20. 11. 20_1 durch die Bank an der Eurex:

33 Put-Optionskontrakte	
Basiswert je Kontrakt	CHF 10.– je Indexpunkt des SMI
Verfall	April 20_2
Ausübungspreis (Basispreis)	Index 6 900 Punkte
Optionsprämie (Optionspreis)	CHF 410.–
Total Optionsprämie	33 Kontrakte · 10 Optionen · CHF 410.– = CHF 135 300.–
Kontraktvolumen	33 Kontrakte · 6 900 Punkte · CHF 10.– = CHF 2 277 000.–

Gebühren und Bankkommissionen bleiben unberücksichtigt.

Buchungstatsachen

20_1

20.11.	Bankbelastung der Optionsprämie für 33 SMI Put-Optionskontrakte
31.12.	Abschluss
	Da der SMI gesunken ist, beträgt der Börsenkurs einer Put-Option CHF 550.–. Der Kurswert der Aktien ist auf CHF 2 210 000.– gefallen.
	Variante I: Bewertung zu Marktwerten (= aktuellen Werten)
	Variante II: Bewertung zum Niederstwertprinzip für die Einheit (= Sammelbewertung)

20_2

01.01.	Eröffnung
10.03.	Verkauf der Put-Optionen zum Kurs von CHF 510.– je Option
	Verkauf aller Aktien zum Kurswert von CHF 2 220 000.–

Aufgaben

A Nennen Sie die Buchungen bei der Orsa AG.
(Variante I und II sind unabhängig voneinander zu lösen.)

B Weisen Sie für beide Varianten den Finanzerfolg nach.

7 Vorsorgeeinrichtungen (VE)

7.1 Vorsorgekonzept und gesetzliche Grundlagen der beruflichen Vorsorge

Aufgaben A Welches ist das Hauptziel der beruflichen Vorsorge?

B Nennen Sie fünf wichtige Bundesgesetze, die Bestimmungen über die berufliche Vorsorge enthalten.

C In welchem ZGB-Artikel sind die Spezialbestimmungen über Personalvorsorgestiftungen enthalten?

D Erklären Sie den Begriff Freizügigkeit bzw. Freizügigkeitsleistung.

7.2 Arten von Vorsorgeeinrichtungen (VE)

Aufgabe Welche der folgenden Aussagen sind richtig?

1. Die Stiftung ist die häufigste Rechtsform der VE.
2. Die gesetzliche Regelung der Stiftung ist im BVG enthalten.
3. Eine autonome VE deckt alle Risiken selber ab.
4. Bei der kombinierten Spar-, Versicherungseinrichtung wird das Sparkapital der Aktivversicherten in der Bilanz der VE separat aufgeführt.
5. Das Deckungskapital für Aktivversicherte bei Leistungsprimatkassen (Reine Versicherungseinrichtungen) wird gleich berechnet wie das Sparkapital der Aktivversicherten bei Beitragsprimatkassen (kombinierte Spar-, Versicherungseinrichtung).
6. Eine teilautonome VE kann z. B. die Risiken Tod und Invalidität einer Versicherungsgesellschaft abtreten und das Altersrisiko selber übernehmen.
7. Mit einem Rentenkauf tritt eine VE das Altersrisiko einer Versicherungsgesellschaft ab.
8. Alle VE, welche nur im vor- und/oder überobligatorischen Bereich tätig sind, nennt man patronale Stiftungen.
9. Eine VE, in deren Reglement steht, dass die jährliche Altersrente 60 % des letzten versicherten Gehalts beträgt, gehört zur Gruppe der Leistungsprimatkassen.
10. Eine umhüllende VE erbringt neben den obligatorischen Leistungen zusätzlich Leistungen, die über den obligatorischen Bereich hinausgehen.

7.3 Fragen zum BVG

Aufgaben **A** Sind folgende Personen obligatorisch zu versichern? Begründen Sie Ihre Antwort.
1. Ein 45-jähriger Inhaber einer Velohandlung
2. Ein 30-jähriger Bankangestellter mit einem AHV-Jahresgehalt von Fr. 65 000.–
3. Eine 20-jährige Lehrtochter mit einem AHV-Jahresgehalt von Fr. 13 000.–
4. Ein Bauarbeiter, der im Mai des laufenden Jahres 17 Jahre alt wurde und einen Jahreslohn von Fr. 30 000.– verdiente.
5. Eine 22-jährige Reisebüroangestellte mit einem AHV-Jahreslohn von Fr. 52 000.–
6. Ein 28-jähriger Psychologiestudent

B Wie hoch ist der obligatorisch zu versichernde koordinierte Jahreslohn in folgenden Fällen? Koordinationsabzug = Fr. 24 675.–, BVG-Obergrenze = Fr. 84 600.–, BVG-Minimallohn = Fr. 21 150.–

1. AHV-Jahreslohn: Fr. 85 000.–
2. AHV-Jahreslohn: Fr. 60 000.–
3. AHV-Jahreslohn: Fr. 18 000.–
4. AHV-Jahreslohn: Fr. 25 000.–
5. AHV-Jahreslohn: Fr. 23 000.–

C Beata Salorni hat das Pensionsalter erreicht. Ihr Alterssparkapital samt Zinsen beträgt Fr. 294 000.–. Mit welcher monatlichen Altersrente kann sie bei einem Umwandlungssatz von 6,8 % rechnen?

7.4 Beiträge gemäss BVG

Ausgangslage

Die Pico-Bello AG betreibt eine BVG-Minimalvorsorgeeinrichtung.
Dieser PVE sind folgende Angestellte angeschlossen:

Name	AHV-Jahreslohn	Alter	Koordinierter Jahreslohn	Altersgutschrift in %[1]	Altersgutschrift in Fr.	Risikoprämie 3 %
Fink Yolanda	77 400.–	45				
Huber Petra	66 000.–	36				
Sichel Franz	42 840.–	34				
Spatz Yves	90 000.–	58				
Greber Andrea	19 200.–	25				
Flükiger Bea	24 000.–	30				
Lardo Jürg	30 840.–	23				

Aufgabe Ergänzen Sie die Tabelle mit den fehlenden Werten.
Koordinationsabzug = Fr. 24 675.–, BVG-Obergrenze = Fr. 84 600.–,
BVG-Minimallohn = Fr. 21 150.–

[1] Vergleiche Theorie Abschnitt 73.

7.5 Rechnungswesen und Rechnungslegung

Aufgabe Welche der folgenden Aussagen sind richtig?

1. Die kaufmännische Buchhaltung einer VE entspricht der Finanzbuchhaltung eines Unternehmens.
2. In einer VE gibt es keine stillen Reserven, weil die Aktiven und die Verbindlichkeiten objektiv ausgewiesen werden müssen, um festzustellen, ob die Verpflichtungen gedeckt sind.
3. Eine Anleihensobligation mit einem Kurswert von 104 % darf höchstens zum Nennwert bilanziert werden.
4. Eine Aktie, die zu Fr. 2 500.– gekauft wurde und deren Börsenkurs am Bilanzstichtag Fr. 2 900.– beträgt, muss zum Börsenkurs bilanziert werden.
5. Eine VE braucht keine Revisionsstelle, weil sie von einer kantonalen Behörde beaufsichtigt wird.
6. Bei autonomen und teilautonomen VE muss ein Experte für berufliche Vorsorge periodisch die versicherungstechnisch notwendigen Deckungskapitalien berechnen.
7. Für unsichere Aktivdarlehen müssen angemessene Wertberichtigungen vorgenommen werden.
8. Der Anhang zur Jahresrechnung ist nur für Unternehmen, die dem Obligationenrecht unterstehen (OR 958/2), nicht aber für die VE vorgeschrieben.
9. Die Angaben im Anhang erhöhen die Transparenz für Investoren und Finanzanalysten.

7.6 Kaufmännische Buchhaltung/Veränderung des Sparkapitals/Teilautonome VE/Kombinierte Spar-, Versicherungseinrichtung (Beitragsprimat)

Ausgangslage

Die Aktiven Versicherten (= Beitragszahler) können jederzeit Auskunft über ihre Alterssparguthaben verlangen. Deshalb wird für jeden Aktiven Versicherten ein Mitgliederkonto geführt (= Technische Buchhaltung), welches unter anderem den aktuellen Stand seines Alterssparguthabens zeigt.

Das Konto Sparkapital Aktive Versicherte in der kaufmännischen Buchhaltung beinhaltet das Sparguthaben aller Aktiven Versicherten bei Beitragsprimatkassen und ist deren Vorsorgekapital.

Verwenden Sie für die Lösung den Kontenrahmen am Schluss des Aufgabenteils.

Buchungstatsachen Ausgewählte summarische Geschäftsfälle (Kurzzahlen)

1	Das Arbeitgeberunternehmen überweist die Arbeitnehmerbeiträge auf das Bankkonto der VE.	210
2	Die Arbeitgeberbeiträge betragen total 270.	
	a Das Arbeitgeberunternehmen überweist auf das Bankkonto der VE	200
	b Der Restbetrag wird aus der in den Vorjahren vom Arbeitgeberunternehmen einbezahlten Arbeitgeberbeitragsreserve bestritten.	70
3	Die Beiträge werden wie folgt verwendet [1]:	
	a Erhöhung des Sparkapitals	390
	b Banküberweisung der Versicherungsprämie für die von der Versicherungsgesellschaft übernommenen Risiken Tod und Invalidität	60
	c Erhöhung der technischen Rückstellungen	20
	d Gutschrift für den Sicherheitsfonds	10
4	Freizügigkeitseinlage eines neu Eintretenden auf das Bankkonto der VE	30
5	Die Freizügigkeitsleistung für einen Austretenden beträgt Der Betrag wird ihm vorläufig gutgeschrieben.	220
6	Ein Aktiver Versicherter wird pensioniert. Sein Sparkapital wird auf das Deckungskapital Rentner übertragen.	310
7	Verzinsung des Sparkapitals	180

Aufgabe A Wie lauten die Buchungen?

Zusatzaufgaben

B Wie lautet die Buchung, wenn die Betriebsrechnung der VE einen Aufwandüberschuss von 50 ergibt?

C Wie lautete in den Vorjahren die Buchung der VE für die Banküberweisungen des Arbeitgeberunternehmens für die Arbeitgeber-Beitragsreserve von insgesamt 240?

[1] In der Praxis ist der Gesamtbetrag der Geschäftsfälle 1 und 2 sowie der Gesamtbetrag des Geschäftsfalles 3 i.d.R. nicht gleich gross. (Siehe Theorie Abschnitt 77, Kaufmännische Buchhaltung, Beispiel 2, Index 1.)

7.7 Kaufmännische Buchhaltung/Verbuchung eines Ertragsüberschusses bei verschiedenen Ausgangssituationen

Ausgangslage

Die im Reglement der VE der Kammer AG enthaltene Zielgrösse der Wertschwankungsreserve ist 100.
Der Ertragsüberschuss vor Auflösung/Bildung der Wertschwankungsreserve beträgt 80.

Buchungstatsachen

Folgende fünf Situationen vor Verwendung des Ertragsüberschusses von 80 sind bekannt:
(– = Unterdeckung)

1	Wertschwankungsreserve	=	0
	Freie Mittel/Unterdeckung	=	–120
2	Wertschwankungsreserve	=	0
	Freie Mittel/Unterdeckung	=	–50
3	Wertschwankungsreserve	=	0
	Freie Mittel/Unterdeckung	=	0
4	Wertschwankungsreserve	=	65
	Freie Mittel/Unterdeckung	=	0
5	Wertschwankungsreserve	=	100
	Freie Mittel/Unterdeckung	=	30

Aufgaben

A Wie lauten die Buchungen für die Verwendung des Ertragsüberschusses von 80 bei den fünf Fällen?
Verwenden Sie die Konten aus dem Kontenrahmen am Schluss des Aufgabenteils.

B Wie gross ist bei den fünf Fällen der Ertragsüberschuss nach Veränderung der Wertschwankungsreserve?

7.8 Kaufmännische Buchhaltung/Verbuchung eines Aufwandüberschusses bei verschiedenen Ausgangssituationen

Ausgangslage

Die im Reglement der VE der Kammer AG enthaltene Zielgrösse der Wertschwankungsreserve ist 100.
Der Aufwandüberschuss vor Auflösung/Bildung der Wertschwankungsreserve beträgt 80.

Buchungstatsachen

Folgende fünf Situationen vor Behandlung des Aufwandüberschusses von 80 sind bekannt:
(– = Unterdeckung)

1	Wertschwankungsreserve	=	100
	Freie Mittel/Unterdeckung	=	120
2	Wertschwankungsreserve	=	100
	Freie Mittel/Unterdeckung	=	30
3	Wertschwankungsreserve	=	60
	Freie Mittel/Unterdeckung	=	0
4	Wertschwankungsreserve	=	0
	Freie Mittel/Unterdeckung	=	0
5	Wertschwankungsreserve	=	0
	Freie Mittel/Unterdeckung	=	– 50

Aufgaben

A Wie lauten die Buchungen für die Behandlung des Aufwandüberschusses von 80 bei den fünf Fällen?
Verwenden Sie die Konten aus dem Kontenrahmen am Schluss des Aufgabenteils.

B Wie gross ist bei den fünf Fällen der Aufwandüberschuss nach Veränderung der Wertschwankungsreserve?

7.9 Kaufmännische Buchhaltung/Autonome VE/ Kombinierte Spar-, Versicherungseinrichtung (Beitragsprimat)

Ausgangslage

Die Personalvorsorgestiftung der Global AG ist eine umhüllende, autonome VE.
Sie versichert ihre Mitglieder für alle Risiken in eigener Regie.
Das Vorsorgekapital besteht aus dem Sparkapital für Aktive Versicherte und
dem Deckungskapital Rentner.
Wenn ein Vorsorgefall (Tod, Invalidität, Altersrücktritt) eintritt, wird das vorhandene Sparkapital
auf das Deckungskapital Rentner übertragen.
Das Reglement sieht für den Vorsorgefall keine weitergehende Kapitalabfindung als
das BVG-Minimum vor.
Das Deckungskapital Rentner und die Technischen Rückstellungen werden periodisch
von einem Experten für berufliche Vorsorge neu berechnet und dann angepasst.

Der Zahlungsverkehr der VE wird durch die Bank der VE abgewickelt.

Verwenden Sie für die Lösung den Auszug aus dem Kontenrahmen am Schluss des Aufgabenteils.

Buchungstatsachen Ausgewählte Geschäftsfälle

1	Die Global AG überweist die Beiträge für den Monat Januar.		
	a Arbeitnehmerbeiträge	Fr.	140 000.–
	b Arbeitgeberbeiträge	Fr.	170 000.–
2	Frau Oberdorf tritt am 1. April in die Stiftung ein. Ihre bisherige VE überweist die Freizügigkeitsleistung.	Fr.	28 300.–
3	Die Global-Stiftung zahlt im Monat Mai folgende Renten aus: (Das Deckungskapital wird sofort angepasst.)		
	a Altersrenten	Fr.	205 000.–
	b Hinterlassenenrenten	Fr.	32 600.–
	c Invalidenrente	Fr.	21 400.–
4	Herr Untergrund tritt Ende Juni aus der Stiftung aus. Sein Sparkapital beträgt nach Verbuchung des Pro-rata-Zinses und der Pro-rata-Sparbeiträge Da Herr Untergrund eine selbstständige Tätigkeit aufnimmt, werden ihm die Beiträge ausbezahlt.	Fr.	59 500.–
5	Frau Bruch wird nach einem schweren Unfall vollinvalid. Ihr Sparkapital beträgt	Fr.	371 000.–
6	An Herrn Bauer wird ein Teil seines Sparkapitals für die Finanzierung eines Eigenheims ausbezahlt.	Fr.	65 000.–
7	Frau Grau erreicht Ende November das Pensionsalter. Ihr Sparkapital beträgt	Fr.	411 000.–
8	Verzinsung des Sparkapitals	Fr.	682 000.–
9	Ende Dezember werden folgende Jahresgutschriften vorgenommen:		
	a Altersgutschriften (= Sparbeiträge)	Fr.	2 600 000.–
	b Beitrag an Sicherheitsfonds	Fr.	18 700.–
	c Beitrag für die Risiken Tod und Invalidität	Fr.	580 000.–

10	Der Experte für berufliche Vorsorge stellt einen zusätzlichen Rückstellungsbedarf fest:		
	– beim Deckungskapital Rentner	Fr.	600 000.–
	– bei den Technischen Rückstellungen	Fr.	100 000.–
11	Wegen des guten Jahresergebnisses und des hohen Betrages an Freien Mitteln werden die Sparguthaben erhöht um	Fr.	400 000.–
12	Die Wertschwankungsreserve wird erhöht um	Fr.	300 000.–
13	Der Ertragsüberschuss (nach Erhöhung der Wertschwankungsreserve) der Global-Stiftung beträgt	Fr.	350 000.–

Aufgaben A   Wie lauten die Buchungen bei der Personalvorsorgestiftung?

Zusatzaufgabe

B   Mit welcher Monatsrente kann Frau Grau (Buchungstatsache 7) rechnen, wenn ihr Sparkapital mit dem BVG-Minimalrentensatz von 6,8 % umgewandelt wird?

7.10 Kaufmännische Buchhaltung/Autonome VE/ Reine Versicherungseinrichtung (Leistungsprimat)

Ausgangslage

Die Personalvorsorgestiftung der Belcanto SA ist eine autonome VE, die als reine Versicherungseinrichtung funktioniert. Das Vorsorgekapital besteht aus dem Deckungskapital Aktivversicherte, welches den Sparteil enthält, und dem Deckungskapital Rentner, welches die Altersrenten sowie die Hinterlassenen- und Invalidenleistungen abdeckt.

Im Vorsorgefall erhalten die Versicherten eine Rente, die einen zum voraus festgesetzten Prozentsatz des letztbezogenen versicherten Gehaltes ausmacht. Für die Altersvorsorge kann alternativ die Kapitalauszahlung verlangt werden.

Die Deckungskapitalien werden am Ende jeden Jahres von einem Experten für berufliche Vorsorge neu berechnet und dann angepasst. Die Deckungskapitalien werden während des Jahres nicht verändert.

Der Zahlungsverkehr wird durch die Bank der VE abgewickelt.

Verwenden Sie für die Lösung den Auszug aus dem Kontenrahmen am Schluss des Aufgabenteils.

Buchungstatsachen   Ausgewählte Geschäftsfälle

1. Die Belcanto SA überweist die Beiträge für den Monat Januar.
   - a Arbeitnehmerbeiträge — Fr. 182 000.–
   - b Arbeitgeberbeiträge — Fr. 221 000.–
2. Überweisung an den Sicherheitsfonds — Fr. 2 300.–
3. Frau Bellavista tritt am 1. April in die Stiftung ein. — Fr. 31 000.–
   Ihre bisherige VE überweist die Freizügigkeitsleistung.
4. Auszahlung der Altersrenten im Monat Mai durch die Stiftung — Fr. 267 000.–
5. Herr Moderato tritt Ende Juni aus der Stiftung aus. Die Stiftung berechnet gemäss Freizügigkeitsgesetz (FZG) die Austrittsleistung auf drei Arten①. Die Berechnungen ergeben folgende Beträge nach FZG:
   - Art.16 / Barwert der erworbenen Leistungen — Fr. 16 200.–
   - Art.17 / mit Alterszuschlag — Fr. 14 800.–
   - Art.18 / BVG-Minimum — Fr. 12 200.–

   Herr Moderato verlässt die Schweiz endgültig nach Thailand. Deshalb wird ihm der massgebende Betrag ausbezahlt.
6. Herr Azzurro erreicht Ende November das Pensionsalter. — Fr. 439 000.–
   Sein Anteil am Deckungskapital Aktivversicherte beträgt
   Herr Azzurro hat sich für die Rentenvariante entschieden.
7. Frau Garibaldi erreicht Ende November das Pensionsalter. — Fr. 389 000.–
   Sie lässt sich ihren Anspruch als Kapitalabfindung auszahlen.
8. Der Experte für berufliche Vorsorge stellt folgenden Anpassungsbedarf für die Deckungskapitalien fest:
   - a Verminderung Deckungskapital Aktivversicherte um — Fr. 88 000.–
   - b Erhöhung Deckungskapital Rentner um — Fr. 930 000.–
9. Der Aufwandüberschuss vor Auflösung Wertschwankungsreserve beträgt — Fr. 222 000.–
   Die Wertschwankungsreserve beträgt Fr. 200 000.–, und es sind keine freien Mittel vorhanden.

Aufgaben **A** Wie lauten die Buchungen bei der Personalvorsorgestiftung?

Zusatzaufgabe

B Wie lauten die Buchungen für die Buchungstatsachen 3 bis 7, falls die Deckungskapitalien laufend verändert werden?

---

① Siehe Theorie Abschnitt 74, Freizügigkeit.

7.11 Kaufmännische Buchhaltung/Nichtautonome VE/Kollektivversicherung

Ausgangslage

Die Personalvorsorgestiftung der Hydra GmbH hat mit einer Lebensversicherungsgesellschaft einen Kollektivversicherungsvertrag für alle Risiken und die Äufnung des Alterssparkapitals abgeschlossen.

Das Vorsorgekapital ist der Rückkaufswert aus dem Versicherungsvertrag. Er ist für die Stiftung ein Guthaben gegenüber der Versicherungsgesellschaft und gleichzeitig eine Schuld gegenüber den Versicherten. Die Darstellung des Rückkaufswertes erfolgt im Anhang.

Falls nichts anderes erwähnt ist, erledigt die Hydra GmbH die Zahlungen für die Stiftung.

Verwenden Sie für die Lösung den Auszug aus dem Kontenrahmen am Schluss des Aufgabenteils.

Buchungstatsachen   Ausgewählte Geschäftsfälle

1 Die Stiftung erhält von der Hydra GmbH die Abrechnung über die von ihr bezahlte Jahresversicherungsprämie. — Fr. 160 000.–

2 Die Stiftung erhält von der Hydra GmbH die Abrechnung für die Januarbeiträge.
   a Arbeitnehmerbeiträge — Fr. 6 000.–
   b Arbeitgeberbeiträge — Fr. 6 000.–

3 Herr Aadorf tritt am 1. 3. in die Stiftung ein.
   a Die bisherige VE überweist die Freizügigkeitsleistung auf das Bankkonto der Stiftung. — Fr. 28 000.–
   b Die Stiftung überweist den Betrag ab ihrem Bankkonto an die Versicherungsgesellschaft. — Fr. 28 000.–

4 Die Hydra-Stiftung erhält die Aufstellung über die von der Versicherungsgesellschaft ausbezahlten Altersrenten im ersten Quartal. Totalbetrag — Fr. 46 000.–

5 Frau Geissbüttel kündigt auf Ende Juni. Die Versicherungsgesellschaft überweist die Freizügigkeitsleistung direkt an die neue VE. — Fr. 58 000.–

6 Die Stiftung erhält von der Versicherungsgesellschaft die Abrechnung über den Überschussanteil① für das letzte Jahr. Der Überschuss wird zur Verbesserung der Versicherungsleistungen verwendet und bei der Versicherungsgesellschaft zum Vorsorgekapital dazugeschlagen. — Fr. 12 800.–

7 Die Hydra GmbH überweist einen Gewinnanteil auf das Bankkonto der Stiftung. — Fr. 10 000.–

8 Für einen Härtefall überweist die Stiftung ab ihrem Bankkonto — Fr. 6 000.–

Aufgaben **A** Wie lauten die Buchungen bei der Personalvorsorgestiftung?

Zusatzaufgabe

B Wie wird die Buchungstatsache 7 in der Buchhaltung der Hydra GmbH verbucht?
1 Gutschrift an die Stiftung
2 Banküberweisung an die Stiftung

① Erläuterung siehe nächste Seite Index ②.

7.12 Kaufmännische Buchhaltung/Teilautonome VE/Spareinrichtung mit Risikoversicherung (Beitragsprimat)

Ausgangslage

Die Personalvorsorgestiftung der Corrodi SA verwaltet das Sparkapital der Aktiven Versicherten selber. Sie überträgt jedoch alle Risiken einer Versicherungsgesellschaft.
Wenn ein Vorsorgefall (Altersrücktritt, Invalidität, Tod) eintritt, wird das vorhandene Sparkapital an die Versicherungsgesellschaft übertragen, welche dann die Renten auszahlt (= Rentenkauf). Als Alternative zur Altersrente können die Versicherten die Auszahlung des Sparkapitals (= Kapitalabfindung) verlangen.

Der Zahlungsverkehr der VE wird durch die Bank der VE abgewickelt.

Verwenden Sie für die Lösung den Kontenrahmen am Schluss des Aufgabenteils.

Buchungstatsachen — Ausgewählte summarische Geschäftsfälle im Jahr 20_1

1	Mitte Januar erhält die Stiftung von der Versicherungsgesellschaft die Rechnung für die Jahresprämie:	
	Versicherungsprämie für 20_1 [1]	Fr. 114 300.–
	– Überschussanteil 20_0 [2] [3]	Fr. 4 200.–
	Rechnungsbetrag	Fr. 110 100.–
2	Die Corrodi SA überweist die Beiträge für das erste Quartal:	
a	Arbeitnehmerbeiträge	Fr. 84 300.–
b	Arbeitgeberbeiträge	Fr. 94 800.–
3	Herr Kalberer möchte seine Altersrenten verbessern. Zu diesem Zweck überweist er der VE	Fr. 30 000.–
4	Herr Bättig tritt am 1. April in die Stiftung ein. Seine bisherige VE überweist die Freizügigkeitsleistung.	Fr. 45 000.–
5	Die Stiftung erhält die Aufstellung über die von der Versicherungsgesellschaft im zweiten Quartal direkt an die Rentenbezüger ausbezahlten Renten:	
a	Altersrenten	Fr. 151 000.–
b	Hinterlassenenrenten	Fr. 18 100.–
c	Invalidenrenten	Fr. 19 300.–

[1] Die Versicherungsprämie wird aufgrund des Versichertenbestandes Anfang Jahr für das ganze Jahr provisorisch festgelegt. Am Jahresende erfolgt dann die Anpassung.
[2] Falls die Entwicklung für die Versicherungsgesellschaft günstiger verläuft als erwartet (z.B. weil weniger Versicherungsleistungen ausbezahlt werden mussten als erwartet), erhalten die Versicherten einen Überschuss als Bonus zurückvergütet.
[3] Hier wird der Überschussanteil zur Prämienreduktion verwendet.

		Arbeitnehmeranteil	Arbeitgeberanteil
6	Frau Täuber tritt auf Ende August aus der VE aus. Die Austrittsabrechnung der VE gemäss Mitgliederkonto zeigt Folgendes:		
	Sparkapital Anfang Jahr	Fr. 55 000.–	Fr. 66 000.–
	Zins auf dem Anfangskapital pro rata	Fr. 825.–	Fr. 990.–
	Altersgutschrift bis Ende Juni	Fr. 2 275.–	Fr. 2 600.–
	Freizügigkeitsleistung	Fr. 58 100.–	Fr. 69 590.–
	Zu verbuchen sind:		
	a der Pro-rata-Zins		
	b die Pro-rata-Altersgutschrift		
	c Die Freizügigkeitsleistung, die Frau Täuber vorläufig gutgeschrieben wird.		
7	Herr Koller erreicht Ende September das Pensionsalter. Da er rechtzeitig die Kapitalabfindung verlangt hat, wird ihm sein Sparkapital ausbezahlt. (Der Pro-rata-Zins und die Pro-rata-Altersgutschrift sind bereits verbucht.)		Fr. 167 000.–
8	Frau Eicher erreicht Ende November das Pensionsalter. Sie hat sich für die Rentenvariante entschieden. Zu diesem Zweck wird ihr Sparkapital an die Versicherungsgesellschaft überwiesen. (Der Pro-rata-Zins und die Pro-rata-Altersgutschrift sind bereits verbucht.)		Fr. 204 000.–
9	Die Corrodi SA überweist an die Stiftung zugunsten der Arbeitgeberbeitragsreserve.		Fr. 50 000.–
10	Bankgutschrift für die Nettodividenden der Aktien XY Die Verrechnungssteuer ist auch zu verbuchen.		Fr. 52 000.–
11	Mieteinnahmen aus Liegenschaften		Fr. 180 000.–
12	Kauf von Büromaterial gegen Rechnung		Fr. 1 500.–
13	Bankabrechnung für einen Verkauf von CHF-Aktien		Fr. 176 600.–
	Bilanziert war ein Buchwert von		Fr. 152 000.–
14	Zulasten der Technischen Rückstellungen wird an die Altersrentner eine Teuerungszulage ausbezahlt.		Fr. 12 000.–
15	Am Jahresende werden folgende Jahresbeträge verbucht:		
	a Gutschrift der Sparbeiträge für die Aktiven Versicherten		Fr. 606 100.–
	b Gutschrift für den Sicherheitsfonds		Fr. 5 300.–
	c Erhöhung der Technischen Rückstellungen		Fr. 18 000.–
	d Zins für das Sparkapital		Fr. 355 000.–
16	Die VE erhält von der Versicherungsgesellschaft die Mitteilung, dass für das Jahr 20_1 mit einer Prämiennachzahlung zu rechnen ist. Die definitive Abrechnung erfolgt erst im nächsten Jahr.		Fr. 1 750.–

Aufgaben **A** Wie lauten die Buchungen bei der Personalvorsorgestiftung?

Zusatzaufgabe

B Wie lauten die Buchungen für die Buchungstatsachen 2 und 9 bei der Corrodi SA?

7.13 Kaufmännische Buchhaltung/Teilautonome VE/Kombinierte Spar-, Versicherungseinrichtung (Beitragsprimat/BVG-Minimum)

Ausgangslage

Die Personalvorsorgestiftung der Libor AG ist eine registrierte, teilautonome kombinierte Spar-, Versicherungseinrichtung, die nur das Obligatorium des BVG abdeckt. Sie versichert das Altersrisiko in eigener Regie. Für die Risiken Tod und Invalidität hat sie einen Kollektivversicherungsvertrag mit der Lebensversicherungsgesellschaft Rinca abgeschlossen.

Die Sparanteile der Arbeitnehmer- und Arbeitgeberbeiträge sowie die dafür zu leistenden Zinsen werden den individuellen Alterskonten gutgeschrieben (= Technische Buchhaltung).
Gemäss Reglement können die Versicherten wählen, in welcher Form sie die Altersguthaben beim Altersrücktritt beziehen wollen, entweder als einmalige Kapitalabfindung oder als lebenslängliche Rente. Der Versicherte muss sich ½ Jahr vor der Pensionierung für die Kapitalabfindungsvariante entscheiden.

Kontenplan (ohne Kontengruppen)
Bilanz

Klasse 1 (Aktiven)
1002 Bank KK
1013 Verrechnungssteuerguthaben
1040 Obligationen
1050 Aktien

Klasse 2 (Passiven)
2000 Verbindlichkeiten aus Freizügigkeitsleistungen
2015 Kontokorrent Sicherheitsfonds
2400 Sparkapital Aktive Versicherte [1]
2410 Deckungskapital Rentner
2420 Technische Rückstellungen
2500 Wertschwankungsreserve
2601 Freie Mittel (= Freies Kapital)/Unterdeckung

Betriebsrechnung

Klasse 3 (Ertrag)
3000 Arbeitnehmerbeiträge
3010 Arbeitgeberbeiträge
3100 Freizügigkeitseinlagen bei Eintritt

Klasse 4 (Aufwand)
4000 Altersrenten
4020 Invalidenrenten
4040 Kapitalleistungen bei Pensionierung
4200 Freizügigkeitsleistungen bei Austritt
4210 Vorbezüge WEF

Klasse 5 (Ertrag)
5000 Auflösung Sparkapital Aktive Versicherte
5010 Auflösung Deckungskapital Rentner
5020 Auflösung Technische Rückstellungen

5100 Versicherungsleistungen

Klasse 5 (Aufwand)
5001 Bildung Sparkapital Aktive Versicherte
5011 Bildung Deckungskapital Rentner
5021 Bildung Technische Rückstellungen
5030 Verzinsung Sparkapital
5200 Versicherungsprämien
5230 Beiträge an Sicherheitsfonds

Klasse 6 (Ertrag und Aufwand)
6040 Erfolg aus Obligationen
6050 Erfolg aus Aktien
6090 Aufwand für Vermögensverwaltung

Klasse 7 (Aufwand)
7300 Allgemeine Verwaltung

Klasse 8 (Ertrag)
8000 Auflösung Wertschwankungsreserve

Klasse 8 (Aufwand)
8001 Bildung Wertschwankungsreserve

Klasse 9
9000 Ertragsüberschuss

9001 Aufwandüberschuss

[1] = Altersparguthaben BVG-Minimum der Aktiven Versicherten

Aktiven	Eröffnungsbilanz vom 1.1.20_1	Passiven
1002 Bank KK 302	2000 Verbindlichkeiten aus Freizügigkeitsleistungen	0
1013 Verrechnungssteuerguthaben 15	2015 Kontokorrent Sicherheitsfonds	0
1040 Obligationen 3 904	2400 Sparkapital Aktive Versicherte	3 055
1050 Aktien 1 543	2410 Deckungskapital Rentner	1 780
	2420 Technische Rückstellungen	307
	2500 Wertschwankungsreserve	430
	2601 Freie Mittel (= Freies Kapital)	192
5 764		5 764

Buchungstatsachen (Summarischer Verkehr)

Der Zahlungsverkehr wird durch die Bank der VE abgewickelt.

1	Die Libor AG überweist folgende Beiträge:	
	a Arbeitnehmerbeiträge	302
	b Arbeitgeberbeiträge	302
2	Zahlung der Versicherungsprämie an die Rinca	111
3	Altersspargutschriften für die Aktiven Versicherten	453
4	Gutschrift für den Sicherheitsfonds	4
5	Kauf von Aktien	102
6	Neueintritt von W. Schönauer. Seine bisherige Vorsorgeeinrichtung überweist die Freizügigkeitseinlage.	22
7	Auszahlung von Kapitalabfindungen an Pensionierte	320
8	Rentenauszahlungen an Pensionierte Das Deckungskapital wird sofort angepasst.	225
9	F. Kühne erreicht das Pensionsalter. Er hat sich für die Rentenvariante entschieden. Sein Sparguthaben wird auf das Deckungskapital übertragen.	180
10	Austritt von B. Bosshart. Da die neue Vorsorgeeinrichtung noch nicht bekannt ist, wird ihm sein Sparkapital vorläufig gutgeschrieben.	45
11	G. Habertür bezieht einen Teil seines Sparkapitals für die Finanzierung seines Eigenheims.	40
12	Die PVE erhält von der Rinca die Aufstellung über bezahlte Invalidenrenten.	53
13	Zahlung für Vermögensverwaltungsaufwand	7
14	Zahlung von allgemeinem Verwaltungsaufwand	28
15 a	Nettozinserträge für Obligationen (Bankgutschrift)	97 [1]
	b Verrechnungssteuer	33
16 a	Nettodividendenerträge (Bankgutschrift)	48 [1]
	b Verrechnungssteuer	16

[1] Enthält auch die verrechnungssteuerfreien Erträge.

17	Das Deckungskapital Rentner beträgt gemäss Gutachten des Experten für berufliche Vorsorge		1 800
18	Erhöhung der Technischen Rückstellungen um		25
19	Verzinsung der Altersspaguthaben		76
20	Erhöhung der Wertschwankungsreserve um Die Zielgrösse ist damit erreicht.		20

Aufgaben

A Verbuchen Sie die Fälle 1–20 mit den Kontennummern.

B Erstellen Sie die Betriebsrechnung nach Swiss GAAP FER 26 nur mit den Kontenhauptgruppen (= zweiziffrig) und den Kontengruppen (= dreiziffrig) gemäss Kontenrahmen am Schluss des Aufgabenteils. [1]

C Verbuchen Sie den Erfolg.

D Erstellen Sie die Schlussbilanz nach Swiss GAAP FER 26 nur mit den Kontenhauptgruppen (= zweiziffrig) und den Kontengruppen (= dreiziffrig) gemäss Kontenrahmen am Schluss des Aufgabenteils. [1]

Zusatzaufgaben

E Gemäss Swiss GAAP FER 26 muss bei Beitragsprimatkassen im Anhang die Entwicklung und Verzinsung der Sparguthaben (= Sparkapital bzw. Vorsorgekapital Aktive Versicherte) im Einzelnen ausgewiesen werden.
Zeigen Sie die Entwicklung des Vorsorgekapitals Aktive Versicherte in folgender Reihenfolge: Anfangsbestand, Zu- und Abnahmen im Einzelnen, Schlussbestand.

F Berechnen Sie den Deckungsgrad
1 ohne die erforderliche Wertschwankungsreserve.
2 mit der erforderlichen Wertschwankungsreserve.

---

[1] Gemäss Swiss GAAP FER 26 dürfen in der publizierten Jahresrechnung grundsätzlich nur die Kontenhauptgruppen und die Kontengruppen mit den entsprechenden Swiss GAAP FER-Bezeichnungen aufgeführt werden. Eine Ausnahme bilden die Gruppen der Hauptgruppen 10 und 60, die individuell gestaltet werden können. Zudem ist es vertretbar, Bildungen und Auflösungen getrennt darzustellen. (Die Bezeichnungen der Kontenhauptgruppen und der Kontengruppen im Kontenrahmen am Schluss des Aufgabenteils entsprechen Swiss GAAP FER.)

7.14 Kaufmännische Buchhaltung/Wertschriften

Ausgangslage

Die Personalvorsorgestiftung der Petunia AG erfasst die Wertschriften wie folgt:

Käufe und Verkäufe von Wertschriften und Optionen
– Sie werden zum Kaufkurswert ohne Spesen und ohne Marchzins in den Wertschriftenbestandeskonten 1040 und 1050 erfasst.

Beim Abschluss
– Die Bewertung erfolgt zu den aktuellen Marktwerten.
– Abweichungen zum Kaufkurswert werden in den Wertberichtigungskonten 1049 und 1059 erfasst.

Kursgewinne und -verluste
– Realisierte Kursdifferenzen sind beim Verkauf bzw. Verfall sofort zu verbuchen. Sie verstehen sich als Differenz zwischen Buchwert und Verkaufserlös bzw. Rückzahlungsbetrag. Die entsprechende Wertberichtigung ist aufzulösen.
– Nicht realisierte Kursdifferenzen ergeben sich durch die Bewertung beim Abschluss.

Auszug aus dem Kontenplan

Bilanz
1002 Bank KK
1013 Verrechnungssteuerguthaben
1040 Obligationen
1041 Aufgelaufene Obligationenzinsen [1]
1049 Wertberichtigung Obligationen
1050 Aktien, andere Beteiligungspapiere und Optionen auf Beteiligungspapiere
1059 Wertberichtigung Aktien, andere Beteiligungspapiere und Optionen auf Beteiligungspapiere

Betriebsrechnung
6000 Bankzinsen
6040 Zinsertrag Obligationen
6041 Realisierte Kurserfolge Obligationen
6042 Nicht realisierte Kurserfolge Obligationen
6045 Spesen für Obligationen
6050 Ertrag aus Aktien, anderen Beteiligungspapieren und Optionen auf Beteiligungspapieren
6051 Realisierte Kurserfolge Aktien…
6052 Nicht realisierte Kurserfolge Aktien…
6055 Spesen für Aktien…

[1] Enthält die aufgelaufenen Marchzinsen beim Jahresabschluss. Hier wird das Konto ruhend geführt, d. h. es wird bei der Eröffnung nicht aufgelöst und nur beim Jahresabschluss angepasst.

Buchungstatsachen im Jahr 20_1

01.01. Wertschrifteninventar vom 31.12.20_0:

Obligationen

Titel	Zinssatz in %	Zinstermin	Nennwert	Kaufkurs in %	Kaufkurswert	Bilanzkurs in %	Bilanzwert	Wertberichtigung	Marchzins
Obl. A	5	30.06.	200 000.–	100	200 000.–	99	198 000.–	H 2 000.–	5 000.–
Obl. B	4	30.09.	300 000.–	98	294 000.–	94	282 000.–	H 12 000.–	3 000.–
					494 000.–		480 000.–	H 14 000.–	8 000.–

Aktien und Optionen

Titel	Stück	Verfall	Ausübungspreis (Basispreis)	Kaufkurs	Kaufkurswert	Bilanzkurs	Bilanzwert	Wertberichtigung
Aktien X	200	–	–	500.–	100 000.–	490.–	98 000.–	H 2 000.–
Aktien Y	500	–	–	310.–	155 000.–	350.–	175 000.–	S 20 000.–
Call-Optionen auf Aktien Z	1 000	31.10.20_1	2 400	12.–	12 000.–	8.–	8 000.–	H 4 000.–
					267 000.–		281 000.–	S 14 000.–

17.01.	Auf den 500 Aktien Y werden 50 Call-Optionskontrakte[①] geschrieben (verkauft).		
	Verfall Ende März 20_1; Ausübungspreis Fr. 370.–		
	Total Optionsprämie 500 zu Fr. 20.–	Fr.	10 000.–
	– Kommission und Gebühren	Fr.	300.–
	Bankgutschrift (Nur Nettobetrag als Ertrag verbuchen.)	Fr.	9 700.–
19.02.	Verkauf von 100 Aktien X zu Fr. 480.–	Fr.	48 000.–
	– Spesen	Fr.	400.–
	Bankgutschrift	Fr.	47 600.–
25.03.	Weil der Kurs der Y-Aktie auf Fr. 400.– gestiegen ist, verlangt der Käufer der Call-Optionen (siehe 17.1.) die Lieferung der Titel.		
	Verkauf von 500 Aktien Y zu Fr. 370.–	Fr.	185 000.–
	– Spesen	Fr.	800.–
	Bankgutschrift	Fr.	184 200.–
10.05.	Bruttodividende auf Aktien X 100 zu Fr. 10.–	Fr.	1 000.–
	– 35 % Verrechnungssteuer	Fr.	350.–
	Bankgutschrift	Fr.	650.–

① Ein Kontrakt beinhaltet 10 Aktien bzw. Optionen.

30.06.	5% Zins auf Obligationen A (verrechnungssteuerfrei)		Fr.	10 000.–
	– Inkassokommission		Fr.	80.–
	Bankgutschrift		Fr.	9 920.–
	(Nur Nettobetrag verbuchen.)			
31.08.	Verkauf 300 000.–, 4% Obligationen B zu 97%		Fr.	291 000.–
	+ Marchzins (Zinstermin 30.9.)		Fr.	11 000.–
	– Spesen		Fr.	1 000.–
	Bankgutschrift		Fr.	301 000.–
15.10.	Kauf 100 000.–, 3% Obligationen C zu 90%		Fr.	90 000.–
	+ Marchzins (Zinstermin 15.9.)		Fr.	250.–
	+ Spesen		Fr.	450.–
	Bankbelastung		Fr.	90 700.–
31.10.	Da die Aktien Z während der Optionsfrist nie den Ausübungspreis erreichten, sind die Call-Optionen auf diesen Aktien wertlos.			
15.11.	Kauf 100 000.–, 6% Obligationen D zu 103%		Fr.	103 000.–
	+ Marchzins (Zinstermin 30.9.)		Fr.	750.–
	+ Spesen		Fr.	460.–
	Bankbelastung		Fr.	104 210.–
31.12.	Wertschrifteninventar vom 31.12.20_1:			

Obligationen

Titel	Zinssatz in %	Zinstermin	Nennwert	Kaufkurs in %	Kaufkurswert	Bilanzkurs in %	Bilanzwert	Wertberichtigung	Marchzins
Obl. A	5	30.06.	200 000.–	100	200 000.–	104	208 000.–	S 8 000.–	5 000.–
Obl. C	3	15.09.	100 000.–	90	90 000.–	91	91 000.–	S 1 000.–	875.–
Obl. D	6	30.09.	100 000.–	103	103 000.–	105	105 000.–	S 2 000.–	1 500.–
					393 000.–		404 000.–	S 11 000.–	7 375.–

Aktien und Optionen

Titel	Stück	Verfall	Ausübungspreis (Basispreis)	Kaufkurs	Kaufkurswert	Bilanzkurs	Bilanzwert	Wertberichtigung
Aktien X	100	–	–	500.–	50 000.–	550.–	55 000.–	S 5 000.–
					50 000.–		55 000.–	S 5 000.–

Aufgaben

A Wie lauten die Buchungen bei der Personalvorsorgestiftung? (Machen Sie, soweit als möglich, Sammelbuchungen. Eröffnungs- und Abschlussbuchungen sind nicht verlangt.)

B Führen Sie die Konten 1040, 1049, 1050 und 1059 und schliessen Sie sie ab.

Zusatzaufgabe

C Annahme: Die realisierten Kursdifferenzen verstehen sich als Differenz zwischen Kaufkurswert und Verkaufswert. Bei jedem Verkauf bzw. bei Verfall ist die realisierte Kursdifferenz sofort zu erfassen und die entsprechende Wertberichtigung aufzulösen.
Nennen Sie die Buchungen. (Machen Sie, soweit als möglich, Sammelbuchungen.)

7.15 Technische Buchhaltung/Mitgliederkonto

Ausgangslage

A. Daumier ist Versicherter einer umhüllenden Spareinrichtung mit Risikoversicherung. Sein Beitragskonto zeigt am 31.12.2012 folgenden Inhalt:

Mitgliederkonto		Name: *Daumier*		Vorname: *August*		Geburtsdatum: *20.9.1987*			AHV-Nr:				
		Eintrittsdatum: *1.1.2012*				Austrittsdatum: *30.6.2015*							

<table>
<tr><th rowspan="3">Beitragskonto</th><th rowspan="3">Datum</th><th rowspan="3">Versicher-
ter Jahres-
lohn</th><th colspan="4">Beiträge total</th><th colspan="4">Sparbeiträge</th><th colspan="2">Übr. Beiträge</th><th colspan="4">Zins</th><th colspan="2">Sparkapital</th></tr>
<tr><th colspan="2">AN</th><th colspan="2">AG</th><th colspan="2">AN</th><th colspan="2">AG</th><th>AN</th><th>AG</th><th colspan="2">AN</th><th colspan="2">AG</th><th>AN</th><th>AG</th></tr>
<tr><th>Fr.</th><th>%</th><th>Fr.</th><th>%</th><th>Fr.</th><th>%</th><th>Fr.</th><th>%</th><th>Fr.</th><th>Fr.</th><th>Fr.</th><th>%</th><th>Fr.</th><th>%</th><th>Fr.</th><th>Fr.</th><th>Fr.</th></tr>
<tr><td>31.12.12</td><td>65 000</td><td>7</td><td>4 550</td><td>9</td><td>5 850</td><td>6</td><td>3 900</td><td>7</td><td>4 550</td><td>650</td><td>1 300</td><td></td><td></td><td></td><td></td><td>3 900</td><td>4 550</td></tr>
<tr><td></td><td></td><td></td><td></td><td></td><td></td><td></td><td></td><td></td><td></td><td></td><td></td><td></td><td></td><td></td><td></td><td></td><td></td></tr>
<tr><td></td><td></td><td></td><td></td><td></td><td></td><td></td><td></td><td></td><td></td><td></td><td></td><td></td><td></td><td></td><td></td><td></td><td></td></tr>
<tr><td></td><td></td><td></td><td></td><td></td><td></td><td></td><td></td><td></td><td></td><td></td><td></td><td></td><td></td><td></td><td></td><td></td><td></td></tr>
<tr><td></td><td></td><td></td><td></td><td></td><td></td><td></td><td></td><td></td><td></td><td></td><td></td><td></td><td></td><td></td><td></td><td></td><td></td></tr>
<tr><td></td><td></td><td></td><td></td><td></td><td></td><td></td><td></td><td></td><td></td><td></td><td></td><td></td><td></td><td></td><td></td><td></td><td></td></tr>
<tr><td></td><td></td><td></td><td></td><td></td><td></td><td></td><td></td><td></td><td></td><td></td><td></td><td></td><td></td><td></td><td></td><td></td><td></td></tr>
</table>

<table>
<tr><th rowspan="3">Alterskonto/Schattenrechnung BVG</th><th rowspan="3">Datum</th><th rowspan="3">Massgeb.
BVG-
Jahreslohn</th><th rowspan="3">BVG-Koor-
dinations-
abzug</th><th rowspan="3">Koord.
BVG-
Jahreslohn</th><th rowspan="3">Alter</th><th colspan="2">Alters-
gutschrift</th><th colspan="2">Zins</th><th rowspan="3">BVG-Alters-
guthaben</th></tr>
<tr></tr>
<tr><th>Fr.</th><th>Fr.</th><th>Fr.</th><th>%</th><th>Fr.</th><th>%</th><th>Fr.</th><th>Fr.</th></tr>
<tr><td>31.12.12</td><td></td><td>24 360</td><td></td><td>25</td><td></td><td></td><td>1,50</td><td></td><td></td></tr>
<tr><td>31.12.13</td><td></td><td>24 570</td><td></td><td>26</td><td></td><td></td><td>1,50</td><td></td><td></td></tr>
<tr><td>31.12.14</td><td></td><td>24 570</td><td></td><td>27</td><td></td><td></td><td>1,75</td><td></td><td></td></tr>
<tr><td>30.09.15</td><td></td><td>24 675</td><td></td><td>28</td><td></td><td></td><td>1,75</td><td></td><td></td></tr>
<tr><td></td><td></td><td></td><td></td><td></td><td></td><td></td><td></td><td></td><td></td></tr>
<tr><td></td><td></td><td></td><td></td><td></td><td></td><td></td><td></td><td></td><td></td></tr>
</table>

Auszug aus dem Reglement der VE

- Der versicherte Lohn ist der AHV-Lohn.
- Die Sparbeiträge betragen für den Arbeitnehmer 6 % und für den Arbeitgeber 7 % des versicherten Lohns.
- An die übrigen Beiträge (Risikoprämie usw.) zahlt der Arbeitnehmer 1 % und der Arbeitgeber 2 % des versicherten Lohns.
- Der Zins für das Sparkapital beträgt 3 %. Verzinst werden auch die ausserreglementarischen Arbeitgeberbeiträge.
- Die Freizügigkeitsleistung ist gleich dem gesamten Sparguthaben am Austrittsdatum.
- Im Übrigen gelten die Vorschriften des BVG über die Führung der individuellen Alterskonten.

Angaben für die Jahre 2012 bis 2015

2013:	Der AHV-Jahreslohn von A. Daumier wird ab 1.1.2013 um Fr. 2 600.– erhöht.
2014:	Der Arbeitgeber zahlt wegen des guten Geschäftsganges aus dem Gewinn 2013 einen ausserreglementarischen Beitrag an die VE. Dieser wird zum Teil für die Erhöhung des Alterskapitals der Aktivversicherten verwendet. Der Anteil von A. Daumier beträgt Fr. 3 000.–, er wird am 30.4. gutgeschrieben. Die Verzinsung erfolgt erst ab dem nächsten Jahr.
2014:	Herr Daumier wird befördert. Sein AHV-Jahreslohn steigt ab 1.1.2014 um Fr. 16 900.–.
2015:	Am 30.9. tritt Herr Daumier aus der VE aus.

Aufgaben

A Führen Sie das Beitragskonto, und schliessen Sie es ab (Beträge auf ganze Franken runden).

B Führen Sie das BVG-Alterskonto, und schliessen Sie es ab (Beträge auf ganze Franken runden).

Kontenrahmen für PVE gemäss Swiss GAAP FER 26

Bilanz

Klasse 1: Aktiven	Klasse 2: Passiven
10 **Vermögensanlagen [A]**	20 **Verbindlichkeiten [D]**
100 Flüssige Mittel und Geldmarktanlagen	*200 Verbindlichkeiten aus Freizügigkeitsleistungen und Renten*
1000 Kasse	2000 Verbindlichkeiten aus Freizügigkeitsleistungen
1001 Post	2002 Verbindlichkeiten aus Renten- und Kapitalauszahlungen
1002 Bankkontokorrent	*201 Banken/Versicherungen*
1006 Festgeldanlagen	2010 Bankkontokorrent
1007 Übrige Geldmarktanlagen	2013 Kontokorrent Versicherungsgesellschaft
101 Forderungen	2015 Kontokorrent Sicherheitsfonds
1010 Kontokorrent Versicherungsgesellschaft	2016 Bankdarlehen
1012 Kontokorrent Sicherheitsfonds	*202 Andere Verbindlichkeiten*
1013 Verrechnungssteuerguthaben	2020 Lieferantenschulden
1018 Übrige Forderungen	2028 Übrige Verbindlichkeiten
102 Anlagen beim Arbeitgeber	21 **Passive Rechnungsabgrenzung [E]**
1020 Kontokorrent Arbeitgeber (ungesichert)	2100 Passive Rechnungsabgrenzung (PRA)
1021 Darlehen an Arbeitgeber (ungesichert)	22 **Arbeitgeber-Beitragsreserve [F]**
1025 Hypothekardarlehen an Arbeitgeber (gesichert)	2200 Arbeitgeber-Beitragsreserve
1027 Beteiligung am Arbeitgeberunternehmen	23 **Nicht-technische Rückstellungen [G]**
103 Darlehen an Dritte	2300 Nicht-technische Rückstellungen
1030 Hypothekardarlehen	(z. B. für Gebäuderenovationen, hängige Prozesse)
1031 Übrige Aktivdarlehen	24 **Vorsorgekapital und Technische Rückstellungen [H]**
104 Obligationen	*240 Vorsorgekapital für Aktive Versicherte*
1040 Obligationen CHF	2400 Sparkapital Aktive Versicherte (Beitragsprimatkassen)
1042 Obligationen Fremdwährung	2405 Deckungskapital Aktive Versicherte (Leistungsprimatkassen)
105 Aktien, Andere Beteiligungspapiere und Beteiligungen	*241 Vorsorgekapital für Rentner*
1050 Aktien und andere Beteiligungspapiere CHF	2410 Deckungskapital Rentner
1052 Aktien und andere Beteiligungspapiere Fremdwährung	*242 Technische Rückstellungen*
1055 Beteiligungen	2420 Technische Rückstellungen (z. B. für Zunahme Lebenserwartung,
106 Anteile an Anlagefonds und -stiftungen	Zunahme IV-Risiken, Teuerungsausgleich, Herabsetzung
1060 Obligationenfonds und -anlagestiftungen (auch in 104 möglich)	technischer Zinssatz)
1062 Aktienfonds und -anlagestiftungen (auch in 105 möglich)	*243 Passiven aus Versicherungsverträgen*
1064 Gemischte Anlagefonds	2430 Passiven aus Versicherungsverträgen [1]
1066 Gemischte Anlagestiftungen	25 **Wertschwankungsreserve [I]**
107 Derivative Finanzinstrumente und alternative Anlagen	2500 Wertschwankungsreserve
1070 Optionen (auch in 105 möglich falls Aktien = Basiswert)	26 **Stiftungskapital, Freie Mittel/Unterdeckung [J]**
1073 Übrige Derivate	2600 Stiftungskapital (Falls ein nominelles Dotationskapital besteht.)
1075 Hedge Funds	2601 Freie Mittel (= Freies Kapital)/Unterdeckung [2]
1078 Übrige Alternative Anlagen	
108 Immobilien	
1080 Immobilien Schweiz Direktanlagen	
1081 Immobilien Ausland Direktanlagen	
1087 Indirekte Immobilienanlagen (z. B. Immobilienfonds, Aktien von	
Immobiliengesellschaften, Anteile an Immobilienanlagestiftungen)	
109 Mobilien und Einrichtungen	
1090 Mobilien, Einrichtungen, EDV-Anlagen	
11 **Aktive Rechnungsabgrenzung [B]**	
1100 Aktive Rechnungsabgrenzung (ARA)	
12 **Aktiven aus Versicherungsverträgen [C]**	
1200 Aktiven aus Versicherungsverträgen [1]	

[1] Es handelt sich um Rückkaufswerte aus Kollektiv-Versicherungsverträgen. Sie können statt in der Bilanz auch im Anhang ausgewiesen werden.
[2] Eine Unterdeckung ist negatives Freies Kapital, vergleichbar mit einem Verlustvortrag in der Bilanz einer Aktiengesellschaft.

Betriebsrechnung

Klasse 3: (Ertrag) Zufluss aus Beiträgen und Eintrittsleistungen	Klasse 4: (Aufwand) Abfluss für Leistungen und Vorbezüge	Klasse 5: (Ertrag/Aufwand) Auflösung/Bildung Vorsorgekapitalien, Technische Rückstellungen, Beitrags- reserven; Ertrag aus Versicherungsleistungen und Versicherungsaufwand
30 Ordentliche und übrige Beiträge und Einlagen [K] *300 Beiträge Arbeitnehmer* 3000 Arbeitnehmerbeiträge 3005 Ausserreglementarische Arbeitnehmer-beiträge *301 Beiträge Arbeitgeber* 3010 Arbeitgeberbeiträge 3011 Entnahme aus Arbeitgeber-Beitrags-reserve zur Beitragsfinanzierung 3015 Ausserreglementarische Arbeitgeber-beiträge *302 Beiträge Dritter* 3020 Beiträge Dritter *303 Nachzahlungen* 3030 Nachzahlungen Arbeitnehmer 3031 Nachzahlungen Arbeitgeber *304 Einmaleinlagen und Einkaufssummen* 3040 Einmaleinlagen und Einkäufe Arbeitnehmer 3041 Einmaleinlagen und Einkäufe Arbeitgeber *305 Sanierungsbeiträge* 3050 Sanierungsbeiträge Arbeitnehmer 3051 Sanierungsbeiträge Arbeitgeber 3052 Sanierungsbeiträge Rentner *307 Einlagen in Arbeitgeber-Beitragsreserve* 3070 Einlagen in Arbeitgeber-Beitragsreserve *308 Zuschüsse von Sicherheitsfonds* 3080 Zuschüsse von Sicherheitsfonds **31 Eintrittsleistungen [L]** *310 Freizügigkeitseinlagen bei Eintritt* 3100 Freizügigkeitseinlagen bei Eintritt *311 Einlagen bei Übernahme von Versicherten Beständen* 3110 Einlagen bei Übernahme von Versicherten Beständen *312 Einzahlung WEF① Vorbezüge/Scheidung* 3110 Einzahlung WEF-Vorbezüge 3111 Einzahlung Scheidungsauszahlungen	40 Reglementarische Leistungen [M] *400 Altersrenten* 4000 Altersrenten 4001 Pensionierten-Kinderrenten *401 Hinterlassenenrenten* 4010 Hinterlassenenrenten *402 Invalidenrenten* 4020 Invalidenrenten 4021 Invaliden-Kinderrenten *403 Übrige reglementarische Leistungen* 4030 Überbrückungsrenten 4038 Übrige Leistungen *404 Kapitalleistungen bei Pensionierung* 4040 Kapitalleistungen bei Pensionierung *405 Kapitalleistungen bei Tod und Invalidität* 4050 Kapitalleistungen bei Tod 4051 Kapitalleistungen bei Invalidität **41 Ausserreglementarische Leistungen [N]** 4100 Ausserreglementarische Leistungen **42 Austrittsleistungen [O]** *420 Freizügigkeitsleistungen bei Austritt* 4200 Freizügigkeitsleistungen bei Austritt *421 Vorbezüge WEF/Scheidung* 4210 Vorbezüge für WEF① 4211 Auszahlungen bei Scheidung	50 Auflösung/Bildung Vorsorgekapital, Technische Rückstellungen, Beitragsreserven [P/Q] *500 Auflösung/Bildung Vorsorgekapital Aktive Versicherte* 5000 Auflösung Sparkapital Aktive Versicherte 5001 Bildung Sparkapital Aktive Versicherte 5005 Auflösung Deckungskapital Aktive Versicherte 5006 Bildung Deckungskapital Aktive Versicherte *501 Auflösung/Bildung Vorsorgekapital Rentner* 5010 Auflösung Deckungskapital Rentner 5011 Bildung Deckungskapital Rentner *502 Auflösung/Bildung Technische Rückstellungen* 5020 Auflösung Technische Rückstellungen 5021 Bildung Technische Rückstellungen *503 Verzinsung Sparkapital* 5030 Verzinsung Sparkapital (Aufwand) *504 Auflösung/Bildung von Beitragsreserven* 5040 Auflösung Arbeitgeber-Beitragsreserve 5041 Bildung Arbeitgeber-Beitragsreserve *505 Aufwand/Ertrag aus Teilliquidation (nur Anteil Freie Mittel/Unterdeckung)* 5050 Aufwand/Ertrag aus Teilliquidation **51 Ertrag aus Versicherungsleistungen [R]** *510 Versicherungsleistungen* 5100 Versicherungsleistungen *511 Überschussanteile aus Versicherungen* 5110 Überschussanteile aus Versicherungen **52 Versicherungsaufwand [S]** *520 Versicherungsprämien②* 5200 Versicherungsprämien *521 Einmaleinlagen an Versicherungen* 5210 Einmaleinlagen an Versicherungen *522 Verwendung Überschussanteile aus Versicherungen* 5220 Verwendung Überschussanteile aus Versicherungen *523 Beiträge an Sicherheitsfonds* 5230 Beiträge an Sicherheitsfonds

①   WEF = Wohneigentumsförderung
②   Müssen in Spar-, Risiko- und Kostenprämien aufgeteilt werden.

Betriebsrechnung

Klasse 6: (Ertrag/Aufwand) Ertrag und Aufwand aus Vermögensanlage	Klasse 7: (Ertrag/Aufwand) Übriger Ertrag und Aufwand	Klasse 8: (Ertrag/Aufwand) Auflösung/Bildung Wertschwankungsreserve
60 Nettoergebnis aus Vermögensanlage [T] *600* *Zinsen auf Post- und Bankkonten und Geldmarktanlagen* 6000 Zinsen auf Post- und Bankkonten 6004 Zinsertrag aus Geldmarktanlagen *601* *Zinsertrag aus Forderungen* 6010 Zinsertrag aus Forderungen *602* *Ertrag aus Anlagen beim Arbeitgeber* 6020 Ertrag aus Anlagen beim Arbeitgeber *603* *Zinsen auf Darlehen* 6030 Zinsertrag aus Aktivhypotheken 6031 Zinsertrag aus übrigen Aktivdarlehen 6035 Zinsaufwand für Passivdarlehen 6037 Zinsaufwand für Arbeitgeberbeitragsreserve *604* *Erfolg aus Obligationen* 6040 Zinsertrag Obligationen 6041 Realisierte Kurserfolge 6042 Nicht realisierte Kurserfolge 6045 Spesen *605* *Erfolg aus Aktien, anderen Beteiligungspapieren und Beteiligungen* 6050 Dividenden und Bezugsrechte 6051 Realisierte Kurserfolge 6052 Nicht realisierte Kurserfolge 6055 Spesen *606* *Ertrag aus Anlagefonds und -stiftungen* 6060 Ertrag aus Anlagefonds und -stiftungen *607* *Erfolg aus Derivativen Finanzinstrumenten und alternativen Anlagen* 6070 Ertrag aus… 6071 Aufwand für… *608* *Erfolg aus Immobilien* 6080 Immobilienertrag 6081 Immobilienaufwand 6085 Bewertungserfolg Immobilien 6087 Ertrag Indirekte Immobilienanlagen 6088 Aufwand Indirekte Immobilienanlagen *609* *Aufwand für Vermögensverwaltung* 6090 Aufwand für Vermögensverwaltung	70 Auflösung/Bildung Nicht-technische Rückstellungen [U] 7000 Auflösung Nicht-technische Rückstellungen 7001 Bildung Nicht-technische Rückstellungen 71 Sonstiger Ertrag [V] *710* *Ertrag aus Dienstleistungen* 7100 Ertrag aus Dienstleistungen *711* *Übrige Erträge* 7110 Übrige Erträge 72 Sonstiger Aufwand [W] 7200 Verzugszinsen 7201 Abschreibungen auf Mobilien und Einrichtungen 7208 Übriger Aufwand 73 Verwaltungsaufwand [X] 7300 Allgemeine Verwaltung 7310 Marketing und Werbung 7320 Makler- und Brockertätigkeit 7330 Revisionsstelle und Experte für berufliche Vorsorge 7340 Aufsichtsbehörden	80 Auflösung/Bildung Wertschwankungsreserve [Y] 8000 Auflösung Wertschwankungsreserve 8001 Bildung Wertschwankungsreserve **Klasse 9:** **Ertrags-/Aufwandüberschuss** 90 Ertragsüberschuss/Aufwandüberschuss [Z] (= Saldo der Betriebsrechnung) 9000 Ertragsüberschuss 9001 Aufwandüberschuss

Erläuterungen

Für die Erstellung der Bilanz und der Betriebsrechnung nach Swiss GAAP FER 26 sind die Kontenhauptgruppen (= zweiziffrig) zwingend vorgeschrieben. Die Buchstaben neben den Kontenhauptgruppen entsprechen den Gliederungseinheiten der Bilanz und der Betriebsrechnung gemäss Swiss GAAP FER 26.
Auch die Kontengruppen (= dreiziffrig, kursiv) sind grundsätzlich vorgeschrieben. Eine Ausnahme bilden die Kontenhauptgruppen 10 und 60, deren Inhalt und Gliederung individuell gestaltet werden können.
(Siehe Abschnitt 77, Bilanz und Betriebsrechnung gemäss Swiss GAAP FER 26.)
Die Anzahl und die Inhalte der Konten sowie die Anzahl der Ziffern der Kontennummern (hier vierziffrig) können an die individuellen Bedürfnisse angepasst werden.

Literatur

Boemle, Max; Gsell, Max; Jetzer, Jean-Pierre; Nyffeler, Paul; Thalmann, Christian	Geld-, Bank- und Finanzmarkt-Lexikon der Schweiz Zürich: Verlag SKV
Boemle, Max; Stolz, Carsten	Unternehmungsfinanzierung Zürich: Verlag SKV
Carlen, Franz; Gianini, Franz; Riniker, Anton	Finanzbuchhaltung 1 Praxis der Finanzbuchhaltung Zürich: Verlag SKV
Carlen, Franz; Gianini, Franz; Riniker, Anton	Finanzbuchhaltung 3 Höhere Finanzbuchhaltung Zürich: Verlag SKV
Eidg. Steuerverwaltung	Verordnung über die Mehrwertsteuer
Helbling, Carl	Personalvorsorge und BVG Bern: Verlag Paul Haupt
Stiftung FER	Swiss GAAP FER (Fachempfehlung zur Rechnungslegung) Zürich
Treuhand-Kammer	Schweizer Handbuch der Wirtschaftsprüfung (HWP) Zürich

Stichwortverzeichnis

- Diesen Begriff finden Sie im jeweiligen Band.

	Band 1	Band 2	Band 3	Band 4
A Abfindungsaktien			•	
Abfindungsbilanz			•	
Absatzerfolgsrechnung	•			
Abschreibungen	•			
Absicherungsgeschäft		71, 75, 80		
Absorption (Fusion)			•	
Abspaltung von Unternehmensteilen			•	
Acquisition			•	•
Agio				
– Aktien			•	
– Obligationen			•	
Aktien, eigene	•		•	
Aktienbewertung			•	
Aktiengesellschaft	•		•	
– Gründung			•	
Aktienkapital	•		•	
Aktienkapitalerhöhung			•	
Aktiven mit beobachtbaren Marktpreisen	•			
Aktienoptionen		80, 88ff.		
Aktivitätskennzahlen				•
Aktiver Wert (Derivate)		76ff.		
Altersgutschriften (PVE)		121		
Analyse Jahresabschluss				•
Anhang	•	139f. (VE)		
– in der Konzernrechnung				•
Anlagedeckungsgrad				•
Anlagespiegel	•			
Annuität		60		
Anschaffungswert	•			
Anzahlungen	•			
Arbeitsintensität				•
Auseinandersetzungsbilanz			•	
Ausgliederung			•	
Ausserbilanzgeschäfte	•			
Austrittsleistung (VE)		123		
Ausübungspreise		69	•	
B Bargründung			•	
Bar- und Kreditgeschäft	•			

253

	Band 1	Band 2	Band 3	Band 4
Barwert-Methode beim Leasing		65ff.		
Baukonto, Baukredit	•			
Beitragsprimat (VE)		117		
Berufliche Vorsorge		114		
Berufsvorsorgegesetz (BVG)		114, 119		
Bestandesänderungen	•			
Beteiligungen	•			
Beteiligungsfinanzierung			•	
Betriebserfolg (-gewinn/-verlust)	•			
Betriebsgewinnsatz				•
Betriebsrechnung (VE)		125, 129, 136ff.		
Bewertung von Grundstücken	•			
Bezugsrecht	•		•	
Bilanz	•			
Bilanzgewinn	•			
Bilanzkurs (Fremdwährung)	•			
Bilanzverlust	•			
Bilanzwert	•		•	
Börsenkapitalisierung			•	
Bruttogewinn bzw. -ergebnis	•			
Bruttogewinnquote				•
Bruttogewinnsatz				•
Bruttolohn	•			
Bruttoprinzip (VE)		130		
Buchführung	•			
– Grundsätze ordnungsmässiger	•			
Buchkurs (Fremdwährung)	•			
Buchwert	•		•	
Budgetierung				•
C Call-Option		69f., 80, 88ff.		
Cash-Burn-Rate				•
Cashflow				•
Cashflow-Marge				•
D Debitoren (Forderungen aus L+L)	•			
Debitorenfrist				•
Deckungsbeitragsmarge				•
Deckungskapital (VE)		118, 126, 128		

254

	Band 1	Band 2	Band 3	Band 4
Derivative Finanzinstrumente		69ff.		
Devisenoptionen		80, 98ff.		
Devisenswap		70, 80, 84ff.		
Devisentermingeschäft		70, 80, 81ff.		
Dienstleistungsunternehmen, Konten	•			
Disagio				•
Dividende	•			
E EBIT				•
EBITDA				•
EBT				•
Eigene Kapitalanteile	•		•	
Eigene Obligationen			•	
Eigenfinanzierungsgrad				•
Eigenkapitalkonten	•			
Eigenkapitalnachweis				•
Eigenkapitalquote				•
Eigenleistungen	•			
Eigenlohn	•			
Eigenzins	•			
Einbringungs- bzw. Einzahlungskonto			•	
Einzelbewertung	•			
Einzelunternehmen	•		•	
– Gründung			•	
Eiserner Bestand				•
Elimination unrealisierter Gewinne				•
Emissionsabgabe			•	
Emissionsformen (Anleihen)			•	
Emissionspreis			•	
Ereignisse nach dem Bilanzstichtag	•			
Erfolgsrechnung	•			
Erfolgsverwendung	•			
Errungenschaftsbeteiligung			•	
Ertragswert	•		•	

	Band 1	Band 2	Band 3	Band 4
F Fabrikationsunternehmen, Konten	•			
Fachempfehlung zur Rechnungslegung (Swiss GAAP FER)	•			•
– FER 13 (Leasing)		58f.		•
– FER 26 (Vorsorgeeinrichtungen)		125ff., 135ff.		
– FER 27 (Derivate Finanzinstrumente)		72, 74f.		
Factoring		45ff.		
Fair Value (Derivate)		72		
Fertigfabrikate	•			
Filialbuchhaltung		11ff.		
Finanzanlagen	•			
Finanzbuchhaltung, Aufgaben und Funktionen der	•			
Finanzierungsverhältnis				•
First-in-, first-out-Methode (Fifo)	•			
Forderungen aus L+L	•			
Forderungsverluste	•			
Fortführung	•			
Forward		70, 80		
Free Cashflow-Quote				•
Freiwillige Gewinnreserven	•			
Freizügigkeit(sgesetz) (VE)		123		
Fremde Währungen	•			•
Fremdfinanzierungsgrad				•
Fusion			•	•
Futures		70, 107		
G Gearing				•
Gehaltsnebenleistungen	•			
Geldflussrechnung				•
Gemeinkostensatz				•
Genossenschaft	•		•	
Genussschein			•	
Geschäftsbereich, Investitionsbereich, Finanzierungsbereich				•
Geschäftsbericht	•			•
Geschäftsmehrwert (Goodwill)			•	•
Gesetzliche Gewinnreserve	•			
Gesetzliche Kapitalreserve	•			

	Band 1	Band 2	Band 3	Band 4
Gewinn-Cashflow-Verhältnis				•
Gewinnreserven	•			
Gewinnverbuchung	•			
Gewinnverwendung	•			
Gewinnvortrag	•			
GmbH	•		•	
Goldene Bilanzregel				•
Goodwill			•	•
Gratisaktien			•	
Gründung			•	
Güterstand			•	
H Halbfabrikate	•			
Handelsmarge				•
Herstellkostenintensität				•
Herstellungswert	•			
Höhere Finanzbuchhaltung			•	
Hypothekarschuld	•			
I IFRS	•			•
Illiquidität			•	
Immobilien	•			
Immobilienrendite	•			
Immobilisierungsgrad				•
Impairment				•
Imparitätsprinzip	•			
Innenfinanzierung				•
Innerer Wert			•	
Intensität der Kapitalnutzung				•
Intensität des Anlagevermögens				•
Intensität des Umlaufvermögens				•
Investitionsverhältnis				•
J Jahresbericht	•			•
Jahresrechnung	•			•
K Kapitalanteile, eigene	•			
Kapitalaufrechnungsdifferenz				•
Kapitaleinlageprinzip			•	
Kapitalgesellschaften	•			

	Band 1	Band 2	Band 3	Band 4
Kapitalintensität				•
Kapitalkonsolidierung				•
Kapitalwert-Methode (Leasing)		65		
Kapitalrentabilität				•
Kapitalreserven	•		•	
Kapitalumschlag				•
Kassageschäft		69		
Kennzahlen				•
Kennzahlensysteme				•
Kollektivgesellschaft	•		•	
Kombination (Fusion)			•	
Kommanditgesellschaft	•		•	
Kommissionsgeschäft		27ff.		
Konsolidierung				•
Konsolidierungsmethoden				•
Konsortialbuchhaltung		38, 42ff.		
Kontenplan	•			
Kontenrahmen	•			
– KMU	•			
– für Vorsorgeeinrichtung (VE)		249ff.		
Konzernabschluss, -rechnung	•			•
Koordinationsabzug (VE)	•	119		
Körperschaften	•			
Kotierungsreglement				•
Kreditgeschäfte, Erfassungsmethoden	•			
Kreditorenfrist				•
Kursdifferenzen (Fremdwährung)	•			
Kurserfolge, realisierte und nicht realisierte (Wertschriften)	•			
L Lagebericht	•			
Lagerdauer				•
Latente Steuern	•			•
Leasing		52ff.		
Leistungsprimat (VE)		117		
Leverage-Effekt				•
Liquidation			•	
Liquidationswert	•			
Liquidität				•
Liquiditätsanalyse				•

	Band 1	Band 2	Band 3	Band 4
Liquiditätsfonds				•
– Flüssige Mittel				•
– Nettoumlaufvermögen				•
Liquiditätsgrad				•
Liquiditätsnachweis				•
Liquiditätswirksame und liquiditätsunwirksame Geschäftsfälle				•
Lohnabrechnung	•			
M Managementinformationssysteme (MIS)				•
Materialintensität				•
Materialkonten	•			
Mehrwertsteuer (MWST)	•			
Merger				•
Minderheitsanteile				•
Mitarbeiteraktien	•		•	
Mittelflussrechnung				•
N Nebenkostenabrechnung (Immob.)	•			
Naturallohn	•			
Nicht einbezahltes Aktienkapital	•		•	
Niederstwertprinzip (Derivate)	•	73, 75		
O Obligationenanleihe			•	
Offenposten-Buchhaltung	•			
Operationsindex				•
Optionen		69ff.		
Optionsanleihe			•	
Optionsprämie bzw. -preis		69, 77ff.		
Over the counter (OTC)		70, 72		
P Partiarisches Darlehen			•	
Partizipationsbuchhaltung		38ff.		
Partizipationskapital	•		•	
Partizipationsschein			•	
Passiver Wert (Derivate)		76, 79f.		
Pensionskassen		114ff.		
Personalaufwand	•			
Personengesellschaften	•		•	
Plangeldflussrechnung				•
Planung				•

	Band 1	Band 2	Band 3	Band 4
Planungskonzept				•
Planungsrechnung				•
Planungssystem				•
Price earnings to growth (PEG)				•
Produktionserfolgsrechnung	•			
Put-Option		69f., 80, 88ff.		
Rahmenkonzept von Swiss GAAP FER	•			
Realisationsprinzip	•			
Rechnungsabgrenzung, Aktive und Passive	•			
Rechnungslegung	•			
– anerkannte Standards	•			
– für grössere Unternehmen	•			
– Grundlagen	•			
– Grundsätze ordnungsmässiger	•			
– Pflicht zur	•			
– Zweck und Bestandteile	•			
– Einzelabschluss	•			
– Jahresrechnung	•			•
– Lagebericht (OR 961c)	•			
– Konzernabschluss	•			
– Konzernrechnung (OR 963 ff)	•			•
Rechnungslegungsgrundsätze	•			
Rechnungslegungsnormen	•			•
Rechnungslegungsrecht	•			
Rechnungslegungsvorschriften für börsenkotierte Gesellschaften	•			
Rechnungswesen	•		•	
– Aufgaben	•		•	
– Teilbereiche	•		•	
Rechtsformen	•		•	
Regieaufwand		24		
Reinvestment Factor				•
Rentabilität			•	
Rentabilität des Eigenkapitals			•	•
Rentabilität des Gesamtkapitals				•
Reserven	•			
Reservenzuweisung	•			
Restwert (Buchwert)	•			
Return on assets				•

	Band 1	Band 2	Band 3	Band 4
Return on equity				•
Return on investment				•
Revision	•			
Risikoträgerformen bei VE		118		
Rückstellungen	•			
Rückstellungen Technische (VE)		126, 128, 135f.		
Ruhendes Konto	•			
S Sacheinlagegründung			•	
Sachanlagespiegel	•			
Sale- and Lease-Back		54		
Sanierung			•	
Schreiber von Optionen		71		
Selbstfinanzierungsgrad				•
Sicherheitsfonds (VE)		121		
Sozialversicherungsaufwand	•			
Sozialversicherungsbeiträge	•			
Spaltung von Unternehmen			•	
Sparkapital (VE)		118, 126, 128, 135		
Stammkapital	•			
Status (Liquidation)			•	
Stetigkeit	•			
Steuerrecht (Direkte Steuern)	•			
Stichtagsmethode				•
Stille Reserven	•			•
Stiller Gesellschafter			•	
Stillhalter (bei Optionen)		71		
Substanzwert			•	
Swap		70, 80, 84ff.		
Swiss GAAP FER	•			•

	Band 1	Band 2	Band 3	Band 4
T Tageskurs (Fremdwährung)	•			
Tageswert				
Tantieme	•			
Technische Buchhaltung (Pensionskasse, VE)		126, 140f.		
Technische Rückstellungen (VE)		126, 128, 135f.		
Termingeschäfte		69		
Traded (Options, Futures)		70		
True and fair view-Prinzip	•			•
U Übergabebilanz			•	
Überleitung OR auf Swiss GAAP FER	•			
Übernahme auf Beteiligungsbasis			•	
Überschuldung			•	
Umrechnungsdifferenzen				•
Unternehmenssteuerreform II (USTR II)	•		•	
Umrechnungsdifferenzen				•
Umrechnungskurse (Fremdwährung)	•			
Umsatzkostenverfahren (Absatzerfolgsrechnung)	•			
Umsatzrentabilität				•
Umschlagshäufigkeit/(-dauer)				
– Forderungen aus L+L (Debitoren)				•
– Verbindlichkeiten aus L+L (Kreditoren)				•
– Warenlager				•
Umwandlung der Rechtsform			•	
Unterbilanz	•		•	
Unternehmensbewertung			•	
Unternehmenserfolg	•			
Unternehmensformen	•		•	
Unternehmensgründung			•	
Unternehmenssteuerreform			•	
Unternehmensteilung			•	
Unternehmenszusammenschlüsse			•	
Unternehmereinkommen	•			
US GAAP	•			•
V Veräusserungswert	•			
Verbindlichkeiten aus L+L	•			
Verkaufskommission		•		

	Band 1	Band 2	Band 3	Band 4
Verkehrswert	•			
Verlustverbuchung bzw. -verrechnung	•			
Verlustvortrag	•			
Verschuldungsfaktor				•
Verschuldungsgrad				•
Vertriebsintensität				•
Vierspalten-Fremdwährungskonto	•			
Vorauszahlungen	•			
Vorsicht	•			
Vorsorgeeinrichtungen		114ff.		
Vorsorgekapital (VE)		117, 125, 128, 136ff.		
Vorsorgekonzept		114		

W

	Band 1	Band 2	Band 3	Band 4
Wandelanleihe			•	
Wandelpreis			•	
Warenhandelsunternehmen, Konten	•			
Warrant			•	
Wertberichtigung Forderungen	•			
Wertschriften und andere Finanzanlagen	•			
Wertschriftenrendite	•			
Wertschwankungsreserve (VE)		126, 128f., 135ff.		
Wiederbeschaffungsreserven	•			
Wiederbeschaffungswert, Abschreibung	•	•		
Willkürreserven (Stille Reserven)	•			

Z

	Band 1	Band 2	Band 3	Band 4
Zeitliche Abgrenzungen	•			
Zinsdeckungsfaktor				•
Zinsdeckungskoeffizient				•
Zwangsreserven (Stille Reserven)	•			

Finanzbuchhaltung 1–4

Die vier Lehrmittel, die eine Einheit bilden, sind von erfahrenen Dozenten, zusammen mit Praktikern, verfasst worden. Bei der Entwicklung wurden vor allem folgende Ziele verfolgt:
- Leicht verständliche und kurz gefasste Theorie
- Einprägsame Einführungs-/Zahlenbeispiele und Übungen
- Übersichtliche Grafiken und Zusammenfassungen

Alle vier Bände richten sich an Praktiker und Studierende, die
- sich einen vertieften Einblick in wichtige Teilgebiete der Finanzbuchhaltung verschaffen wollen
- im Rechnungswesen ein unentbehrliches Führungsinstrument sehen.

Die vier Bände sind in einen Theorie- und Aufgabenteil gegliedert.
Zu jedem Band liegt ein Lösungsbuch bei.

Finanzbuchhaltung 1   Praxis der Finanzbuchhaltung
Franz Carlen, Franz Gianini, Anton Riniker

Buchführung von Geschäftsfällen, die während des Geschäftsjahres (= Alltagsgeschäft) und beim Abschluss auftreten.

Theorie und Aufgaben/Lösungen   14. Auflage 2015

Finanzbuchhaltung 2   Sonderfälle der Finanzbuchhaltung
Franz Carlen, Franz Gianini, Anton Riniker

Buchführung von Geschäftsfällen, die in den meisten Unternehmen selten oder nicht vorkommen, bei manchen aber zum Alltagsgeschäft gehören.

Theorie und Aufgaben/Lösungen   9. Auflage 2015

Finanzbuchhaltung 3   Höhere Finanzbuchhaltung
Franz Carlen, Franz Gianini, Anton Riniker

Buchführung finanzwirtschaftlicher Vorgänge, die selten vorkommen und langfristige Auswirkungen haben.

Theorie und Aufgaben/Lösungen   13. Auflage 2014

Finanzbuchhaltung 4   Ergänzende Bereiche der Finanzbuchhaltung
Franz Gianini, Anton Riniker
Geldflussrechnung, Planungsrechnung, Konzernrechnung und Analyse des Jahresabschlusses

Theorie und Aufgaben/Lösungen   8. Auflage 2014